*Por otras políticas
de la verdad en
América Latina*

Alejandro Sánchez Lopera
Christopher Nielsen,
editores

ISBN: 1-930744-83-8
© Serie *Nueva América*, 2017
INSTITUTO INTERNACIONAL DE
LITERATURA IBEROAMERICANA
Universidad de Pittsburgh
1312 Cathedral of Learning
Pittsburgh, PA 15260
(412) 624-5246 • (412) 624-0829 fax
iili@pitt.edu • www.iilionline.org

Colaboraron con la preparación de este libro:

Composición, diseño gráfico y tapa: Erika Arredondo
Correctores: Leslie Dávila y Gustavo Quintero
Imagen para la tapa: Kandinsky - Jaune Rouge Bleu. Photo taken by Eusebius (Guillaume Piolle) [CC by 3.0], via Wikimedia Commons.

Por otras políticas de la verdad en América Latina

Sobrevuelo, ALEJANDRO SÁNCHEZ LOPERA y CHRISTOPHER NIELSEN 5

¿Materialismo dialéctico o materialismo aleatorio? José Revueltas después del acto teórico del "68", SUSANA DRAPER   13
Ni proletariado ni vanguardia: José Revueltas y la corriente subterránea del anarco-comunismo en México, BRUNO BOSTEELS 31
Izquierda, violencia y memoria en la Argentina reciente, ALEJANDRO KAUFMAN 47
La vida narco es sueño: de la farmacología del poder en *Trabajos del reino* y *La vida es sueño*, CHRISTOPHER NIELSEN   75
Resurrecciones y rescates: el Taki Onqoy en el escenario de la escritura, PETER ELMORE 107
El ultraizquierdismo: enfermedad infantil de la academia, JOHN BEVERLEY 131
La fatalidad de (mi) subalternismo. Respuesta a John Beverley, ALBERTO MOREIRAS 141
Genealogía de la palabra *páramo* entendida como *bienes y servicios*, MÓNICA ZULETA PARDO 173
José Revueltas. El deshielo de la moral, ALEJANDRO SÁNCHEZ LOPERA 199
¿Olvidar el latinoamericanismo?: John Beverley y la política de los estudios culturales latinoamericanos, NICK MORGAN   227

Repetición y eterno retorno en cuatro cuentos latinoamericanos, Oscar Barragán Martínez 259

Nihilismo e imperialismo. Una interpretación a partir de *Apocalypse Now*, Dairo Sánchez 277

Yo, filósofa, Mónica Miroslava Salcido 295

Sobrevuelo

ALEJANDRO SÁNCHEZ LOPERA
Universidad El Bosque

CHRISTOPHER NIELSEN
Investigador independiente

> *Las formas originales del pensamiento se introducen por sí mismas: su historia es la única forma de exégesis que soportan, y su destino es la única forma de su crítica.*
> Michel Foucault, Introducción a *Le Rêve et l'existence*

El observador europeo decente ha visto con horror, y algo de fascinación, la intromisión religiosa en los asuntos políticos en las periferias. Las llamó comunidades tradicionales o atávicas, dependientes, subdesarrolladas, pobres y, para colmo, creyentes. América Latina era un santuario. Inicio o fin de la experiencia humana, folclor sin fin, paraíso o tierra del futuro. El observador latinoamericano ilustrado, por su parte, observaba a América Latina como un ser oculto o reprimido por grandes acontecimientos (la Conquista, el Imperialismo), o un ser en déficit ligado a la superstición. De forma paulatina, ese ser alcanzaría su forma de realización. En el primer caso, el ser latinoamericano ha sido doblegado; en el segundo, aplazado: América Latina será el pueblo del futuro. Escritores latinoamericanos de variada calidad (Vasconcelos, Da Cunha) otorgaban a América Latina el lugar de pueblo del porvenir, raza de razas, o sede del origen: "in the beginning, all the world was *America*" (319), dirá Locke desde el otro lado del Atlántico, precisamente en el capítulo sobre la propiedad privada de su *Segundo tratado de Gobierno* (1689).

Nada de éso en este libro. Ni identidad, ni trauma, ni narrativas fundacionales de las naciones. Tampoco ciudades letradas sobre-expuestas al análisis. Ni orígenes ni consumación. Éste es un libro abierto a un universo no culpable. Y abierto a un mundo por fuera de cierta ley universitaria. La universidad actúa bajo la forma del tribunal, y mediante el mecanismo de la prueba: ¿qué sabes? ¿qué has leído? ¿por qué no has citado lo suficiente? (¿por qué no me citaste?). Otras preguntas lo animan: ¿qué puedes?, ¿qué ignoras?, ¿qué afirmas? Ni elogio ni desprecio a la hora de referirse a América Latina: ciencia libre.

Por éso la invitación inicial del libro se guió por una pregunta: ¿es posible construir otras imágenes del pensamiento en América Latina? Esta pregunta nos lleva a proponer una excavación hacia el pasado y, al mismo tiempo, una apertura hacia el porvenir. Antes que una "filosofía de la liberación", invitamos a una liberación de la filosofía; antes que orígenes, cánones o estudios fundacionales, excavaciones interminables hacia el pasado, artesanías que nunca conciben un fondo o sujetan una raíz; antes que "estudios culturales" o estudios disciplinarios, convocamos a una crítica de nuestra propia voluntad de verdad, desde ángulos dispares. Antes que temas vedados —como la violencia y la sublevación–, nuevas formas de construir problemas en torno a lo socialmente prohibido. Y, al mismo tiempo, una apertura al porvenir que nos permita salir de la clausura nihilista, el bloqueo neoliberal y el cansancio vital al que nos invita nuestra época. Es decir, una invitación a seguir incentivando la alegría del pensamiento, en oposición a cualquier nostalgia por lo perdido, y al juicio sobre los errores sucedidos en el siglo. Spinoza lo dice sin condescendencias y sin piedad alguna para su mundo: "En lo que a mí respecta, estos trastornos no me provocan risa ni lágrimas, sino que me incitan más bien a filosofar y a observar con mayor atención la naturaleza". Su mundo, que es el nuestro.

Este libro es, entonces, una escritura en divergencia. Un conjunto de estilos diferentes de trabajo, de diversas formas de construir problemas y objetos de investigación. Los artículos no pretenden estar a la altura del universal; no llegan a tal dignidad. Su recorrido es otro: pensar América Latina en tanto multiplicidad. Pensar su heterogeneidad a partir de la heterogeneidad. Con otras palabras, el libro intenta pensar las cosas desde las cosas mismas. Presentamos así distintos estilos de escritura en los que se dialoga de otra manera con los otros: no son textos perversos que engullen al otro. O mediante los que se desconoce lo que el otro ha escrito. Se trata de un diálogo sostenido en mar abierto, en la tempestad de la pregunta ¿es posible pensar sin resentimiento?

Para desplegar esta pregunta, el libro apunta a ciertos olvidos voluntarios: el impacto de Nietzsche, por ejemplo. ¿Por qué Freud y Marx impactaron en América Latina de la forma en que lo hicieron, y Nietzsche no? Ya no se trata del escándalo o el fastidio que genera. Ni su presunto vínculo con la política nacional-socialista. Tampoco consideramos su asimilación, como en recientes debates, con la *gran política*. Es decir, con el nihilismo. Nietzsche es algo más que su hermana viviendo en Paraguay, o una bestia rubia viviendo en las antípodas del sur. Por ello en el libro se presenta una América Latina por fuera del mito o la repetición ciega: América Latina parece condenada por la convención a naufragar entre el mito y la estructura. Mas lo que el eterno retorno quiere es bloquear el retorno de lo negativo como tal. El eterno retorno es selección y diferencia: es repetición *y* diferencia. Sólo se queda, como en un viaje inmóvil o una huida que permanece, *algo:* lo que vuelve y vuelve sin cesar es lo que deviene.

En este libro, entonces, aparece la posibilidad de un pensamiento corporal: la modestia que supone reconocer que los problemas sociales (el nihilismo, por ejemplo), son justamente éso, problemas, que no pueden ser resueltos en la mente del pensador. Como una burla frente a quien ansía un Hegel latinoamericano. La voluntad de conocer no tiene propietarios. Nos interesan, pues, la fuerza impersonal del pensamiento y su capacidad de afectar la experiencia; pensamientos divergentes pueden generar otras políticas de la experiencia, precisamente en una época de reducción del campo de las experiencias posibles. Lejos de cualquier pensamiento congelado, se trata quizás de dejar emerger políticas de la verdad anómalas.

Sin embargo, el nombre propio resiste tenazmente. No de otra manera pueden entenderse los mecanismos de autocitación y autoreferencia usados por distintos grupos académicos. Cofradías, podríamos decir. En "La parte de los críticos" de la novela *2666* (2004), de Roberto Bolaño, Oscar Amalfitano, profesor de literatura, exiliado chileno en el norte de México, bosqueja un retrato de los intelectuales latinoamericanos, en gran medida incomprensible para los críticos literarios europeos:

> En México, y puede que el ejemplo sea extensible a toda Latinoamérica, salvo Argentina, los intelectuales trabajan para el Estado. Esto era así con

el PRI y sigue siendo así con el PAN. El intelectual, por su parte, puede ser un fervoroso defensor del Estado o un crítico del Estado. Al Estado no le importa. El Estado lo alimenta y lo observa en silencio. (161)

A través de la imagen del proscenio, Amalfitano sitúa a los intelectuales en un escenario, "una máquina, un juego de luces y de sombras, una manipulación en el tiempo, [que] hurta el verdadero contorno de la boca a la mirada de los espectadores" (162):

> Por su parte, los intelectuales sin sombra están siempre de espaldas y por lo tanto, a menos que tuvieran ojos en la nuca, les es imposible ver nada. Ellos sólo escuchan los ruidos que salen del fondo de la mina. Y los traducen o reinterpretan o recrean. Su trabajo, cae de su peso decirlo, es pobrísimo. Emplean la retórica allí donde se intuye un huracán, tratan de ser elocuentes allí donde intuyen la furia desatada, procuran ceñirse a la disciplina de la métrica allí donde sólo queda un silencio ensordecedor e inútil. Dicen pío pío, guau guau, miau miau, porque son incapaces de imaginar un animal de proporciones colosales o la ausencia de ese animal. El escenario en el que trabajan, por otra parte, es muy bonito, muy bien pensado, muy coqueto, pero sus dimensiones con el paso del tiempo son cada vez menores. (162-63)

Dar o no la espalda a la realidad. ¿Qué es lo que ha pasado con la realidad en América Latina? ¿Cuáles son las consecuencias de las dictaduras y los regímenes de excepción, esencialmente anti-verídicos? Lejos de un realismo mágico, este libro explora nuevos realismos. Deja de percibir a América Latina como un continente para, en cambio, percibirlo como isla. El continente contiene las fuerzas, las doma. La isla se abre a la deriva, navega, se desprende de aquello que es compacto y seco. Podríamos hablar aquí de un pensamiento poscontinental, no como un ataque o una réplica a la filosofía continental: como aquello que viene después del continente. Como algo distinto, singular, con todo lo peor que ésto conlleve. Nuevos realismos, entonces, para crear nuevos mundos, nuevas relaciones con la realidad. Preguntarse hoy por el realismo, por supuesto, es distinto a preguntarse por el realismo del "socialismo real". Se trata, pues, de construir imágenes cinematográficas del mundo, de concebir el pensamiento como imagen para de nuevo volver al mundo.

Y, además, de recuperar el cuerpo y la tierra experimentando la verdad (o ¿habría también que perder la tierra, para olvidar por fin los clamores soberanos de una apropiación terrestre?). Parte de la incomodidad que genera la cuestión de la verdad es que ésta se asocia con un discurso salvífico, de redención. Podría simplificarse de la siguiente manera: alguien (líder o partido iluminado) enuncia la buena nueva (a la que llegó por diversos medios: concientización, revelación, búsqueda), y con éso salva a los demás (incluso a través de su martirio). Les revela su propia alienación, su mundo de mentira. El punto es si el problema consiste en que alguien diga la verdad, o quiera la verdad. O si, más bien, el bloqueo es la concepción que nosotros tenemos de la verdad bajo nuestra época: ¿no será nuestra manera de ver la verdad, y no la verdad, lo que nos genera tanto malestar? ¿No es acaso importante cierta verdad, si queremos que el mundo sea otra cosa? Si es así, la cuestión sería entonces preguntar por qué tipo de verdades y cuáles son sus condiciones de aparición. La verdad aparece no en la voz de alguien sino en distintos puntos de vista: es una meseta que permite atisbar las demás mesetas al recorrerlas sobre una misma superficie. No se puede, entonces, atribuir "a cada uno su verdad", pues la verdad es un caos organizado, un caos de la precisión: no una idea que habita la claridad de la mente sino un combate producido en el punto de vista. Un combate sin final feliz o destino asegurado –la verdad también es oscura, terrible–.

La verdad es un conjunto creciente de perspectivas. Pero la perspectiva no necesariamente se sustenta en un candoroso pluralismo, y no es que sea algo bueno: la perspectiva es imposición, avidez, dominación. Por éso el problema no se limita a determinar si las verdades son ciertas o falsas sino que inquiere por su grado de concreción, de materialidad. La pregunta, entonces, sería precisar no si la verdad es cierta sino cuáles son los elementos que la hacen surgir y desaparecer, cómo una verdad llega al mundo, cómo se hace material. No es, entonces, que la verdad no exista, o que no sea deseable; no es que sea *malvada* o prometedora. Nuevamente es Nietzsche quien precisa la cuestión en *La ciencia jovial* (1882): "he aquí donde se ha hecho el primer ensayo para responder experimentalmente a esa pregunta: ¿hasta qué punto tolera la verdad ser incorporada? – He aquí la pregunta, he aquí el experimento" (677). De alguna manera, el crítico "esconde" la verdad detrás del dogma. Pero el proceso por el cual una verdad se convierte en dogma es precisamente éso: un proceso, no un dato. Por éso la analítica de las verdades se compone de combates entre valores, no de sanciones o equivalencias (verdad=dogma). Esquivar el recorrido de ese proceso (cuyo final no siempre es el mismo) o suplantarlo por una ecuación ya resuelta es, precisamente, lo que ansían las verdades ilimitadas.

Las críticas a la verdad generalmente se hacen desde un único punto: la operación intelectual. Esto es, se critica la verdad, o la idea que se tenga de ella, desde el punto de vista del conocimiento (académico). La cuestión es que ese mundo que se tiene por verdadero es el que al final resulta intacto, indemne, frente a esa crítica de la verdad. En ese tipo de verdad no se vehicula únicamente el dogma del líder sino el diseño de "el principio del otro mundo". Así, ¿criticar la verdad no sería también criticar *ese otro mundo*, y no sólo el discurso o la conciencia del líder? Ese otro mundo lo vive la gente, con líder o sin él. Lo que hay que atacar entonces no es el ideal sino la fábrica del ideal, la *máquina de creer* que encierra al hombre en sí mismo. Podemos evocar a Marx aquí, en su crítica a Stirner en *La ideología alemana* (1846): "Se olvida de que sólo ha destruido la forma fantástica y fantasmal que las ideas de patria, etc., adoptaban en el 'cerebro del joven', pero sin *tocar* todavía para nada esas ideas, en cuanto expresan relaciones *reales*" (139).

Al señalar la persistencia de "el mundo puro de la verdad, ese mundo otro que es el de la verdad, el mundo al que hay que aspirar", lo que Nietzsche llamaría el ideal, permanecemos encerrados en la interiorización más cruel: la del yo que dice "ésto es mío", mi verdad es la verdad. La crítica a la verdad que se ha expandido en buena parte de la crítica reciente es, generalmente, anacrónica, bien sea como signo de arrepentimiento, en unos casos, o de melancolía, en otros. O de cierta pulsión aristocrática que insiste en ligar la verdad con el conocimiento, y con el proceder del sabio: es una crítica universitaria de la verdad. Sin embargo, el dilema de la verdad, al igual que el del nihilismo o el dogmatismo, es sobre todo un problema social, que no puede ser resuelto conceptualmente. Concierne a la experiencia. La pregunta extra-escolar, entonces, sería: ¿cómo experimenta la gente las verdades? Buena parte de los procesos de legitimación de la función del intelectual se sostienen en el intento por convertir situaciones históricas, antes que en problemáticas, en problemas resolubles a través del rigor académico. Como si la verdad o el nihilismo tuvieran solución. La confianza en la ascesis intelectual se revela no sólo como insuficiente sino como alimento para la impotencia. Y quizás para el moralismo. La verdad universitaria se erige casi como la nueva señal que detecta los peligros del mundo.

¿Es posible, entonces, una experiencia no sacerdotal, fruto de una ciencia que no sea triste? ¿Se puede pensar sin sufrir? Aún no lo sabemos, y quizás nunca podamos responder. Lo importante será persistir en la pregunta. Este libro está poblado de preguntas de ese tipo. Bienvenidos.

Bibliografía

Bolaño, Roberto. *2666*. Barcelona: Anagrama 2004.

Foucault, Michel. Introducción. *Le Rêve et l'existence*. Ludwig Binswanger. J. Verdeux, trad. París: Desdé de Brouwer, 1954. 9-128.

Locke, John. *Two Treatises of Government*. Peter Laslett, ed. Cambridge: Cambridge UP, 1960.

Marx, Karl. *La ideología alemana*. Buenos Aires: Pueblos Unidos, 1985.

Nietzsche, Friedrich. *La ciencia jovial. Nietzsche I*. Madrid: Gredos 2009.

¿Materialismo dialéctico o materialismo aleatorio? José Revueltas después del acto teórico del "68"

Susana Draper
Princeton University

1.

La invitación a colaborar en este volumen nos propone pensar en la idea de abandonar imágenes del pensamiento que reproduzcan cierta voluntad de sufrir, proponer una "*excavación hacia el pasado y, al mismo tiempo, una apertura hacia el porvenir*", vinculando esta posibilidad con la idea de una liberación: "Antes que una '*filosofía de la liberación*', invitamos a una liberación de la filosofía".

¿Cuál sería el régimen temporal (si la palabra *régimen* puede utilizarse) al que una práctica de este tipo podría responder? El pensamiento de un complejo pasado-porvenir implica considerar una temporalidad nunca "actual" (dada como estado de cosas) o "presente" sino siempre en proceso potencial de devenir algo. Un tiempo que no responde a la estructura metafísica, onto-teológica, de donación previa (estructural) de sentido sino a una modalidad abismal, de des/fondamiento de sentido, que es –así mismo– liberación de sentido (la apertura de éste a otro modo de pensar las relaciones que constituyen el saber y lo abren a lo irreconocible).

El Estado es una máquina de registrar, y su dispositivo privilegiado es siempre la historia –una historia–, la historia de la información dominante. Frente a ésto, y para pensar en otras políticas de la verdad, necesitamos generar un espacio en el que se elabore otro archivo, uno en el cual el "registro" varíe el modo de conectar lo que parece "episódico". En este problema de cómo conectar lo episódico que ha sido sometido al pegamento de la máquina de registro estatal (o estatizada), emerge el problema de las historias subalternas, lo que Peter Thomas analiza en Gramsci como el propósito de hallar una coherencia filosófica que no comprenda a ésta como mero sentido común (afirmación de lo aceptado como dado).

Así, una liberación de la filosofía implica atender a instancias o momentos que emergen "fuera" de la cadena usual de significación y que, por tanto, exigen un tipo diferente de inserción narrativa, uno que no reproduzca fielmente los mecanismos que llevaron a cabo la exclusión que tales intervenciones denuncian. Con ésto no remito a una suerte de "extracción" de una verdad, como si ésta fuera una esencia pre-construida (extracción que representa el mecanismo griego para desentramar del cuerpo del esclavo su verdad, cuerpo de quienes no "califican" para una verdad), sino a la posibilidad de establecer el registro que Deleuze y Guattari denominaron "minoritario", apelando a una cuestión de registro y no de número.[1] Un registro "menor" abre la frontera entre lo que sería el discurso avalado (mayor) y aquello que espacía su condición misma de posibilidad y la tensa, la desbarajusta, la modifica desde otro lugar. No se trata de plantear una "verdad" que se contraponga a la verdad dominante sino de moverse en la frontera misma que nos presenta esa verdad como el efecto de una serie de operaciones.

2.

¿Cómo leer la historia a partir de los momentos en que irrumpe otra cosa que no es una verdad sino un momento de desmantelamiento de las verdades, esos momentos que Kristin Ross llama de "disfuncionalidad radical"? Me interesa responder a esta pregunta con una posible respuesta que emerge en el replanteo del materialismo a partir de la experiencia de 1968, de un evento que disloca en el campo del pensamiento político divergente el bloque dogmático del marxismo con el que la historia disidente era entonces formateada. Sin aceptar este registro, la posibilidad de evocar historias a partir de lo que no fue, e imaginarlo, constituye toda una línea de pensamiento que vale la pena recorrer, preguntándonos a través de ella por el *quid* que se plantea a la hora de lidiar con la legislación implícita en la dialéctica y con el modo en que ésta sirvió como hiper-determinación teleológica de un proceso de liberación. En cierto modo, plantearé aquí el cruce de dos materialismos que intentan problematizar esa política económica de la historia, suprimiendo la forma del determinismo y posando así una liberación de la filosofía marxista desde formas *sui generis* de marxismo. Materialismos alternativos que se proponen como modos de liberar el pensamiento, formas de libertad que emergen a partir del modo en que se encuadran o enfocan la historia y el rol que en ella cumple la negatividad, ésto es, lo no-sido, lo no actual, la historia casi como décadas después la traerá Roberto Bolaño en *Amuleto* (1999), cuando el 68 aparece mediado por la obsesión de una mujer, poeta, sin papeles, que encerrada en un baño, en una universidad tomada por los granaderos, pretende afirmar y mantener la autonomía universitaria imaginando encuentros hipotéticos, aquellos que no tuvieron lugar. Hay en este gesto algo que habla sobre la dislocación del 68 en el pensamiento no sólo político sino en la armazón misma a partir de la cual se estructuró la forma de imaginar la materialidad de lo que acontece y el pasaje que va de éso a la narrativa que lo piensa, lo narra, lo encuentra.

3.

¿Cómo se traduce en el pensamiento marxista heterodoxo de diferentes países ese gran evento de dislocación que fue el 68? ¿Cómo se comunican *filosóficamente* estos eventos a lo largo del tiempo posterior a su ocurrencia? En cierta manera, 1968 es el horizonte de uno de los últimos grandes replanteos del marxismo dentro de una estructura de transformación estructural de la sociedad. Como afirma Kristin Ross, una de las claves del 68 remite a "una crisis de funcionalidad", ésto es, supone un evento de dislocación que implicaba el poder no estar donde se esperaba, no seguir el guion de lo que se debía ser (estudiante en la universidad, obrero en la fábrica, inmigrante en su colonia) (25). Con ésto, lo que se encontraba de fondo era una lucha por apropiarse de un derecho a *reinventar las maneras de pensar la política* o, en otras palabras, a luchar contra la limitación o la reducción de la política a una práctica de gestión y administración. *Cada uno a su modo, los diferentes 68 consistieron en romper este pacto implícito de la política como policía del orden y en abrir la experiencia de lo político a otros sentidos.*

Hay, así, una suerte de *triple dislocación* de la forma usual de lo que pertenece al ámbito político. Por un lado, una dislocación de la lógica social, y de la función de la política como gestora incuestionable de la vida. Con ésto remito a la forma de política de roles y a lo que significa liberarse del rol, abriendo una pregunta respecto a cuánto es posible hacer en ese espacio de dislocación que no sea tan sólo *volverse ese otro contra el cual este acto de insubordinación se produjo (el drama del esclavo liberado que corre el riesgo de sólo repetir el gesto de su amo)*. Esto nos lleva a una dislocación de las nociones de libertad y democracia partiendo de la problematización de lo que Jameson llamó la dialéctica innovadora, cuestionadora, de lo personal y lo político, algo que José Revueltas preguntará en su *Diario de Lecumberri*: "Hay que responderse a una pregunta que sale de la cárcel, ¿es nuestra vida la revolución?, ¿qué es la revolución para cada quién?" (*México 68* 184). Finalmente, una dislocación de la forma usual de hacer política divergente (política de izquierda), lo que lleva a cuestionar las formas de organización y de la lógica del partido, problematizando el modo en que el partido tiende a monopolizar la palabra, la imagen, la libertad de variabilidad en la organización de alternativas frente a lo dado.

En este contexto, me interesa pensar en los modos en que los diferentes "68" repercutieron de modo crítico y creativo en la reconfiguración de una comprensión de los materialismos, desatando así quizás las últimas críticas y los últimos replanteos de la dialéctica (su relevancia o su necesario agotamiento) al interno mismo del marxismo crítico, asumido como "el" comunismo. Hasta entonces, la dialéctica había sido el gran teatro en el que se jugaban los matices de disidencia respecto a la estructura del dogmatismo al interior de la filosofía oficial de los PC, así como también en relación a la forma de concebir y criticar una teleología desarrollista al interior de la imaginación política del cambio. En este campo, Revueltas y Althusser son quizás quienes llevaron más lejos la teorización crítica de una dialéctica no antropomorfizada, desarrollista.[2] Curiosamente, también en estas dos figuras las reflexiones críticas que venían teniendo lugar respecto a la forma de concebir la dialéctica se solapan con una reflexión sobre formas de materialismo que se comienzan a plantear como articulaciones *sui generis* entre acontecer histórico y pensamiento, entre el evento y el modo como se piensa, entre historicidad y epistemología. Siguiendo el modo en el que Gramsci hablaba sobre la necesidad de desnaturalizar la obviedad con la que los Partidos enfrentaron (de manual dogmático) la traducción de realidades históricas, me interesa aquí detenerme en cómo opera una doble trasposición que remite al 68: por un lado, cómo los eventos históricos se pueden comunicar entre sí, transponer en diferentes geografías, y, luego, cómo se comunican o no filosóficamente. Ésto remite a que, siendo el momento más internacionalista con las filosofías que hasta hoy se han hecho más presentes en los ambientes en los que nos movemos, la historicidad de los procesos, su vinculación con las políticas de las que emergen, quedan borradas así como lo hacen las relaciones entre los conceptos y los modos en que repercute y actúa el 68 en el campo filosófico.

En este texto me interesa analizar la crítica de Revueltas a la dialéctica mistificada por el marxismo vulgar, centrando mi análisis en los escritos posteriores a los eventos del 68 en los que el movimiento estudiantil es caracterizado como "acto teórico" productor de una ruptura en la temática marxista y PRI-ista. Ésto hace que Revueltas radicalice su revisión de la dialéctica, llevándola hacia un pensamiento que versa sobre la incertidumbre y la vacilación, liberándola de la dialéctica del amo y el esclavo. En este momento, el materialismo dialéctico comienza a cruzarse con una suerte de materialismo aleatorio en el cual los encuentros y los mundos producidos por los desvíos rigen lo que se describe como la parte más importante de la historia mexicana. Sin embargo, Revueltas mantiene la dialéctica en el centro de su obra, titulando así el inédito trabajo *Dialéctica de la conciencia* (1982), aun cuando el contenido de ésta se orienta cada vez más hacia un pensamiento que lo aproxima a la idea del materialismo aleatorio althusseriano (el encuentro entre Althusser y la tradición pos-heideggeriana, posestructuralista).

La posibilidad de pensar nuevos materialismos basados en las figuras del encuentro entre corrientes subterráneas producidas en el desvío, y de proponer a partir de ahí una nueva forma de plantear la lectura de la historia, quizás se vincule con el hecho de que la consistencia antes hallada en la estructura del partido, como organización teórica del pensamiento y la acción política, es sustituida por la estructura abismal de una contingencia radical, la idea de contingente de formación de mundos en el acontecer aleatorio. En otras palabras, se trata de un modo de repensar, procesar, una sustitución de la idea misma de organización jerárquica, pre-dada, priorizando *los encuentros en lugar de las purgas*, la creación de mundo en lugar de su destitución. Es como si la dialéctica operara en la lectura y la comprensión de la historia en el sentido en el que lo hace o lo hacía la estructura de partido: organizando los eventos y regulando (legislando) la forma en que se procesan. En este sentido, el pasaje progresivo que se da, tanto en Revueltas como en Althusser, de un materialismo dialéctico a un materialismo aleatorio, remite a una forma que se aleja progresivamente del tipo de organización partidista. Así como el encuentro capaz de sostenerse y permanecer a lo largo del tiempo hace posible la generación de mundo, también el desencuentro explica la imposibilidad de mundos que la historia expresa. En este sentido, la historia de los marxismos en las narrativas oficiales consistiría más bien en un conjunto de registros de una permanente cancelación de mundos en lugar de su creación, en crónicas del desencuentro. *En este contexto, la redefinición del materialismo y de la dialéctica implican un modo de enfrentar el vacío que deja la herida del partido y, también, de insistir en cómo sustituir (resolver) el problema de modo que no implique un abandono de la política real, práctica, existente.*

4.

Como expresa Bruno Bosteels, la mayor parte del trabajo de Revueltas en los años sesenta y setenta se dedica a reformular la dialéctica como "conceptualización de lo no-conceptual" o "representación de lo no-representable" (70; traducción mía). En este proceso es crucial el rol del 68, momento que Revueltas no duda en considerar como el más importante en la historia del país desde la revolución de comienzos de siglo, uno que cataloga como "acto teórico". En esta noción se condensan los problemas teóricos que obsesionaban al autor, ya que no sólo se está proponiendo una "teoría" de la teoría *sino una traducción-adaptación de mecanismos nuevos de organización política de ese momento y la crítica que implicaban dentro del imaginario marxista:* autogestión académica vinculada por Revueltas a la idea mayor de "democracia cognoscitiva". Una y otra emergen en las prácticas textuales sobre acciones concretas de la lucha, primero en la ocupación de la UNAM y luego en la ocupación no-oficial de la cárcel de Lecumberri, recinto progresivamente transformado por muchos participantes del movimiento en una universidad crítica.³ En un nivel mayor, Revueltas explica que el 68 es un *acto teórico* por la capacidad de relacionalidad de irrupción de disidencia en diferentes países, y su capacidad de conectar mediante esos actos diferentes momentos históricos que habían sido negados e invisibilizados por el marxismo oficial internacional. En cierto modo, el acto teórico expresa el momento en el que se produce una serie de encuentros entre lo que parecía caduco, trunco, muerto: es una conexión entre actos de desvío, que genera un nuevo *mapa mundi* de la política que se hace visible en el 68. En la idea de 'acto' se establecen dos relaciones: una interna a la historia del marxismo heterodoxo internacional, y otra a la de la historia mexicana, con las historias que habían sido subalternizadas históricamente. Dice Revueltas:

> El Movimiento de 1968 fue esencialmente un *acto teórico*, una *acción teórica*. ¿Qué se quiere decir con ésto [...]? Ante todo, no se trata de desvalorizar la teoría subordinándola al practicismo y al activismo cegatones y vacíos de contenido. Tampoco se trata de afirmar que la teoría se haga en la calle [...]. Lo que le da a nuestro Movimiento del 68 la naturaleza de un *acto teórico*, de una *acción teórica*, es exactamente la naturaleza misma de la teoría, su propia forma de ser, su razón de ser, su modo de actuar [...] [¿]qué ocurrió en 1968, no sólo en México sino en el mundo entero? [...] En 1968 los anquilosados partidos comunistas y socialistas, los burócratas sindicales, los jefes de Estado en países de economía estatalizada, escucharon –sólo escucharon, desgraciadamente– el anuncio –nada más el anuncio, también por desgracia– del castigo histórico. Esto fue el movimiento de la juventud en Francia, en Japón, en Estados Unidos, en México. La juventud, así, recogió todas las banderas pisoteadas, desgarradas, escarnecidas. Todas eran banderas rojas. Siguen siendo banderas rojas [...] la juventud tomaba por sí misma y *la restituía en la acción, con el más creador y viviente contenido, la democracia socialista, suprimida por la burocracia mundial de todos los partidos. La antigua democracia del cuestionamiento libre, del juego de tendencias, del derecho a discrepar en el seno de todos los partidos obreros y revolucionarios, cualquiera que sea la plataforma política de éstos. Tal es el extraordinario contenido teórico de 1968 en todas partes, en Tokio, en Berlín, en París, en México.* [...] Entendamos aquí el *acto teórico* como el *encuentro* de ese tipo de ideas que, al *entrar en contacto* con una realidad dada, tienen la virtud de *remover –trastornar–* sus estratos más profundos. ("Autogestión académica" 149-150, 51; énfasis mío)

La posibilidad de remover esos substratos para que sean parte de la acción transformadora de un presente se vincula con un tipo de "conector" en el que una lucha pasada, local, se encuentre con otras y se transforme en un problema mayor (es desprendida de su contexto específico). La paradoja aquí es que en la definición de lo que constituye el acto teórico, casi como espaciamiento que hace posible una transmisión entre luchas negadas, el efecto transmisor (conector) es la idea misma de una *democracia socialista/cognoscitiva*, como espectro incumplido que retorna y con la cual se reconfigura la dialéctica aleatoria (contingente). Es decir, lo peculiar del planteo de Revueltas es que *se establece un vínculo entre democracia y dialéctica en el que el pensador pone juntas dos ideas que hasta entonces eran casi imposibles, si no contradictorias*, ya que no hay una toma de posición por parte de ninguno de los polos que en el momento dividían a la comprensión del marxismo y el comunismo internacional, a saber, la batalla entre el proto/eurocomunismo, visto como una forma camuflada de estalinismo por los althusserianos, y la dictadura del proletariado, que era lo que los defensores de la dialéctica seguían manifestando.[4] Con Revueltas, aparece una idea de democracia que no tiene nada que ver con la democracia parlamentaria (cuantitativa) pero planteando, sin embargo, como referente o mito histórico al leninismo en su *instante de poder dual posrevolucionario*. Ni parlamentarismo ni dictadura, ni vanguardia ni retaguardia; la democracia cognoscitiva aparece como posibilidad de permitir el encuentro entre lo dispar (lo unido en el desvío), aquello que emerge como el modo en que se postula encaminar el problema por una dirección alternativa a las figuras dicotómicas con respecto a las cuales se pensaba la política en el momento.

5.

Ahora bien, ¿de qué modo el acto teórico implica o no un replanteo de la dialéctica vinculada al materialismo, del encuentro entre corrientes subterráneas, con la que se define el acto teórico mismo del 68, y con la que se dibuja la obra más importante de Revueltas en su estancia en la cárcel de Lecumberri? A la vez, esta formulación tiene una sintonía casi total con el materialismo aleatorio que posteriormente Althusser plantearía durante y luego de su estancia en el psiquiátrico, y cuya elaboración más contundente se formula en las conversaciones que comienza a tener con la filósofa mexicana Fernanda Navarro, publicadas como *Filosofía y marxismo* (1988). En este momento, Althusser ya no habla de filosofías marxistas sino de filosofías para el marxismo.[5] En ambos, los nuevos materialismos se plantean a partir de una reflexión que sobrepasa la diferenciación entre "joven-viejo" Marx, y que van a la tesis doctoral de éste sobre los materialismos griegos (Demócrito y Epicuro). Al mismo tiempo, en ambos emergen las figuras históricas de la comuna francesa y los consejos rusos terminando en el 68, momento crucial en el que Revueltas y Althusser se desencuentran, ya que para el último es aquí cuando el encuentro generador de mundo no acontece, mientras que para Revueltas es el punto en el que un encuentro capaz de modificar la estructura anquilosada del marxismo se manifiesta. De estas lecturas históricas puntuales sale, quizás, la posición posterior respecto a la dialéctica. Dice Althusser:

> Ahí está la *sorpresa (no hay toma de consistencia más que bajo la sorpresa)*, lo que tanto asombro causa al espíritu ante los grandes desencadenamientos, dislocaciones y suspensiones de la historia, ya sea de los individuos (ejemplo: la locura), ya sea del mundo, cuando los dados son lanzados de repente sobre la mesa, o las cartas redistribuidas sin previo aviso, los "elementos" desencadenados en la locura que los deja libres para nuevas "tomas de consistencia" sorprendentes (Nietzsche, Artaud). Nadie pondrá dificultades para reconocer ahí uno de los rasgos fundamentales de la historia de los individuos o del mundo, de la revelación que convierte a un individuo desconocido en un artista o un loco, o las dos cosas a la vez, [...]cuando estalla y triunfa la Revolución francesa hasta el desfile de Napoleón, [...] cuando la Comuna brota de la traición, cuando explota 1917 en Rusia y, con más razón, la "Revolución cultural" en la que verdaderamente casi todos los *elementos* fueron liberados en espacios gigantescos, pero en la que el encuentro duradero nunca se produjo, como durante aquel 13 de mayo en el que los obreros y los estudiantes, que hubieran debido juntarse (¡qué resultado habría tenido lugar!), se cruzaron en dos largos cortejos paralelos *sin juntarse,* evitando a toda costa juntarse, conjuntarse, unirse en una unidad que indudablemente nunca ha tenido precedente (la lluvia en sus efectos *evitados*). ("La corriente subterránea" 63; énfasis en el original)

En este momento el texto se detiene y, como sugiere su editor, Althusser reproduce casi literalmente un texto inédito anterior titulado "Sobre el modo de producción", en el que se intensifica la explicación del carácter aleatorio de la historia, trazando dos hipótesis lectoras de

Marx, un Marx que avanza y se frena frente a la contingencia absoluta de la historia transformándola en un escenario que dramatiza la lucha entre el carácter dialéctico o aleatorio de su propio materialismo. Rechazando la mirada organicista y esencialista de la historia como inherente a la dialéctica, propone:

> lo destacable en esta primera concepción, aparte de la teoría explícita del encuentro, es la idea de que todo modo de producción está constituido por *elementos independientes los unos de los otros*, siendo cada uno el resultado de una historia propia, sin que exista ninguna relación orgánica y teleológica entre estas diversas historias. (66; énfasis en el orignal)

Si esta relación existiera, el vacío que hace posible la caída y el encuentro sería imposible. Para Althusser, un materialismo concebido como dialéctica está condenado al fatalismo porque asfixia los espacios en los que se produce el desvío (impide el espaciamiento previo al encuentro):

> Ésta es la dimensión del todo y de la teleología, que asigna a cada elemento su papel y su sitio en el todo, y los reproduce en su existencia y en su papel. [...] No hay entonces encuentro, pues la unidad precede a los elementos, *pues no hay ese vacío necesario para todo encuentro aleatorio*. Cuando se trata todavía de pensar *el hecho a consumar*, Marx se coloca deliberadamente en el *hecho consumado* y nos invita a seguirle por las leyes de su necesidad. (70; énfasis en el original)

6.

Es singular que Revueltas produzca su defensa de la dialéctica en este mismo lugar de lectura histórica y en la crítica misma, manteniendo lo aleatorio junto a una forma de resignificar la dialéctica partiendo de la idea o el gesto del acto-teórico. Es por cierta forma de repensar el desvío como una negatividad que sigue teniendo una vida potencial, capaz de ser re-actualizada al entrar en contacto con otra realidad, que otra historia (la historia no narrada, no dominante) se hace posible. Así, la reflexión en torno al *clinamen* no se desvincula de una dialéctica sino que lo aleatorio y lo dialéctico se piensan juntos, no sólo como defensa de una palabra sino, además, de una forma de comprender la libertad en la historia. Esta forma de mantener lo aleatorio y lo negativo de la dialéctica le permite seguir insistiendo en una remota idea de organización política como democracia cognoscitiva (idea que implica un modo de remplazar la idea de partido). Fuentes Morúa sostiene que la democracia cognoscitiva se convierte, ella misma, en un ideal de organización política basado en la re-configuración (des-enenajenación) del saber de los cuerpos, de lo que entendemos por saber (lo que no sabemos / lo que podemos saber desde él).

Con ésto se re-configuran la dialéctica y la manera de leer la memoria histórica en el marco que Revueltas llama "democracia cognoscitiva", que define de modo esquivo en varias ocasiones como modo de comprender la democracia de modo cualitativo y no aritmético. Así, dice:

> La democracia aritmética, puramente cuantitativa (mayoría que decide y se impone sobre la minoría) constituye una ficción de libertad mediatizada e ilusoria. La condición cualitativa de la democracia reside en la conciencia como ejercicio colectivo. El ejercicio colectivo de la conciencia es la constante confrontación de tendencias, corrientes, opiniones y, por ende, de grupos que las sustenten. (*México 1968* 139)

Encuentro que el problema que trae el 68, con su crítica a la dialéctica oficial del marxismo (del partido), se puede abreviar en la siguiente pregunta: *¿cómo se dialectiza –se dinamiza e incluye–, sin con ésto decir "subsume", lo que queda fuera de la dialéctica en las críticas a la epistemología desarrollista?* En la dialéctica triunfalista del desarrollo, lo que queda fuera queda muerto para el pensamiento. No tiene vida más que para justificar y racionalizar (legitimar) lo que ya ha sido. *La historia no produce más historias. Queda trancada, trunca.* Si bien ésto implica un principio más "anti-dialéctico" que dialéctico, porque le resta "movimiento" a algo en lugar de dinamizarlo (la dialéctica es movimiento de las relaciones), se transformó en una suerte de regla dominante en la manera de concebir la dialéctica una vez que la política se estanca (o se estancó) en el estalinismo. Aquí encontramos todo un corpus filosófico al que hay que responder, desde Benjamin y Adorno hasta Bataille, en el que la problemática principal concierne al exceso o resto no-dialectizable; ésto significa la aparición de algo que no permite ser "digerido" por la lógica del resto subsumido. Del otro lado de este problema encontramos las no-dialécticas del 68, en las cuales la diferencia emerge como esencia sin dialéctica: la vida pura, sin conexión con la totalidad en la que emerge como efecto y como parte de una negación que la determina (el trabajo, la explotación, etc.). Sin embargo, hay también un punto en medio de Benjamin o Adorno y figuras como Revueltas, *ya que en el último la pregunta por el resto no dialectizable se postula como asunto filosófico al mismo tiempo que se lo piensa como problema mismo de la organización política.* En las líneas más próximas a Gramsci, Althusser o Rancière, el caso de Revueltas nos instala en una dramatización del problema de la dialéctica que tiene lugar en dos frentes: el literario-filosófico y el de la acción política. ¿Tiene esa múltiple-topología de estilos una relación con el problema mismo que se plantea? ¿El no-lugar de la libertad en la dialéctica? ¿La indefinición misma de los problemas en el 68 como instancia de desfuncionalización de estilos otrora vistos dogmáticamente? La distención no es, sin embargo, una pérdida de lógica sino una reconfiguración de ésta. Por éso Revueltas trae la noción de democracia cognoscitiva como elemento fundamental de la experiencia leninista y la lleva al Marx que piensa la dialéctica en una física diferente a la del estalinismo. La dialéctica de Stalin es una forma de estatizar, estancar. Frente a ésto, la democracia cognoscitiva aparece como un mecanismo de defensa de la dialéctica pre-hegeliana –paradójicamente– en la cual aparecen el joven Marx y Lenin.

La libertad se presenta como un acto orientado a desatar (espaciar) conexiones que aprisionaron al marxismo, pero es una libertad incómoda porque en lugar de traer una buena nueva, el milagro de una resolución, trae lo incierto. Aquí está el *quid* de la liberación de la filosofía en su diferencia radical respecto a la filosofía de la liberación: se trata de una des-alienación que no asume ni supone una bondad (des-alienar no es encontrar una esencia sino una contingencia absoluta y radical); la idea de libertad, en este sentido, remite a una instancia abismal ya que, sin una legislación, lo que encontramos es el acontecer contingente (la historia sólo se conoce retrospectivamente; la esencia es una ficción producida *post-factum*). Este es un punto central en los últimos proyectos narrativos de Revueltas, *El apando, El tiempo y el número,* "Hegel y yo". La potencia de una filosofía-otra está en su posibilidad de saberse de un modo diferente al de la conciencia o la voluntad predictiva: es la posibilidad de pensarse como experiencia limitada que "estalla" junto con el presente:

> La ironía de las *predicciones* filosóficas consiste en que siempre implican una consideración *post-festum* [...] Anticipan una situación cuando ya está en vías de realizarse por completo y con todas sus consecuencias: toman la realidad fáctica a media carrera y ya nadie puede impedir su despliegue real, objetivo, inexorable. (*Dialéctica* 131)

Ésta es la hipótesis que se testea en "Significación actual de la revolución rusa de octubre", texto escrito con ocasión de un coloquio conmemorativo del 53 aniversario de la Revolución de Octubre, organizado por los presos políticos del 68 en la cárcel de Lecumberri, en 1970. Allí aparecen ciertas pautas en las que el proyecto leninista se decodifica como proyecto de democratización cognoscitiva y social. Sin embargo, hay un pasaje sutil y curioso en la estructura de este texto, ya que de modo imperceptible Revueltas da un giro interesante desde el proyecto de "dirección racional-consciente de la historia" que da sentido a la noción de partido en Lenin hacia la idea de tendencias en el joven Marx, cuando escribe su tesis doctoral sobre Demócrito y Epicuro. Dice:

> El extraordinario proyecto de Lenin [...] se realiza primero en el partido bolchevique, como democracia cognoscitiva, y después en el poder de los soviets, como democracia en la sociedad. [...] este grandioso experimento dura tan sólo apenas seis años escasos, de octubre del 17 a la muerte de Lenin en 1924. (228)

Y sigue:

> Abolir la democracia cognoscitiva, es decir, la libertad de crítica, el derecho a la oposición de las minorías, el libre juego de tendencias, el choque de opiniones, en el partido y los partidos que encarnan la conciencia racional, es un crimen que la historia se cobra a un precio excesivamente caro y de modo irreversible. Marx entendía el concepto "partido" en sus dos aspectos: como acción (acción política, desde luego) y como conciencia, conciencia histórica. Esta última presupone un deber ser de la historia fundado en el contexto de las relaciones sociales y de las relaciones de producción, a través de la crítica de ambas [...] Este "deber ser" de la historia está limitado [...] condicionado, por sus propias contradicciones, incluso *el azar, la casualidad, como partes de lo necesario* (y éso lo pone de relieve el propio Marx respecto a

> *la filosofía de la naturaleza en Demócrito y Epicuro*, en sus Tesis Doctoral).
> La historia no es finalista, no se traslada de un estadio a otro sobre una trayectoria ascendente. (228)

Esta es la forma "vulgar" (acríticamente irreflexiva) de pensar la dialéctica caracterizada por el voluntarismo determinista, frente a la que Revueltas contrapone otra forma que afirma lo aleatorio, el azar y el desvío, un movimiento histórico cuyo resultado es imposible de prever. En un texto escrito en la cárcel, en 69, llamado "Clase y partido: los nuevos contenidos de la realidad en la segunda mitad del siglo XX", Revueltas sigue en esta línea y vincula la idea anterior de lo imprevisto con los "cursos inesperados" que toma el desarrollo de la historia, y provoca una lectura que enfatiza lo caduco, lo fallido:

> El método vulgar pretende que las situaciones objetivas son así porque no pueden ser de otra manera y que aun lo que en su momento fue la alternativa opuesta, en caso de triunfar, no hubiese conducido sino a lo mismo. Este método ignora la dialéctica y es incapaz de *comprender ni de explicarse el por qué se producen los cursos inesperados del desarrollo* y a dónde conducen, dialécticamente, tales cursos. (Por ejemplo: "A pesar de que la línea bujarinista-stalinista condujo la revolución china en 1927 a la derrota, la revolución china triunfa con Mao Tse-tung". Este método de análisis impide darse cuenta del hecho de que el curso estalinista que condujo a la derrota china de 1927, trajo como su consecuencia la "revolución cultural" maoísta de 1967-68.) El método *no vulgar* presupone el análisis de la *dialéctica de las deformaciones* y darse cuenta de que los "cursos falsos" son a su vez dialécticos. (*Dialéctica* 233)

Esta dialéctica de los cursos "inesperados" (vistos como "deformaciones") remite a la vida de lo supuestamente "obsoleto" para el marxismo vulgar (la idea de que con el fracaso se muere) y, sin embargo, desde esos cursos inesperados Revueltas insiste en afirmar la democracia cognoscitiva como una dialéctica que canjeara la autosuficiencia por una insistencia en la vacilación.

La pregunta sería: ¿hasta dónde esta mirada tiene que ver con las condiciones materiales de producción del propio texto, la cárcel, en los años 69-70, cuando todo parecía morirse o estar muerto ya para la mirada del Estado, o hasta dónde nos permite abrir realmente nuestra mirada sobre el 68 desde otros sitios? ¿Es este gesto una mera forma contradictoria de mantener toda una biografía política vinculada a la constante lucha respecto al comunismo de partido junto con el gran detonante que fue el 68 como acto de libertad, de liberación respecto a aquél? ¿Es una forma de síntesis que en cierto modo neutraliza y anestesia lo más potente del 68 en su crítica al materialismo dialéctico como crítica a la filosofía oficial del estalinismo? O, por el contrario, ¿se trata de la manera en la cual esta disyunción se presenta como falsa, aparente, esto es, como aquella que esconde un problema mucho más importante que remite al lado más fuerte del 68, su posibilidad de establecer conectores históricos y geográficos de luchas hasta entonces adormiladas, de teorizar la comunalización internacional de protestas que habían quedado desinada a sus localismos, etc., (de generar totalidades no organicistas)?

Finalmente, partiendo de este peculiar materialismo revueltiano, ¿queda la reflexión althusseriana, altamente poética, corta de eficacia política? En cierto modo, de la diferencia o el contraste entre estos materialismos deriva también una manera de narrar la historia del marxismo, aquello que paradójicamente llevó a Althusser a comenzar su texto "*Marx dentro de sus límites*" diciendo que no había una historia crítica del marxismo interno al marxismo, que toda su historia había sido siempre la de sus Estados, una historia estatal, tal como su filosofía. En este punto Revueltas parece desarrollar un materialismo capaz de narrar ambas historias –una que el materialismo aleatorio, no dialéctico, althusseriano puntúa pero es incapaz de completar por su obsesión con el encuentro duradero y su tensión con aquellos encuentros que fueron incapaces de permanecer en el tiempo–, lo que resulta en una lógica interesada en la pura positividad afirmativa. Sin embargo, ¿cuánto de esa "duración" no implica un deseo de permanencia que en la propuesta de lectura de Revueltas se desarma, ya que la negatividad misma sigue operando como motor creativo, una negatividad que opera como conector de las promesas no cumplidas?

Finalmente, la pregunta derivada de estos materialismos remite a una noción de liberación que ya no pasa por las dicotomías clásicas del marxismo: poder pensar un espacio crítico que nos permita abrir en el presente otro horizonte en el que sea necesario cuestionar el legado que sigue al 68. Aquí cabe la posibilidad de pensar en su sobrevida filosófica en los actos de desborde a los que asistimos en el presente, sin esperar un "final" permanente, un encuentro "para siempre", y de situar la pregunta respecto a los tipos de conexión que estas figuras de pasados y presentes pueden alcanzar al entrar en contacto con otras temporalidades históricas: la posible formulación sobre cómo sería imaginar ahora una suerte de "68 en sus límites", uno que −parafraseando el *quid* de "*Marx dentro de sus límites*"− versara sobre cómo trazar un 68 incómodo para la historia oficial y su correlato filosófico.[6] Poner nuevamente el gesto del 68, su polifonía irreverente y obsesiva respecto al problema de la organización política, sin negar el horizonte de reinvención de la política que fue (y sigue siendo neutralizado) en el mundo político y en el académico.

NOTAS

[1] Remito a *Kafka. Por una literatura menor* (1975), así como al desarrollo de la idea en *Mil mesetas* (1980).

[2] Para un análisis de la lógica desarrollista y su estructura temporal remito a John Kraniauskas, "Difference Against Development: Spiritual Accumulation and the Politics of Freedom" (2005), y a *Politics of Time* (1995), de Peter Osborne.

[3] Sobre ésto, remito a los textos que componen *Mexico 68. Juventud y revolución* (1978), donde se compilan las notas, el diario y la redacción de panfletos sobre autogestión.

[4] Sobre las críticas más interesantes al eurocomunismo remito a Étienne Balibar, *Sobre la dictadura del proletariado* (1977), y a Althusser, "Sobre la crisis del marxismo y la dictadura del proletariado" (1978).

[5] El libro se publica primero en México, y Althusser lo dedica a los estudiantes universitarios de América Latina. En ciertas cartas a Fernanda expresa su sorpresa al ver lo importante que su figura, junto a la de Gramsci, había sido para la política de ruptura latinoamericana (las cartas han sido publicadas en inglés y en francés, *Philosophy of the Encounter: Later Writings, 1978-1987*) (2006). Este lazo entre pensamientos que emergen de situaciones físicas, materiales, de encierro, es sintomático: psiquiátrico para uno, panóptico para otro, las condiciones materiales de producción de los nuevos materialismos en Althusser y Revueltas parecen traer, paradójicamente, una apertura radical al encierro del marxismo dogmático, irreflexivo, mientras que, sin embargo, cada pensador toma para sí su relación respecto a la dialéctica. En Althusser, dialéctica se sustituye por lo "aleatorio"; en Revueltas, se mantiene la palabra como campo de lucha y toma de posición.

[6] George Elliott expresa que, a fines de los setenta, Althusser formaliza su pensamiento sobre los sesenta. "So, in June 1975, Althusser was defending −albeit in qualified form− his theoretical project in the early 1960s, ascribing to it an unambiguously anti-Stalinist political significance and claiming that his writings from 1967 onwards had made some of the necessary amendments to the original theses" (257).

Bibliografía

Althusser, Louis. "La corriente subterránea del materialismo del encuentro". *Para un materialismo aleatorio*. Pedro Fernández Lira, ed. Luis Alegre Zahonero y Guadalupe González Diéguez, trads. Madrid: Arena Libros, 2002. 31-72.

_____ *Marx dentro de sus límites*. Juan Pedro García del Campo, ed. Beñat Baltza Álvarez, Juan Pedro García del Campo y Raúl Sánchez Cedillo, trads. Madrid: Akal, 2003.

_____ *Philosophy of the Encounter: Later Writings, 1978-1987*. Londres: Verso, 2006.

_____ "Sobre la crisis del marxismo y la dictadura del proletariado". 9 jul. 1976. *Artillería inmanente*. <https://artilleriainmanente.noblogs.org/post/2016/04/15/louis-althusser-sobre-la-crisis-del-marxismo-u-la-dictadura-del-proletariado/>. 10 sept. 2016.

_____ y Fernanda Navarro. *Filosofía y marxismo*. México: Siglo XXI, 1988.

Balibar, Étienne. *Sobre la dictadura del proletariado*. México: Siglo XXI, 1977.

Bolaño, Roberto. *Amuleto*. Barcelona: Anagrama, 1999.

Bosteels, Bruno. *Marx and Freud in Latin America*. Londres: Verso, 2011.

Deleuze, Gilles y Félix Guattari. *Kafka. Por una literatura menor*. México: Era, 1978.

_____ *Mil mesetas*. Valencia: Pre-textos, 1998.

Elliot, George. *Althusser: The Detour of Theory*. Chicago: Haymarket, 2009.

Fuentes Morúa, Jorge. *José Revueltas: una biografía intelectual*. México: UNAM-Porrúa, 2001.

Kraniauskas, John. "Difference Against Development: Spiritual Accumulation and the Politics of Freedom". *Boundary 2* 32/2 (2005): 53-80.

Osborne, Peter. *Politics of Time: Modernity and Avant-Garde*. Londres: Verso, 2011.

Revueltas, José. "Autogestión académica". *México 68. Juventud y revolución*. México: Era, 1978.

———. "Clase y partido: los nuevos contenidos de la realidad en la segunda mitad del siglo XX". *Dialéctica de la conciencia*. México: Era, 1978.

———. *Dialéctica de la conciencia*. México: Era, 1982.

———. *México 68. Juventud y revolución*. México: Era, 1978.

Ross, Kristin. *May 68 and its Afterlives*. Chicago: U of Chicago P, 2004.

Thomas, Peter. *The Gramscian Moment: Philosophy, Hegemony and Marxism*. Chicago: Haymarket, 2011.

Ni proletariado ni vanguardia: José Revueltas y la corriente subterránea del anarco-comunismo en México

BRUNO BOSTEELS
Cornell University

Id a la lucha; tocad resueltamente a las puertas de la epopeya; la gloria os espera impaciente de que no hayáis hecho pedazos todavía vuestras cadenas en el cráneo de vuestros verdugos.
Ricardo Flores Magón, "A los proletarios"

Y el más importante: el relevo de pensamiento: del vanguardismo revolucionario al mandar obedeciendo; de la toma del Poder de Arriba a la creación del poder de abajo; de la política profesional a la política cotidiana; de los líderes, a los pueblos; de la marginación de género, a la participación directa de las mujeres; de la burla a lo otro, a la celebración de la diferencia.
Subcomandante Insurgente Marcos, "Entre la luz y la sombra" (comunicado del 24 de mayo 2014)

1.

¿Cómo podemos concebir la relación entre anarquismo y socialismo, o entre anarquismo y comunismo, sea en términos generales o en el contexto específico de México? A primera vista, podemos distinguir dos articulaciones de esta relación: una negativa y la otra positiva, dependiendo del punto de vista que se prefiera.

La primera articulación, que resulta siempre negativa, mira el anarquismo desde el punto de vista del socialismo o el comunismo internacional, o en comparación con los desarrollos del anarquismo en el resto del mundo, para concluir que la causa mexicana se queda corta. En tales apreciaciones el énfasis cae siempre sobre elementos de insuficiencia: falta de organización, ausencia de conocimiento de la tradición teórica, incapacidad para desarrollar una estrategia política nacional, o al menos una estrategia que pueda sobrevivir a la explosión local y espontánea de la insurrección. De hecho, podemos distinguir tres niveles o formas de esta estructura de la falta del anarquismo en comparación con el socialismo o el comunismo, cada uno de los cuales sólo se intensifica en el caso de México. Primero, en términos temporales o históricos, el tiempo de la política anarquista, vista como demasiado puntual, carente de una forma duradera de acción y, además, íntimamente vinculada con elementos supuestamente primitivos, o insuficientemente modernos, arraigados en las tradiciones campesinas que tienen que ver con la tierra, en vez de relacionarse con la experiencia moderna del trabajo en la fábrica. Segundo, en términos estructurales o cualitativos, el anarquismo se asocia con la espontaneidad y no con la organización, y con lo intuitivo o lo presentista más que con la mediación consciente o científica del conocimiento. Tercero, en términos espaciales o geográficos, el anarquismo es percibido como algo local o situado, en lugar de ocupar la escena de la gran política a nivel de la nación o el Estado. En cada uno de estos tres sentidos, el anarquismo aparece como "mero" anarquismo por falta de algo más o mejor, el "más" o "mejor" que sería merecedor de las etiquetas de socialismo o comunismo.

Sin embargo, esta primera evaluación negativa puede fácilmente invertirse. En México, también, el anarquismo se convierte en una ideología positiva, local o autóctona e inmanente de la revolución. Precisamente porque tiene sus raíces en las tradiciones agrarias, comunales y autónomas de los campesinos revolucionarios, habría que ver el anarquismo como la expresión cabal de la ideología espontánea de los seguidores de Emiliano Zapata o Pancho Villa durante el largo ciclo de la revolución mexicana. Así, en un artículo que sigue siendo altamente relevante hoy día, el historiador Barry Carr insiste en el hecho de que en cada fase de este ciclo, remontando a la primera oleada del socialismo utópico, entre 1862 y 1882, pasando por la radicalización de una forma militante del anarquismo entre 1900 y 1910, etapa dominada por la figura exiliada de Ricardo Flores Magón, hasta la cumbre de la revolución mexicana propiamente dicha, entre 1910 y 1920, no fueron el marxismo ni el "socialismo científico" sino el anarquismo o el "socialismo libertario" las corrientes que dominaban el paisaje ideológico en México: "Los principios anarquistas y libertarios todavía dominaban el sector más radical de una clase trabajadora que se había sólo parcialmente organizado, y en la cual el liberalismo y el mutualismo eran todavía influencias significativas" ("Marxism and Anarchism" 288; traducción mía). Llevando esta mirada todavía más lejos, y abandonando los restos de una connotación peyorativa, muchos ideólogos de la revolución mexicana, en realidad desde muy temprano, habían convertido la imagen del anarquismo espontáneo, popular, y a menudo notoriamente anti-intelectual, en el dogma oficial. Como escribe José Revueltas en el que sigue siendo uno de los mejores análisis de la revolución mexicana, su *Ensayo sobre un proletariado sin cabeza* (1980):

> De aquí parten los ideólogos democrático-burgueses para afirmar la existencia de una especie de ideología inmanente, nacida de las entrañas mismas de la revolución y elaborada, no en el pensamiento teórico, sino con los fusiles, por los propios protagonistas del drama y sin necesidad de que éstos hubieran tenido que sujetarse a lo indicado en ningún libreto que hubiese sido escrito con anterioridad. (114-15)

Ahora, con otras palabras, los elementos anarquistas o libertarios que se encuentran entre las bandas de Zapata o Magón ya no marcan una carencia o una falta. Más bien, se supone que evidencian la absoluta singularidad de una ideología sin precedentes. Aquello que desde el punto de vista del socialismo internacional se podía descartar como una desviación infantil o un culto izquierdista de la espontaneidad, ahora se lleva como una medalla de honor y se alaba en los términos más exaltados como un rechazo local –hasta nacionalista– de todos los modelos extranjeros para la llamada fusión entre teoría y práctica. Incluso es así como fue recibida la revolución mexicana en otras partes del continente; por ejemplo, en esta temprana apreciación desde Uruguay: "Las ideas que un día germinaron en los cerebros de un puñado de soñadores han llegado a encarnar en las colectividades productoras transformándose las teorías en hechos y los sueños en realidades" (Vidal 95).[1]

2.

Independientemente de si son positivas o negativas las evaluaciones, sin embargo, en ambos casos la respuesta a la pregunta sobre la relación entre anarquismo y socialismo o comunismo sufre de las mismas limitaciones. De hecho, se adopta un punto de partida equivocado al comenzar con una idea fija sobre lo que constituye el anarquismo, o lo que define el socialismo, para luego ir en busca de su articulación, como si no se hubieran desarrollado de forma mixta y desigual desde el inicio, en formaciones ideológicas alternativamente descritas como socialismo libertario o antiautoritario, o como anarquismo socialista. Como insiste el autodenominado anarcozapatista Andrej Grubačič, la tarea urgente hoy, más que en restaurar ortodoxias, consiste en estudiar el largo siglo XX hasta nuestros días a la luz de lo que él llama la "síntesis de Haymarket", obviamente refiriéndose al papel de anarquistas y marxistas en los incidentes de 1886 en Chicago. Pero, como he propuesto en otro contexto, también podríamos observar las lecciones que se derivan de experiencias históricas que de algún modo repiten la forma en que anarquistas y comunistas, utópicos o científicos —cuando todavía no se habían dividido en bandas violentamente opuestas— luchaban codo a codo en 1871 en las barricadas de la Comuna de París.[2] El principio metodológico detrás de estas propuestas consiste en la idea de que la desigualdad de tales síntesis, aun si se ve tal vez de manera más clara en las llamadas periferias, debe verse como igualmente fuerte en el caso de las metrópolis.

En otras palabras, no es sólo en las periferias donde las tradiciones del anarquismo o el socialismo se diluyeron, volviéndose eclécticas o heréticas. Más bien, el proceso de la constitución de ortodoxias no es menos retorcido en el centro. De alguna forma debemos llegar a captar la idea de que las herejías preceden a las ortodoxias. Mejor dicho, la ortodoxia sólo se constituye retroactivamente, como resultado de la exclusión de una desviación que, paradójicamente, es constitutiva de la norma. Y lo que preexiste al proceso prolongado y muchas veces violento de la institucionalización que lleva a la separación de una nueva norma no es más que una larga serie de constelaciones mixtas, intermitentemente puntualizadas por cristalizaciones momentáneas, de las cuales sólo mucho más tarde los ideólogos oficiales y los maestros dogmáticos pueden destilar los "ismos" del socialismo, el comunismo o el anarquismo.

En realidad, el problema con intentar una articulación es doble. Por un lado, cualquier articulación presupone que tenemos a nuestra disposición una definición previa de qué son el marxismo, el socialismo, el comunismo o el anarquismo, para luego indagar por las posibilidades de una vinculación correcta o una mezcla impropia. Pero, por otro lado, además del presupuesto de disponer de entidades claramente distintas, se asume que el desarrollo histórico de tales tendencias sigue un camino unidireccional desde el centro hacia la periferia, como si recorriera una línea recta o una espiral que baja inexorablemente desde la claridad hacia el oscurantismo, de la ortodoxia al eclecticismo, o del rigor del conocimiento a la superficialidad sin pensar. En efecto, ¿cuáles son los criterios que suelen invocarse para juzgar la ideología de la revolución mexicana? Típicamente, se refieren al conocimiento de la teoría tras las ideologías que están en juego, si no –de forma mucho más estrecha– a la lectura de libros o panfletos: ¿Sabía Zapata algo, por ejemplo, sobre el debate entre Marx y Bakunin? ¿Había leído, o algunos de sus secretarios había leído, alguno de los textos clásicos? ¿Eran familiares para ellos los documentos de la Comuna de París que ya habían circulado en la Ciudad de México en el año 1874 en publicaciones como *La Comuna* y *La Comuna mexicana*? ¿Cuánto, o qué tan poco, sabían acerca de la revolución bolchevique? ¿Acerca de la Segunda Internacional? O bien los criterios son más programáticos, de modo que la pregunta sería, por ejemplo, si el Plan de Ayala cumple con las expectativas de un programa socialista capaz de fundar un partido político o, al menos, un plan nacional a nivel del Estado.[3]

En realidad, las líneas de demarcación entre esas orientaciones políticas e ideológicas son mucho más fluidas, no sólo en principio sino también de hecho, en comparación con lo que pretenden los ideólogos oficiales o los analistas ortodoxos. Así, en vez de buscar cómo echar puentes para articular dos entidades presuntamente separadas y claramente distintas, la verdadera tarea consiste en encontrar formas para describir lo que es realmente una "escena mixta", para usar un término favorito de Jacques Rancière en *La noche de los proletarios: archivos del sueño obrero* (1962), un libro que, por lo demás, puede servir como modelo para el tipo de análisis histórico que se requiere también para México:

> En el camino, supuestamente directo, de la explotación a la palabra de clase y de la identidad obrera a la expresión colectiva, hay que pasar por ese desvío, esa escena mixta donde, con la complicidad de los intelectuales lanzados a su encuentro y deseosos a veces de apropiarse de su rol, los proletarios tratan las palabras y las teorías de arriba, vuelven a hacer, y a la vez desplazan, el viejo mito que definía quién tiene derecho a hablar por los otros. (51)

3.

En el caso de México, de hecho, las preguntas metodológicas sólo se complican aún más, debido a la desafortunada división del trabajo de los historiadores: por un lado, están quienes estudian principalmente la revolución mexicana en torno a los acontecimientos de 1910-1920, a veces siguiendo una mirada expandida para incluir sus llamados precursores en la etapa inmediatamente anterior; por el otro, los historiadores del socialismo y el comunismo en México, que en su gran mayoría se limitan a la historia oficial del Partido Comunista Mexicano (PCM) y sus diferentes vástagos, en relación con el destino de la Comintern.[4]

El abismo entre anarquismo y socialismo o comunismo se va abriendo aún más al interior del grupo de los historiadores de la revolución mexicana. Este fenómeno puede observarse incluso en la forma en que las noticias sobre la Revolución de Octubre llegaron al país de Zapata.

> La orientación anarquista de la mayoría de los trabajadores radicales no disminuyó el entusiasmo por los desarrollos trascendentales del joven Estado soviético. Los acontecimientos revolucionarios simplemente recibieron una interpretación de acuerdo con las creencias anarquistas y sindicalistas.
> Para los anarquistas mexicanos, la revolución rusa fue un magnífico ejemplo de 'acción directa' llevada a cabo por una minoría activa con los lemas anarquistas y libertarios familiares de antimilitarismo, libertad individual y la destrucción del Estado. (Carr, "Marxism and Anarchism" 290; traducción mía)

En la dirección opuesta, el predominio de elementos anarquistas o libertarios al interior de la ideología de la revolución mexicana también representó un obstáculo mayor para el PCM recién formado, ya que se constituyó tan sólo en noviembre del 1919, cuando el ciclo revolucionario ya estaba perdiendo potencia con Zapata, que había sido asesinado en abril del mismo año, y Villa, retirado en el estado de Chihuahua, desde donde no podía hacer más que lanzar una serie desesperada de ataques guerrilleros sangrientos, hasta deponer las armas el 26 de junio del 1920.

Como historiador del comunismo mexicano, Barry Carr de todos modos nos ofrece una pista para abrir un camino diferente hacia la comprensión del papel del anarquismo como una tradición subterránea en la escena mixta de la historia contemporánea de México.

> La pregunta fascinante con la que se queda finalmente el historiador del comunismo mexicano es la de la periodización de esta relación simbiótica entre tendencias marxistas y libertarias. ¿En qué punto podemos distinguir claramente dos fenómenos, y cuántos comunistas en los años 1920 simpatizaban con ideas anarquistas o sindicalistas? ("Marxisim and Anarchism" 305; traducción mía)

se pregunta Carr antes de citar la siguiente observación del *Ensayo sobre un proletariado sin cabeza* de Revueltas:

> El Partido Comunista, reflejando el molde esquemático en el que se formó, condenó el anarcosindicalismo en nombre de Marx por ser contaminado por la teoría abstracta de los ideólogos clásicos de la anarquía. Pero no reconoció la contribución positiva que hizo el gran movimiento de masas del anarcosindicalismo a la independencia obrera al interior de la lucha democrática burguesa. ("Marxism and Anarchism" 305; traducción mía)

Hoy en día, es tanto más urgente llegar a comprender este fenómeno en cuanto el espectro rojo y negro del comunismo libertario otra vez recorre las calles de la Ciudad de México o se establece en las barricadas de la Comuna de Oaxaca.[5]

Ensayo sobre un proletariado sin cabeza, terminado en 1961 y publicado en 1962, fue escrito como documento fundador de la Liga Leninista Espartaquista, la organización política con la que Revueltas buscaba superar sus problemas de largo aliento con el PCM. Ya desde el nombre de la organización debería servir como indicio de la síntesis de Haymarket que se estaba gestando en esos años de la vida de Revueltas, antes de su fallecimiento en 1976. La Liga fue la respuesta del autor a la ausencia de un auténtico partido obrero, o una conciencia de clase independiente en México. El proletariado mexicano carecía de cabeza precisamente porque ningún partido de clase en el sentido leninista había podido desarrollarse después de la completa "mediatización" de la revolución por parte del Estado. Por el contrario, la nueva burguesía emergente del proceso revolucionario pudo establecer la hegemonía de un partido único, el PNR (Partido Nacional Revolucionario), y luego el PRI (Partido Revolucionario Institucional), en un dominio ininterrumpido hasta la victoria en las elecciones presidenciales de 2000 de Vicente Fox por el PAN (Partido de Acción Nacional). Este fenómeno de "la revolución hecha gobierno" constituye el blanco principal de los ataques de Revueltas en el *Ensayo*. Pretendiendo estar por encima de los intereses de clase, el gobierno pudo así mismo intentar representar al pueblo mexicano más allá de la lucha de clases, de modo que cualquier oposición al régimen significaba al mismo tiempo oposición al pueblo y oposición a la idea misma de la revolución. Por consiguiente, cualquier elemento socialista o comunista se podía absorber *ipso facto* en la ideología dominante del Estado burgués:

> A nuestro modo de ver el fenómeno radica en la siguiente circunstancia histórica que, además, constituye una realidad concreta hasta nuestros días: la ideología democrático-burguesa dominante en el proceso del desarrollo y, consecuentemente, la ideología que puede comprobarse como la más real y racional en el curso del despliegue práctico, objetivo, de dicho desarrollo, en tanto éste coincide con sus propias necesidades (y tal coincidencia ocupa un lapso muy prolongado en la historia de la realidad mexicana), *asume para sí misma la conciencia socialista*, la hace suya y reduce a la ideología proletaria a convertirse, cuando mucho, en su extremo más radical, en su *ala izquierda*. (Revueltas 177-78; énfasis en el original)

Como resultado, la clase trabajadora no puede realizar su objetivo en la lucha por establecer el socialismo en México.

Según Revueltas, al menos en el momento de escribir *Ensayo sobre un proletariado sin cabeza*, el *impasse* histórico sólo se puede superar mediante la creación de un auténtico partido de clase, en el que campesinos y proletarios habrán de unir fuerzas como muy brevemente fue el caso en el episodio de lo que Adolfo Gilly, unos años después pero escribiendo también desde la cárcel de Lecumberri, donde fue prisionero junto a Revueltas, llamaría la Comuna de Morelos, entre 1914-1915, en el territorio zapatista alrededor de Cuernavaca, al sur del D.F. En 1961, sin embargo, no existía siquiera el atisbo de una posibilidad de proveer una "cabeza" para el proletariado:

> La clase obrera de México es como la enorme e imponente talla de un coloso aún no terminado de esculpir. El marxismo leninismo será el insuperable artífice que modele y esculpa la cabeza dirigente del proletariado. Entonces el coloso se pondrá en marcha al influjo del soplo vital de la historia, para apartar a su paso las empavorecidas sombras de los falsos ideólogos obreros, de los chamarileros políticos, de los usurpadores doctrinarios y de todos aquellos que soñaban con mantenerlo sujeto a las ataduras de la enajenación, seguros de que ya no se trataba sino de un titán ciego y vencido. (Revueltas 46)

Debido al fenómeno de la constante mediatización, el proletariado mexicano carece de cabeza o, más bien, lleva sobre sus hombros una cabeza ajena, la de la nueva burguesía posrevolucionaria: "La clase obrera mexicana, de este modo, se proyecta en la historia de los últimos cincuenta años del país como un proletariado sin cabeza, o que tiene sobre sus hombros una cabeza que no es la suya" (Revueltas 75). Peor: en la medida en que el PCM sigue la desastrosa línea política de la Comintern que propone apoyar a los "sectores progresistas" de la burguesía nacional, el nivel de enajenación ideológica penetra hasta el meollo de las estructuras existentes de los partidos que se supone representen la conciencia de clase. Revueltas propone, entonces, nada menos que la fundación de un auténtico partido de clase como alternativa radical al PCM. Ésta es la tarea que le propone a los compañeros de la Liga Leninista Espartaquista: "Corresponde a los ideólogos proletarios la tarea de dar a la clase obrera su conciencia en una forma organizada, es decir, organizar esa conciencia instituyéndose ellos mismos en el *cerebro colectivo* que piense *por* la clase, *para* la clase y *con* la clase" (194-95).

Puesto en estos términos, el argumento parece francamente leninista (aunque se planteara con la añadidura en el texto de elementos provenientes de la *Crítica de la razón dialéctica*, de Jean-Paul Sartre, que se acababa de publicar). Y a un lector superficial del *Ensayo de un proletariado sin cabeza* ciertamente se le podría perdonar si no entendiera la necesidad de añadir el nombre de Espartaco a la sigla de la Liga. El anarquismo y el anarcosindicalismo, además, aparecen separados del socialismo, siguiendo la evaluación peyorativa que ya sabemos. Sin embargo, el argumento es mucho más ambiguo y mixto de lo que aparece a primera vista. Revueltas es capaz de sugerir el camino que hay que seguir, por ejemplo, cuando escribe:

> El anarquismo y el anarco-sindicalismo han perdido ya cualquier influencia en el movimiento obrero en todos los países y de hecho han dejado de existir. Pero en el pasado representaron un factor considerable y, pese a lo equivocado de su táctica y de sus perspectivas, las grandes luchas encabezadas por ellos fueron expresiones evidentes de la independencia del proletariado como clase. (198)

Es cierto que el anarquismo se describe como una fase inicial, todavía "primitiva", para la cual el socialismo científico representaría la "forma superior" (198-99). Pero Revueltas también tiene muy presente el hecho de que, en el contexto de la más completa enajenación y mediatización de la conciencia de la clase, el anarquismo señala la única promesa de una autonomía genuina.

Eso se ve de forma preclara en el retrato de uno de los supuestos precursores de la revolución mexicana: Ricardo Flores Magón.

4.

Hacia el final de su *Ensayo sobre un proletariado sin cabeza*, Revueltas cita con aprobación el siguiente retrato de Flores Magón:

> Grandes son las culpas del terrible agitador; pero cuando se recuerda su buena fe, se piensa que lo que tenga la revolución de bueno y de malo se debe a Magón y que esas filosofías que se hacen sobre Madero y Zapata son tan inmotivadas como faltas de sentido. Madero trató de volver al *clan* familiar; Zapata quiso tornar al *calpulli* indígena; Magón tuvo la visión de una roja ciudad del futuro para llegar a la cual había que vadear ríos de fuego y sangre. Por eso acabó ciego de entrambos ojos. Le quemó la retina aquella horrible hoguera que había encendido, como a sus seguidores los devoró el abismo del pasado, más inexorable que esos misteriosos escarabajos que dicen las tradiciones matan a los que violan los sarcófagos egipcios. (203)[6]

Semejante retrato significa que para Revueltas el papel de Flores Magón no se puede reducir al de ser un mero "precursor" de la ideología de la revolución mexicana. Basta pensar en el poder de sus palabras en "A los proletarios", publicadas en el famoso periódico magonista *Regeneración*, en septiembre de 1910, y también extensamente citadas por Revueltas:

> Obreros, amigos míos, escuchad: es preciso, es urgente que llevéis a la revolución que se acerca la conciencia de la época; es preciso, es urgente que encarnéis en la pugna magna el espíritu del siglo. De lo contrario, la revolución que con cariño vemos incubarse en nada diferirá de las ya casi olvidadas revueltas fomentadas por la burguesía y dirigidas por el caudillaje militaresco, en las cuales no jugasteis el papel heroico de *propulsores conscientes*, sino el nada airoso de carne de cañón. Sabedlo de una vez: derramar sangre para llevar al poder a otro bandido que oprima al pueblo, es un crimen y eso será lo que suceda si tomáis las armas sin más objeto que derribar a Díaz para poner en su lugar un nuevo gobernante. (230)[7]

Cincuenta años antes de que Revueltas encontrara nueva inspiración en estas palabras para hacer lo mismo, Flores Magón habla de la necesidad de autonomía en la lucha por la emancipación radical:

> Y ya que la revolución tiene que estallar, sin que nada ni nadie pueda contenerla, bueno es, obreros, que saquéis de ese gran movimiento popular todas las ventajas que trae en su seno y que serían para la burguesía, si, inconscientes de vuestros derechos como clase productora de la riqueza social, figuraseis en la contienda como simples máquinas de matar y de destruir, pero sin llevar en vuestros cerebros la idea clara y precisa de vuestra emancipación y engrandecimiento sociales… Así pues, si vais a la revolución con el propósito de derribar el despotismo de Porfirio Díaz, cosa que lograréis indudablemente, porque el triunfo es seguro, si os va bien después del triunfo, obtendréis un gobierno que ponga en vigor la Constitución de 1857, y, con ello, habréis adquirido, al menos por escrito, vuestra libertad política; pero en la práctica seguiréis siendo tan esclavos como hoy, y como hoy sólo tendréis un derecho: el de reventar de miseria. (231-32)

Revueltas ofrece una evaluación ciertamente ambigua del papel del anarquismo en este contexto. El anarquismo y el anarcosindicalismo son considerados parte de la "conciencia deformada" de la clase trabajadora en México. Sin embargo, al mismo tiempo el anarquismo aparece como la única ala política que durante y después de la revolución fue capaz de radicalizar las luchas para imprimirles un carácter de clase. El anarquismo, en otras palabras, no es sólo la expresión sintomática de la falta de conciencia proletaria organizada, debida a la inexistencia de un partido de vanguardia propiamente dicho; también es la única fuente de una política autónoma en el período dominado y cooptado por la burguesía emergente que ocupa el poder del país.

El dualismo al interior de la tradición anarquista en México aparece como una promesa abierta en la conclusión del *Ensayo sobre un proletariado sin cabeza*:

> El anarco-sindicalismo en México (hasta que la CGT se vuelve reformista y gobiernista) es apolítico por cuanto a sus principios programáticos tradicionales: la no pertenencia a los partidos políticos, la abstención electoral, etcétera. Pero el anarco-sindicalismo mexicano se mueve dentro de una contradicción esencial, muy característica, que no puede dejarse de tomar en cuenta. Dentro de las circunstancias de una mediatización absoluta del movimiento obrero por la ideología democrático-burguesa, que logra conservar las luchas proletarias dentro de sus puros y estrictos marcos tradeunionistas, el anarco-sindicalismo es el único movimiento obrero que en México imprime a las huelgas el carácter de verdaderas *batallas de clase*, es decir, que las *politiza* y les da una naturaleza proletaria independiente, sin que, por otra parte, adopte ante la revolución democrático-burguesa una actitud negativa o de considerar que sea una revolución que "se halla en pugna con los intereses del proletariado". (214; énfasis en el original)[8]

Es inevitable la conclusión de que el anarcosindicalismo aparece dos veces en esta descripción: primero con una forma entre otras de deformación ideológica y, luego, como la única forma auténtica e independiente de la conciencia de clase de los proletarios.

Así, en una última vuelta de tuerca, se empieza a atisbar cómo incluso la división entre anarquismo y socialismo en realidad es un elemento objetivo de la lucha ideológica de parte de la burguesía después de la revolución mexicana. Una figura como Ricardo Flores Magón, entonces, se retrata exclusivamente como anarquista, para ocultar mejor su papel como portador de ideas revolucionarias demasiado radicales.

> Se trata de que Flores Magón, así, aparezca ante los ojos de las masas obreras contemporáneas, señoreadas por el gubernamentalismo y por la democracia burguesa, como alguien que contraponía la lucha por la desaparición del Estado a las tareas históricas encomendadas al movimiento revolucionario de 1910-17.
> Confundidos de tal modo el doctrinario anarquista que fue Flores Magón, con el ideólogo proletario *que también lo fue*, cuya mente se hacía eco de una

exigencia histórica tan básica y decisiva como la de garantizar la participación independiente de la clase obrera en el proceso democrático-burgués, se echa tierra entonces, no sólo a este último aspecto de la actitud personal de Flores Magón, *sino a la exigencia histórica misma* y en esto radica, sin duda, la tendencia de clase que inspira a los representantes de la ideología democrático-burguesa para hacerlo. (Revueltas 206)

¿No estamos hoy día en una situación parecida a nivel internacional? Si no fuera por el sello de terrorismo, cualquier iniciativa autónoma para la protesta o la rebelión sin demora se tildaría como anarquista, incluso o especialmente al interior de círculos que se autoproclaman de izquierda. Debido a la mediación generalizada de la ideología, así como por el colapso del ideal del partido de vanguardia que tradicionalmente era llamado a superar tal cooptación, nos encontramos en una situación más cercana a la que describe Revueltas en su ensayo con respecto a Flores Magón que al período en el que originalmente Lenin formuló su teoría del partido. Ni Dios ni amo: ni proletario ni vanguardia, sino comunista y anarquista. En otras palabras, y parafraseando al viejo Hegel, el período oscuro que nos toca vivir en este inicio del nuevo milenio es la noche en la que todas las vacas no son negras sino rojinegras.

Notas

[1] Esta antología, editada con fines propagandísticos por un general zapatista en el exilio voluntario en Cuba, es un verdadero tesoro de información que le sirvió, entre otros, a Adolfo Gilly. Contiene también la famosa carta, apócrifa o no, en la que Emiliano Zapata compara las revoluciones en México y Rusia.

[2] Ver Staughton Lynd y Andrej Grubačić (11-14); y Bruno Bosteels (161-189). Ver también John Holloway.

[3] Este último es el argumento de Adolfo Gilly en su interpretación canónica *La revolución interrumpida* (1971). Hace poco, esta interpretación fue retomada y expandida en diálogo con la obra de José Revueltas que se analizará aquí, más adelante, en *México en llamas (1910-1917): interpretaciones marxistas de la Revolución* (2010), editado por Pablo Langer Oprinari, Jimena Vergara Ortega y Sergio Méndez Moissen.

[4] Sobre anarquismo y socialismo libertario en México, pueden consultarse José C. Valadés (1984); Juan Felipe Leal (1991); Carlos Illades (*Hacia la república* [1996] y *Las otras ideas* [2008]). Además del trabajo de Adolfo Gilly, sobre la revolución mexicana véanse Arnaldo Córdova (1973); Héctor Aguilar Camín y Lorenzo Meyer (1989); y Paco Ignacio Taibo II (*Pancho Villa* [2006]). Sobre la historia del comunismo en México, ver Karl M. Schmitt (1965); Donald L. Herman (1974); Barry Carr (*Marxism and Communism* [1982]); Paco Ignacio Taibo II (*Bolcheviques* [2008]); Daniela Spenser (2011); Carlos Illades (*La inteligencia rebelde* [2001]); y Barry Carr y Steve Ellner (1993).

[5] Ver, por ejemplo, Carlos Ramírez (2010); Silvia Bolos Jacob y Marco Estrada Saavedra (2013); y José Sotelo Marbán (2008).
[6] El retrato es de Victoriano Salado Álvarez, funcionario de la embajada porfirista en Washington, citado en Revueltas. Para la contextualización más amplia, ver el análisis ya clásico de James D. Cockcroft (1980). El gigantesco estudio biográfico de Claudio Lomnitz, *The Return of Comrade Ricardo Flores Magón* (2014), corrige la mirada sobre los precursores.
[7] También citado en Revueltas, en *Ensayo sobre un proletariado sin cabeza* (204).
[8] La cita interna al final de la cita proviene de Lenin.

Bibliografía

Aguilar Camín, Héctor y Lorenzo Meyer. *A la sombra de la Revolución Mexicana*. México, D.F.: Cal y Arena, 1989.

Amezcua, Jenaro, ed. *Méjico revolucionario a los pueblos de Europa y América, 1910-1918*. La Habana: Espinosa, Ferré & Co., 1918.

Bartra, Armando, ed. *Regeneración 1900-1918: la corriente más radical de la Revolución Mexicana de 1910 a través de su periódico de combate*. México, D.F.: Era, 1977.

Bolos Jacob, Silvia y Marco Estrada Saavedra, eds. *Recuperando la palabra: la Asamblea Popular de los Pueblos de Oaxaca*. México, D.F.: Universidad Iberoamericana, 2013.

Bosteels, Bruno. "The Mexican Commune." *Communism in the 21st Century*. Vol. III. Shannon K. Brincat, ed. Santa Bárbara: Praeger, 2013.

Brincat, Shannon K., ed. *Communism in the 21st Century*. Vol. III. Santa Barbara: Praeger, 2003.

Carr, Barry. "Marxism and Anarchism in the Formation of the Mexican Communist Party, 1910-19." *The Hispanic American Historical Review* 63/2 (mayo 1983): 277-305.

―――. *Marxism and Communism in Twentieth-Century Mexico*. Lincoln: U of Nebraska P, 1982.

Carr, Barry y Steve Ellner, eds. *The Latin American Left: From the Fall of Allende to Perestroika*. Boulder: Westview Press, 1993.

Cockcroft, James D. *Precursores intelectuales de la revolución mexicana (1900-1913)*. María Eunice Barrales, trad. México, D.F.: Siglo XXI, 1980.

Córdova, Arnaldo. *La ideología de la Revolución Mexicana: la formación del nuevo régimen*. México, D.F.: Era, 1973.

Flores Magón, Ricardo. "A los proletarios". *Regeneración 1900-1918: la corriente más radical de la revolución Mexicana de 1910 a través de su periódico de combate.* Armando Bartra, ed. México, D.F.: Era, 1977.

Gilly, Adolfo. *La revolución interrumpida.* México, D.F.: El Caballito, 1971.

Herman, Donald L. *The Comintern in Mexico.* Washington, D.C.: Public Affairs Press, 1974.

Holloway, John. *Zapata en Wall Street: aportes a la teoría del cambio social.* La Paz: Textos rebeldes, 2006

Illades, Carlos. *Hacia la república del trabajo: la organización artesanal en la ciudad de México, 1853-1876.* México, D.F.: Universidad Autónoma Metropolitana Iztapalapa/El Colegio de México, 1996.

_____ *La inteligencia rebelde: la izquierda en el debate público en México 1968-1989.* México, D.F.: Océano, 2001.

_____ *Las otras ideas: estudios sobre el primer socialismo en México 1850-1935.* México, D.F.: Era, 2008.

Langer Oprinari, Pablo, Jimena Vergara Ortega y Sergio Méndez Moissen, eds. *México en llamas (1910-1917): interpretaciones marxistas de la Revolución.* México, D.F.: Armas de la Crítica, 2010.

Leal, Juan Felipe. *Del mutualismo al sindicalismo en México: 1843-1910.* México, D.F.: El Caballito, 1991.

Lomnitz, Claudio. *The Return of Comrade Ricardo Flores Magón.* Nueva York: Zone Books, 2014.

Lynd, Staughton y Andrej Grubačič. *Wobblies and Zapatistas: Conversations on Anarchism, Marxism and Radical History.* Oakland: PM Press, 2008.

Ramírez, Carlos. *La Comuna de Oaxaca: crónicas oaxaqueñas de una crisis del sistema político priista.* Ciudad Juárez: Universidad Autónoma de Ciudad Juárez, 2010.

Rancière, Jacques. *La noche de los proletarios: archivos del sueño obrero.* Emilio Bernini y Enrique Biondini, trads. Buenos Aires: Tinta Limón, 2010.

Revueltas, José. *Ensayo sobre un proletariado sin cabeza.* Andrea Revueltas, Rodrigo Martínez y Philippe Cheron, eds. México, D.F.: Era, 1980.

Schmitt, Karl M. *Communism in Mexico: A Study in Political Frustration.* Austin: U of Texas P, 1965.

Sotelo Marbán, José. *Oaxaca: insurgencia civil y terrorismo de Estado*. México, D.F.: Era, 2008.

Spenser, Daniela. *Stumbling its Way Through Mexico: The Early Years of the Communist International*. Peter Gellert, trad. Tuscaloosa: U of Alabama P, 2011.

Subcomandante Insurgente Marcos. "Entre la luz y la sombra". *Enlace Zapatista*. EZLN org. 25 mayo 2014. <http://enlacezapatista.ezln.org.mx/2014/05/25/entre-la-luz-y-la-sombra/>.

Taibo II, Paco Ignacio. *Bolcheviques: historia narrativa de los orígenes del comunismo en México (1919-1925)*. México, D.F.: Ediciones B, 2008.

_____ *Pancho Villa: una biografía narrativa*. México, D.F.: Planeta, 2006.

Valadés, José C. *El socialismo libertario mexicano (siglo XIX)*. Paco Ignacio Taibo II, ed. Sinaloa: Universidad Autónoma de Sinaloa, 1984.

Vidal, J. "Historia de la Revolución económica en México (Montevideo, Uruguay, Edic. de 1918)". *Méjico revolucionario a los pueblos de Europa y América, 1910-1918*. Jenaro Amezcua, ed. La Habana: Espinosa, Ferré & Co, 1918. 91-99.

Izquierda, violencia y memoria en la Argentina reciente

ALEJANDRO KAUFMAN[1]
Instituto Gino Germani (UBA)

1.
> ... *las generaciones actualmente vivas son quizá, de todas las que se han sucedido en el curso de la historia, las que habrán tenido que soportar más responsabilidades imaginarias y menos responsabilidades reales. Esta situación, una vez perfectamente comprendida, deja una libertad de espíritu maravillosa.*
> Simone Weil, *Reflexiones sobre las causas de la libertad y de la opresión social*

> ... *a la pregunta de '¿puedo matar?' se responde con el inmutable mandamiento de 'no matarás'. Dicho mandamiento se halla situado ante la acción como Dios ante el hecho de que esa acción suceda. Pero, por más que no pueda ser el miedo al castigo lo que obliga a cumplir el mandamiento, éste es inaplicable, inconmensurable, puesto ante la acción ya realizada. Pues del mandamiento no se sigue un juicio respecto de la acción. Y así, no se puede predecir ni el juicio divino frente a ella ni su fundamento. Por lo dicho, no aciertan quienes basan en este mandamiento la condena de cualquier muerte violenta de una persona a manos de otra. El mandamiento no es criterio del juicio, sino sólo una pauta de conducta para la comunidad o la persona que, en solitario, tiene que arreglárselas con él y, en casos tremendos, asumir la responsabilidad de no observarlo.*
> Walter Benjamin, "Para una crítica de la violencia"

Frente al coro que certifica su defunción, el interrogante acerca del significado actual de la izquierda como variable política –concepto u orientación– delimita, por su sola enunciación, la secular diferencia entre oprimidos y opresores. Intervenir en esta conversación afilia o compromete al interlocutor con el campo de los oprimidos, sin que por ello quede definido en qué consiste ese compromiso. A partir de entonces las palabras pronunciadas se someten a la tensión planteada entre el libre pensamiento y las consecuencias que esas palabras puedan acarrear supuestamente para los oprimidos. La formulación de este problema se ordena a enfrentar una cuestión susceptible de ser omitida como parte de un alineamiento con algo que al fin de cuentas podría homologarse a la weberiana ética de la responsabilidad. Se trata de saber en qué medida hablan el abogado de los oprimidos, siempre celoso de no dañarlos, o el político, quien como filósofo está apegado a la verdad como fundamento (o a la impugnación del fundamento como verdad). Esta caracterización excluye la posibilidad de que lo discutido sea indiferente a las consecuencias. No lo es, y de manera aun eventualmente trágica. Se trata de una discusión expuesta a las mayores confusiones. Cuando es el poder estatal o partidario quien aduce la cuestión de las consecuencias para conducir lo que puede ser dicho o callado, el planteo que atribuye legitimidad a dicho problema queda meramente subsumido bajo el polo de los opresores. Parece que los oprimidos no habrán de optar por otra cosa que por la verdad, sin restricciones ni límites. Sin embargo, idea tan bella no es compatible con una atención comprometida hacia los oprimidos. La contrariedad que estructura esta dilucidación reside en que *izquierda*, en tanto orientación sociopolítica, significa un movimiento centrífugo respecto de la norma, la ley y el orden imperantes. La institución es aquello respecto de lo cual la izquierda se desvía en un sentido igualitario, emancipatorio, libertario. El marxismo clásico había formulado este problema mediante el dispositivo conceptual de la extinción del Estado en el contexto del socialismo. El socialismo "realmente existente" fue aquél que orientó esta formulación en un sentido contrario, hacia la derecha. En lugar de tender a su extinción, el Estado y la sociedad se tornaron totalitarios, y la protección de los oprimidos frente al libre pensamiento quedó reducida a una coartada represiva.

Al instalarse una desigualdad con respecto a quiénes decidirían lo que podría ser dicho o callado con el propósito de proteger la integridad de los oprimidos, se constituyó una forma de opresión, en tanto se recurrió a actos que fueron desde la censura hasta el encarcelamiento y el asesinato de los disidentes. El poder se veía amenazado por las enunciaciones, sobre las cuales era necesario intervenir para ejercer restricciones sobre ellas. El oprimido podría definirse, en términos lingüísticos, como aquél susceptible de verse afectado por los enunciados. El opresor es quien se encuentra en condiciones de poner a su favor el lenguaje. Si en nombre de los oprimidos se controla el lenguaje en forma coactiva, se instala entonces una nueva situación de opresión, en la que los protectores establecen una relación de desigualdad con los protegidos.

La caída del Muro de Berlín en 1989 proporcionó el sello simbólico del fin de una época: aunque no se limitó a ello, indicó la emancipación respecto de cualquier forma de limitación a la circulación de enunciados. Si persistieron otras formas de control sobre los enunciados fue al precio de generar nuevas elaboraciones conceptuales que permitieran legitimarlas. En efecto, algo así ocurrió con la defensa de los derechos de las mujeres y de las minorías étnicas, de un modo que, si bien mantiene su vigencia, atraviesa en la actualidad una zona de inestabilidad. Un signo apropiado para analizar el estado de la cuestión de las luchas sociales en las últimas décadas apunta a la situación del control de los enunciados. Este aspecto crucial de las luchas de los oprimidos por su emancipación se asienta en el control de los relatos, las narrativas o los enunciados que les conciernen. En cuanto a las luchas de los movimientos de mujeres y las minorías étnicas, se destaca la impugnación de los discursos que son caracterizados como opresores en tanto su configuración ilocucionaria les confiere un carácter performativo en tal sentido. Se ha considerado como una conquista de los oprimidos el logro de legislaciones susceptibles de practicar un control sobre la circulación de enunciados en contextos de democracia jurídica. Esto ha tenido lugar a través de un sinnúmero de dispositivos jurídicos que también han encontrado una incipiente repercusión entre nosotros.

No obstante, la adopción de normas protectoras de minorías oprimidas por "discursos de odio" se verifica entre nosotros como una importación exótica, consecutiva a luchas sociales que han tenido lugar en otras latitudes. El concierto internacional establece acuerdos jurídicos que imponen prácticas no adquiridas a través de la propia historia social. Esas prácticas, entonces, encarnan en algunos grupos minoritarios que luchan por el reconocimiento eficaz de los derechos invocados, pero también son objeto de operaciones discursivas por parte de otros actores que establecen con dichas prácticas relaciones de completa ajenidad, con un desempeño que cuando no resulta ineficaz es grotesco. En ello radica la notable vena satírica de un periódico argentino como *Barcelona*: es entre sus páginas donde mejor se verifica la comprensión cabal de distinciones que en su desenvolvimiento en la sociedad resultan políticamente indigentes. Otras sociedades no son ajenas al problema (cfr. Borat), aunque en ellas se manifiesta con diferentes acentos, énfasis, condiciones de hegemonía o marginalidad.

El abordaje político de los "discursos del odio" instaló en las izquierdas de ciertos ámbitos europeos y norteamericanos un desplazamiento en los modos de conceptualizar y describir las prácticas de la violencia. Fue en el contexto del liberalismo democratista donde ciertas prácticas lingüísticas pudieron concebirse como efectores de violencia, allí donde el marco proporcionado por la esfera pública disponía de un fondo garantista concomitante con la prosperidad de masas trabajadoras consumistas en sociedades de bienestar. Las mediaciones normativas y distributivas atenuaron en la posguerra la emergencia de violencias contestatarias. Menos evidente fue la inscripción del auge garantista y distributivo en las tramas biopolíticas cuyo devenir evolutivo las instaló de manera cada vez más privilegiada en las agendas políticas e intelectuales de izquierda. En los sistemas políticosociales capitalistas, el engendramiento de desigualdad y gasto opresor son constitutivos, y la violencia contestataria es en principio ineludible. Las configuraciones biopolíticas modifican radicalmente las condiciones de emergencia de la violencia social. Si primero se desenvolvieron mediante la sublimación y la deriva del despliegue de las fuerzas antagonistas hacia la gestión de la vida, luego sumaron un acto maestro: la mediatización comunicacional-espectacular de la violencia existente allí donde –por originarse en el exterior o en los márgenes– no era sublimada por el orden biopolítico. La mediatización comunicacional instala los eventos violentos en un orden sensible biopsíquico desmaterializado. Los eventos violentos son asimilados como acontecimientos imaginarios, sin conexión con la inmediatez políticosocial de los sujetos. Alejan el despliegue de los antagonismos violentos del marco experiencial de los sujetos y de ese modo los abstraen. La mediatización comunicacional opera de este modo sobre los eventos de violencia y los incorpora a la serie de los acontecimientos biopolíticos. La constitución de una subjetividad anestésica requiere un incremento de los estímulos aplicados a los fines de producir efectos sobre los receptores. En ello reside el juego existente entre los actos de terrorismo y su absorción neutralizada por las redes telemáticas. Sin espectáculo telemático no habría terrorismo, y el terrorismo, tal como lo conocemos, no tendría lugar sin espectáculo telemático. Si por un lado parece irreversible la libre circulación de enunciados, por otra parte quedan establecidas así tanto las condiciones de posibilidad del terrorismo como las de su exteriorización espectacular. Esto no ocurre contra la voluntad de los sujetos implicados sino con su concierto, como sucede con todos los acontecimientos biopolíticos, en los que la agencia queda articulada con una función de nuevo tipo. Finalmente, los actores se convierten en sujetos demandantes de su derecho a formar parte de esas escenas, y el ejercicio de los derechos del sujeto emancipado se confunde con la participación *ad libitum* en el *big brother* disponible, convertido el drama entre la fruición escópica y el goce exhibitivo en el horizonte definitivo e irreductible de la existencia contemporánea. Allí, buena parte de la izquierda encuentra una forma final de su naufragio, hacia el que corre con entusiasmo.

Las relaciones entre violencia y lenguaje encuentran una referencia privilegiada en *La Lengua del Tercer Reich* (1947) de Victor Klemperer. La condición característica del mundo posterior al nazismo expone una paradoja: el nazismo debía ser suprimido, la sociedad alemana debía ser desnazificada. El esfuerzo por hacer viable la existencia humana después del nazismo requería la formulación del *nunca más*. La naturaleza del nazismo imponía su triunfo o su extinción. Categorialmente, el nazismo debía ser sometido a una desaparición. Si bien estas circunstancias han de resultarnos indiscutibles en el terreno de las prácticas culturales y políticas, no nos parece que sean trasladables u homologables al plano del pensamiento. El nazismo, en tanto se manifiesta mediante una discontinuidad radical, ha de ser tratado en forma excluyente, pero en tanto acontecimiento producido por este mundo y esta sociedad requiere ser comprendido en lo que concierne a su génesis. He aquí una paradoja de difícil trámite: en tanto conjunto de performativos criminales, demanda su interdicción. En tanto acontecimiento histórico social, su comprensión. Comprensión en bastardilla, no referida a la dimensión empática del *Verstehen* sino a su intelección como discontinuidad inscripta en la serie históricosocial. Análisis cognitivo, pero ineludiblemente político. Contemplación de la historia pero, así mismo, ferviente intervención para que no se repita, sea lo que fuere semejante *dictum* desmentido una y otra vez por la historia reciente.

En el plano de la esfera pública, las instituciones y la conversación política, el nazismo está destinado a la marginación, la prohibición, la ilegitimidad. Debido a su carácter performativo, cualquier exposición a su régimen de enunciaciones implica la comisión de un crimen, un crimen que no es de opinión sino de acción lesiva hacia los destinatarios victimizados por el racismo nazi. Acción lesiva que no se debe a la apología del crimen sino a la mortificación moral que se ocasiona a los sobrevivientes de una categoría cuyo exterminio fue decretado por la solución final. La definición de "mortificación moral" suscita de inmediato un equívoco: el de que se trataría de un asunto meramente enunciativo sobre el Otro. Pero lo que se recuerda con esta mortificación es que el exterminio fue posible sin que el mundo interviniera, que las condiciones para que ello vuelva a suceder podrían repetirse, y que esa repetición podría verse facilitada si se abrieran las compuertas del consentimiento o la indiferencia frente al hecho de que se persiguiera a un grupo en particular. Es por ello que siempre que se producen manifestaciones públicas de racismo nazi, efectivamente acontecen agresiones reales contra los destinatarios categoriales de la agresión. Lo singular de estos sucesos no es su exclusividad sino su carácter paradigmático, en cuanto ejemplar para su extensión a otras categorías identitarias. El modelo constituye modalidades, procedimientos y expectativas que se aplican a todos los demás perseguidos y exterminados cuya presunta –y absurda– exclusión algunos suelen protestar con mala fe o ignorancia cada vez que se expone el problema de la singularidad de la solución final.

Si no ha sido aún cuestionada la prohibición del uso público de las representaciones simbólicas del racismo nazi en las instituciones políticas, en cambio ha resultado discutible en la práctica la extensión de esas interdicciones a la negación del holocausto. El posnazismo ha logrado –aunque en forma limitada– incluir el revisionismo y el negacionismo del holocausto en la serie de los debates historiográficos. La interdicción del negacionismo, vigente en algunos países, encuentra en otros, si no su completo rechazo acompañado de la adhesión al enunciado criminal, al menos la admisión de que en lugar de tratarse de un performativo criminal constituye, en cambio, una cuestión de libre pensamiento e indagación historiográfica. Allí se ha producido una brecha en el consenso sobre la protección de los destinatarios de la agresión criminal performativa.

Luego, desde fecha reciente nos ha caído sobre la cabeza una inesperada consecuencia de esta serie de operaciones sobre el sentido: el sistema de distinciones excluyentes al que se hizo acreedor el nazismo comienza a ser aplicado a otras categorías históricosociales. Si esto es así, otras categorías históricosociales habrán de hacerse acreedoras al tratamiento destinado al nazismo, un tratamiento que implica la exclusión del campo de la política y de la guerra, ambos pertenecientes –con sus claroscuros– al orden de la humanidad. Tratándose del nazismo, no hay política que se le asimile, ni tampoco guerra, sino sólo exterminio y crimen contra la humanidad. Cuando se trate de un conflicto político o militar en el que uno de los contendientes pueda ser categorizado de la manera antedicha, no asistiremos a un conflicto susceptible de resolverse por la paz, la negociación, el acuerdo, el diálogo, la victoria o la derrota: sólo permanecen concebibles el tratamiento del contendiente como criminal y el castigo penal como la única salida honrosa para la humanidad.

El núcleo duro del nuevo antisemitismo radica en esta operación categorial. El Otro es nazi. El Otro no es un interlocutor. El Otro sólo puede ser relegado al orden penal del castigo, la deslegitimación políticomilitar y cultural, la exclusión del orden del lenguaje, el escándalo. El Otro es otro porque se exime de respetar un orden normativo, una institución jurídica. El Otro sólo es pasible de castigo, arrepentimiento o reforma. El Otro no es un contendiente político o militar; es decir, el otro no es un par en la diferencia ni un igual a través de las diferencias que nos separan de él. El Otro es un criminal. Con el delincuente, con el criminal, no establecemos una conversación acerca de sus móviles. Lo definimos como criminal en tanto no admitimos sus móviles como posibilidad de una acción susceptible de ser incorporada al orden de nuestras expectativas. No aceptamos convivir con esos actos, ni siquiera en forma conflictiva o por oposición. Muchos de los actos tipificados por el código penal carecen de esa claridad categorial, en la medida en que la criminología crítica ha demostrado que tales acciones no pertenecen a una otredad sino que la otredad les es conferida por un sistema normalizador de control social que selecciona determinados comportamientos en el marco de las relaciones de poder vigentes en una sociedad y una época determinadas. Algunos de esos actos, en cambio, permanecen en un círculo acotado, como sucede con el propio nazismo, con la pedofilia o la violación.

Habrá que recordar aquí que el racismo nazi fue fundante en la configuración de estos regímenes categoriales, para lo cual no hizo sino perfeccionar y modificar formulaciones que los sistemas penales y normativos ya habían creado en la modernidad. El nazismo los desarrolló hasta provocar consecuencias que resultaron inesperadas y radicales, y que después de su advenimiento estuvieron disponibles para quien quisiera inspirarse en ellas.

Un rasgo de la posdictadura reside en el olvido de algunas distinciones requeridas por el análisis de los acontecimientos de la violencia y del horror. El espacio simbólico en el que se desenvuelve con cierta familiaridad la clase media, espacio hegemónicamente ocupado por el consumo y la mediatización, impone la creencia de que se mantienen condiciones adecuadas para el libre pensamiento, que entonces se podría ejercer sin restricciones para discutir acerca de la izquierda. Cualquiera podría, entonces, ser un participante en esa conversación. En su versión más extrema se nos presenta la intervención de exterminadores de la dictadura y sus cómplices confrontados con sobrevivientes del exterminio y defensores de los derechos humanos. El negacionismo o el revisionismo de las atrocidades de la dictadura podrían ser, así, objeto de un debate sometido a las reglas de la racionalidad cognitiva. Con astucia, los perpetradores se benefician de la racionalidad cognitiva, ajena a la imposición de reglas externas al intercambio intrínseco de los argumentos. Lo que se olvida, en este sentido, es que la racionalidad cognitiva se sustenta sobre condiciones sociopolíticas apropiadas, que dan lugar a las condiciones de posibilidad de una conversación. Es por ello que se rechaza la tortura: no tanto porque ocasione dolor sino porque destituye al sujeto cognitivo y le hace decir algo que no diría en otras condiciones. También la tortura exhibe la valencia polar de un gradiente que comprende las garantías disponibles en un contexto sociopolítico que favorezca el libre pensamiento. Sin perjuicio de que el libre pensamiento puede ser ejercido —en forma heroica y, por lo tanto, excepcional— por individuos que arriesguen su libertad y su vida en condiciones adversas.

2.

> *Lo que se halla en juego es el problema del legado y su posibilidad. Ese legado, si es posible, deberá estar a la altura del deseo, la experiencia y la derrota de lo que tal vez haya sido la mayor y más extraordinaria voluntad de justicia vivida por la historia. Quizás la expresión "no matarás" sea el legado paradójico de ese tesoro perdido.*
>
> Diego Tatián, "Carta mandada a *La Intemperie* (abril de 2005)"

Un ejemplo de ejercicio arriesgado del libre pensamiento es el encarnado por la carta que Oscar del Barco dirigió a la revista *La Intemperie*.[2] La repercusión que tuvo esa carta, "No matarás", indicó la afección de una fibra sensible que no estaba a la orden del día en forma explícita: las reacciones que la carta produjo hicieron salir a la luz palabras que esperaban una oportunidad. Para algunos, la carta representa un gesto que despierta empatía por sí mismo. Expone a su autor ante un ámbito político y cultural que más bien elude enfrentar la verdad cara a cara. Verdad, no porque la carta la encarne sino porque encarna un compromiso, una búsqueda de la verdad, o de la responsabilidad, que para el caso es lo mismo. De un gesto como éste es de esperarse, en una sociedad tan autoritaria y despiadada como la nuestra, un espectro que va del silencio y la indiferencia fingida hasta la agresión directa. No obstante las excepciones, estas circunstancias demandan solidaridad, que la carta merece antes que nada. La carta vale entonces como gesto, como actitud de provocación, como apertura para una conversación, como invitación para pensar nuestro pasado.

Es perturbadora por lo que a cada uno le toque: algunos admitíamos –aunque finalmente no sucediera lo peor en la mayoría de los casos–, que algo así como lo que Oscar del Barco refiere en su carta podría tener legitimidad dentro de las reglas de juego de la lucha políticomilitar. Con eso es suficiente. Algunos entre aquellos que han vivido todos estos años con mala conciencia por otras razones, por verse al margen de cualquier lucha colectiva por la justicia, recibieron la carta con resentimiento jubiloso al suponer como caído aquello que antes parecía hacerles frente. Una falacia que actúa como el efecto secundario que toda intervención de crítica radical dentro de la izquierda produce: el usufructo de las derechas, que viven con alegría lo que perciben como la declinación del discurso insurreccional o revolucionario de la izquierda, cuando la crítica y la reflexión parecen debilitar el impulso a la lucha. Lo cierto es que, en perspectiva, sólo esa crítica y esa reflexión redimen a las izquierdas en aquello que más les atañe. En cuanto a las afirmaciones que contiene la carta, es ocioso discutirlas en particular, porque son los títulos de otros tantos ensayos o libros que reclaman sus propios derechos a la lectura y el debate.

Se postula aquí que la carta de del Barco fue un acto anamnético, no una presentación argumentativa. Dicho acto anamnético se manifestó mediante una provocación (Diego Tatián la homologa con el gesto duchampiano) y una escritura colérica. Que no fue una presentación argumentativa, nos parece evidente a algunos. Sin embargo, la provocación consiguió con rapidez su efecto más previsible: muchos la leyeron como un panfleto y se dedicaron a replicar cada palabra al pie de la letra.

¿Cómo entender que alguien habituado a escribir artículos y libros para desarrollar argumentos pudiera resumir en una carta de tres páginas una cuestión tan compleja y espinosa como la tratada? Él mismo relata la experiencia de una revelación. Al leer la entrevista a Jouvé, adquirió de pronto conciencia de la responsabilidad tocante al homicidio. El que la carta fuera resultado de un acto de la memoria, y el que Oscar del Barco no se desplazara ni en esa carta ni después al desarrollo de una reflexión apropiada, debería llamar la atención. En los debates sucesivos se comete en muchas de las intervenciones ese error fatal: se discute argumentativamente con la carta, como si se tratara de debatir acerca de un problema éticopolítico, el de la legitimidad en el uso de la violencia.

Quiero argumentar aquí que no es ése el problema (no obstante algunas intervenciones posteriores de del Barco, que no aparentan lo que pretendo postular). Al menos no lo es en esos términos.

Una primera reacción que suscitó en mí la carta fue el registro de que se trataba de un acto poético de provocación. Lo que hacía del Barco, así, no era trabajar sobre el concepto sino comunicar su consternación y demandar de sus interlocutores una elaboración sobre la cuestión de la violencia de los setenta. Esa elaboración fue señalada como un punto de partida que abarcó una diversidad de tópicos conexos, entre los cuales quizás el más relevante sea el de la historia moral de las izquierdas en el siglo XX.

El debate más profundo que nos debemos en términos de elaboración anamnética, además de aquello que atañe al trauma del horror exterminador, remite a la determinación de lo acontecido en los años anteriores a la represión terrorista de Estado. Esta represión alegó una serie de sinrazones que durante años dieron lugar a una retracción de las condiciones de posibilidad de la memoria colectiva acerca de las experiencias políticomilitares de los setenta. La llamada teoría de los dos demonios, cuyos términos en apariencia emplea del Barco en su carta, presumía una simetría entre dos contendientes. Pero, ¿en qué consistía esa simetría? Contra lo que se suele suponer, la simetría alegada no es la referida a la violencia recíproca (ésta es la versión más vulgar y estólida de la teoría de los dos demonios) sino al carácter de ilegalidad que concernía a ambos términos de la ecuación.

En tiempos institucionalmente democráticos de los setenta, y también antes, en la medida en que se apostaba por la revolución y no por la mera restauración constitucional durante los gobiernos militares, los actores revolucionarios habrían actuado en forma ilegal. Habrían actuado como asociaciones ilícitas insurrectas, transgresoras de la constitución nacional y el código penal y, por lo tanto, eran acreedoras de un castigo por parte de las fuerzas de la ley. El problema aquí no era el de la represión, ya que éso es lo que correspondía, sino el carácter ilegal que asumió la represión de la dictadura del 76. Si hubiera actuado en los términos del código penal, sólo hubiera restado un demonio: el de los subversivos. Es por eso por lo que tanto se han lamentado intelectuales, políticos y ciudadanos en estos últimos treinta años. ¿Cómo no fusilaron a los insurrectos, o reprimieron de alguna otra forma legítima a esos delincuentes? Pero esto no es lo que dice del Barco. Él habla de otra cosa por completo diferente. No enuncia su posición sobre una renuncia de su amor a la justicia. Al contrario. Radicaliza ese amor, ese compromiso con un valor que excede a la historia y a la sociedad, y se entrega a una crítica sin límites ni precauciones. Aunque ello no garantiza los resultados que espera. No basta con acceder a una revelación. Hay que comunicarla, y el método del *shock*, originado como un desprendimiento de la lógica de la guerra, impone sus propias determinaciones a una formulación que se quiere empática con una postura de abandono, pasividad, debilidad. En ello radica una contradicción inscripta no sólo en la lógica vanguardista sino en lo que ésta tiene de relación genealógica con el profetismo cuando alude a la espada o denuncia con violencia –verbal y gestual– el escándalo.

Si a esa carta hubiera seguido un silencio más o menos prolongado, hubiéramos tenido un escenario diferente del que tuvo lugar: en *La Intemperie* se produjo un debate estéril y abstracto en algunas de las intervenciones, y luego aconteció una bochornosa exhibición por parte de un catálogo de compras culturales de fin de semana, más digno de ser distribuido con esos folletos que envían los emisores de tarjetas de crédito a sus suscriptores que de ser considerado como un material de lectura.[3] Allí el acto poético de revelación mutó en la extravagancia de unas frases reproducidas sin piedad ni audición sensible. Se produjo un acontecimiento mediático y político desafortunado, y lesivo para él mismo, en primer lugar, útil para el resentimiento jubiloso y las solidaridades culpables. Obsérvese que no atribuimos tales consecuencias a la inicial difusión de la carta sino a algunos de los vehículos consentidos de su circulación posterior. Nos parece un problema de primera importancia, e invocamos que los ámbitos y las modalidades conversacionales son determinantes y deben ser objeto también de debate. No hay nada nuevo en ello, no obstante fueron escasas las voces que alertaron sobre la relevancia que tiene asumir la necesaria reflexión sobre los marcos conversacionales de una polémica tan delicada. Este tropiezo de la intervención de del Barco, cuya responsabilidad (de ello se trata, de responsabilidades, aun inconmensurables entre sí, como la rememorada y la actuada ahora) no le compete sólo a él sino también, y sobre todo, a quienes se solazaron en construir la escena que albergó la difusión de su figura en contextos de los que estuvo retraído y pudoroso durante décadas, no disminuye en modo alguno el valor de su carta, en el doble sentido del coraje y de la calidad de lo enunciado.

Esas operaciones mediadoras impusieron un ritmo de urgencia a las réplicas y a las lecturas. Cuando una publicación semestral como *Confines* mantuvo otra temporalidad más ligada a las pausas esenciales que conciernen a una discusión como la sostenida, el bullicio amplificó el silencio y produjo un contraste injustificado para nosotros, que se nos devolvió como un eco irritante y agresivo. Hay que volver al punto de partida. La carta inicial y aquello a lo cual replicó, la entrevista de *La Intemperie*. ¿Por qué se suscitó la carta de Oscar del Barco?

Es un rasgo propio de la guerra el que sea olvidada en sus condiciones y rasgos esenciales. Por traumática, por contingente, por inconmensurable con la paz. Si se la recuerda, es en su faz heroica, técnica, brillante y límpida. No se la recuerda propiamente sino que se atraviesa la preparación para la guerra en tiempos de paz, la evocación épica o nostálgica, trágica o cómica. Lo traumático de la guerra constituye sólo una de sus notas inconmensurables. El dolor se registra en forma de presente o de memoria, sin que ambas dimensiones puedan equivalerse ni cotejarse. La capacidad que tenemos para sufrir y experimentar el dolor es limitada. La crueldad consiste también en poner a prueba esa capacidad, mantener a la fuerza la vigilia de las víctimas para que el sufrimiento se prolongue y sea interminable: en ello consisten la tortura, o la intimidación y la desmoralización del enemigo en la batalla. La parafernalia guerrera es metonimia del dolor y la muerte. Evoca –real o míticamente– pasadas batallas en las que se combatió en forma heroica, o instala frente al enemigo la máscara del miedo. La contingencia también alimenta el olvido. La incertidumbre del desenlace socava el ritmo vital de los días. La mente se impone un horizonte previsible, y la guerra supone la caída sin concesiones de cualquier perspectiva de sustentación existencial.[4]

Sin embargo, el rasgo más acusado que caracteriza a la guerra es aún otro. No son la extrema violencia ni la muerte aquello que distingue en forma más radical la paz de la guerra. Es otra cosa del todo diferente.

> [La] guerra suspende la moral; despoja a las instituciones y obligaciones eternas de su eternidad y, por lo tanto, anula, en lo provisorio, los imperativos incondicionales. Proyecta su sombra por anticipado sobre los actos de los hombres. La guerra no se sitúa solamente como la más grande entre las pruebas que vive la moral. La convierte en irrisoria. El arte de prever y ganar por todos los medios la guerra –la política– se impone, en virtud de ello, como el ejercicio mismo de la razón. La política se opone a la moral, como la filosofía a la ingenuidad. (Levinas 47)

La guerra consiste en una instalación necesariamente reversible de una condición dilemática discontinua e incompatible con la paz:

> La violencia no consiste tanto en herir y aniquilar como en interrumpir la continuidad de las personas, en hacerles desempeñar papeles en los que ya no se encuentran, en hacerles traicionar, no sólo compromisos sino su propia sustancia; en la obligación de llevar a cabo actos que destruirán toda posibilidad de acto. (Levinas 47-48)

La guerra se podría definir como aquella situación colectiva, dual (porque se constituyen dos masas antagonistas), en la que sólo existen dos alternativas existenciales: matar o morir. La guerra es la situación en la que sólo es posible matar o morir. Quien no mate, morirá. Quien no esté dispuesto a morir, sólo podrá sobrevivir si mata. Quien no esté dispuesto a matar, deberá estar dispuesto a morir: las formas en que ello puede ocurrir son de una diversidad desconcertante, pero todas ellas se infieren del dilema esencial que define la condición de la guerra. Existe la posibilidad de rendirse para concluir el combate. Quien se rinde se pone a merced del enemigo al que hasta minutos antes intentaba matar y en manos del cual podía morir. Al rendirse concluye el combate, pero es "incondicional" en el sentido de que se deponen las armas y se deja la propia vida a merced del enemigo. Existe la posibilidad de desertar o huir, pero entonces es el amigo quien ejercerá las leyes de la guerra y aplicará el castigo marcial que en última instancia impondrá la muerte a quien se niegue a ser propia tropa. Existe la posibilidad de negarse a combatir, ser objetor de conciencia, pacifista, pero en todos esos casos la vida se pondrá en manos del amigo, a merced de las leyes de la guerra.

Si hay misericordia, la pena no será de muerte, pero ello dependerá de las normas procedimentales. En última instancia, la aplicación de la ley supone variaciones que presumen en grados y condiciones la situación dilemática de la guerra: matar o morir. Esto no depende de las opiniones, ni de las concepciones políticas, ni de las opciones personales o colectivas. La guerra es una situación dilemática colectiva que afecta a por lo menos dos grupos antagónicos que despliegan la fuerza más brutal que sean capaces de ejercer para subyugar al enemigo. Una vez desencadenadas esas fuerzas, no hay otra manera de detener la matanza que no consista en que uno de los contendientes esté dispuesto a morir en manos del enemigo o del amigo. Las contingencias pueden ser muy diversas: dos contendientes, hartos del combate y de la sangre vertida, pueden ceder al unísono, pueden combatir hasta la destrucción total o casi total, pueden prolongar o abreviar el combate. Pero la guerra es éso y ninguna otra cosa: una situación en la que los contendientes sólo pueden matar o morir. No pueden optar por otra alternativa ni salir de ese dilema si no es matando o muriendo: "Los individuos son meros portadores de fuerzas que los dirigen a sus espaldas" (Levinas 48).

Para detener una guerra no es necesario decir "no matemos", ni "no matarás"; es suficiente con decir: "no muramos". Tampoco "no nos maten", porque sólo valdría como fórmula de rendición. "No muramos" es una fórmula pacifista, también pronunciada por pacifistas de países muy poderosos. No se limitan, como podría imaginarse, a pedir piedad para con el enemigo más débil. No es necesario ni, en el límite, posible. La fórmula se pronuncia en situaciones de guerra en las que el enemigo mata al amigo. La piedad se ejerce con el amigo. En la guerra no hay asesinos unilaterales. Sólo hay guerra si hay matanza recíproca. No importa si uno de los contendientes es eventualmente animado por una causa que se alega como justa, ni si uno es fuerte y el otro débil. Hay guerra si el resultado es incierto. Si hay disposición a matar y a morir de ambos lados. Sin esa condición no hay guerra. Si una guerra se inicia sobre una gran desigualdad en las motivaciones para el combate, terminará antes y a favor del más fuerte, pero dure lo que pueda durar será guerra, imposición de su dilema esencial mientras dure. Y la duración, en última instancia ni siquiera depende de que se llegue al combate efectivo. Existe la posibilidad de "rendirse sin combatir" frente a una amenaza. No es el despliegue efectivo de las fuerzas destructivas ni el número de muertos lo que define a la guerra sino el dilema ineludible que impone las alternativas de matar o morir. "Ríndanse o mueran", dice el enemigo, y tanto se puede combatir como presentar una rendición. Pero en este segundo caso se estará a merced del enemigo. Sólo es posible detener una guerra mediante el fervor del combate y el homicidio del enemigo, o si cesa la disposición a morir. Sin disposición a morir no hay guerra.

Es esta condición dilemática aquello olvidado de la guerra una y otra vez. Lo más olvidado de la guerra es que corresponde a la situación en la que la muerte es la ley, y esa ley es aplicada por el enemigo y también por el amigo. Esta paradoja es tan insoslayable para entender la condición de la guerra, como de inaceptable recuerdo en la paz. La paz podría definirse como el olvido de la paradoja constitutiva de la guerra. Es entonces objeto de olvido el pasaje de la guerra a la paz y de la paz a la guerra, una oscilación ubicua a lo largo de la historia, que seguirá repitiéndose mientras la historia cultural no modifique radicalmente la naturaleza de la violencia y el poder, la condición del lazo social y la "necesidad de comer". El olvido hace posible tanto la guerra como la paz. El propio pasaje de un estado al otro podría definirse como un acontecimiento del olvido. En la guerra se olvida la paz y en la paz se olvida la guerra. En otras palabras: hay perdón. Sin perdón no podría alcanzarse la paz, ni olvidar la guerra, ni repetirse el pasaje de la paz a la guerra. Por éso no es "serio" sino "utópico" decir "nunca más" a la guerra. En cambio no hay olvido ni perdón frente al exterminio, con el que no hay combate entre dos fuerzas. Allí, el resultado está determinado por la certidumbre planificada de una fuerza organizada en forma industrial sobre una víctima previamente sometida a un estado irreductible de inermidad. Es mucho más claro cómo termina una guerra –por triunfo o derrota– que cómo se inicia. En tanto que es cierto que matar no es fácil en absoluto, resulta indispensable pasar revista a las condiciones de posibilidad del homicidio colectivo. "El acontecimiento ontológico que se perfila en esta negra claridad es la movilización de los seres, anclados hasta aquí en su identidad, movilización de absolutos, llevada a cabo por un orden objetivo al que no se pueden sustraer" (Levinas 47). No se pueden sustraer, porque la guerra consiste en su faz activa en la subyugación inapelable de las voluntades.

En general, los participantes en la polémica, incluso el propio del Barco en parte de su carta y sus intervenciones posteriores, pasaron por alto la situación implicada por la guerra. El conflicto que atañe a la relación entre guerra y responsabilidad remite al punto de inicio.

Es usual referir al inicio de las guerras como al momento de la responsabilidad. En esto se asemejan a otras peleas entre individuos o grupos: ¿quién empezó? El iniciador es más responsable, o incluso único responsable de lo acontecido. Por lo general se le atribuye la responsabilidad del conflicto. Se discute al respecto porque también forma parte de los conflictos establecer quién empezó, o quién dio motivos para el ataque, que se suele presentar como defensa, del adversario. Suele resultar más significativo señalar la responsabilidad de quien inició el conflicto que casi cualquier acontecimiento posterior, debido a la naturaleza moralmente inconmensurable de la guerra. Desde el punto de vista moral, lo único que se puede hacer respecto de las guerras es no suscitarlas y, una vez que acontecen, finalizarlas lo antes posible.

> ¿Cómo viene a darse la formación de la masa bélica? ¿Qué es lo que crea en un momento determinado esta increíble cohesión? ¿Qué induce al hombre de repente a arriesgar tanto y todo? Este proceso es [...] enigmático [...] Se decide que se está amenazado de exterminio físico, y se proclama esa amenaza públicamente ante todo el mundo. "Yo puedo ser muerto", se declara, y por dentro se piensa: "porque quiero matar a este o a aquél". Ciertamente el acento debería recaer sobre la segunda frase: "yo quiero matar a ése o a aquél, y por eso puedo morir yo mismo". Pero para empezar una guerra, para su estallido, para la aparición de la conciencia guerrera entre la propia gente sólo se permite hacer pública la primera versión. Sea o no uno el agresor, en realidad siempre se procurará crear la ficción de que se está amenazado. La amenaza consiste en que alguien se arrogue el derecho de matarlo a uno. Cada uno en el propio bando se encuentra bajo la misma amenaza: ella los iguala a todos, la amenaza se dirige a cada uno. A partir de un determinado momento, que para todos es el mismo, aquel de la declaración de guerra, a todos les puede ocurrir lo mismo. El exterminio físico, del que uno se siente habitualmente protegido por la propia sociedad, precisamente por su pertenencia a ella, se le encuentra ahora muy próximo. (Canetti 67)

Cuando se va a sojuzgar a un oponente, o cuando se promueve la lucha armada contra un opresor, se necesita construir la situación de guerra. Dicha situación no es espontánea ni involuntaria sino deliberada y construida por una masa conducida por un gobierno racional. La guerra es anticipada en sus condiciones de posibilidad por la formación de una masa armada y disciplinada. El único orden social viable que conocemos es uno dispuesto en cualquier momento a entrar en guerra. Son excepcionales los colectivos sociales que se abstienen de ello. Sólo lo pueden hacer al precio de poner en riesgo su existencia. Las democracias burguesas, en la historia reciente, son formas de vida especializadas en ocultar su disposición para la guerra mucho mejor que otras formas políticas. Entre democracia y guerra hay una incompatibilidad esencial en la medida en que la democracia se atribuye fundamentos morales. Basta la disposición para la guerra, encarnada en la existencia de símbolos, armas y ejércitos, para poner en tela de juicio la autenticidad de tales fundamentos morales hasta un rango de relatividad por comparación con regímenes autoritarios o atroces respecto de los cuales las democracias prometen al menos un aplazamiento de las guerras. Sabemos con qué facilidad pueden incumplirlo y con qué hipocresía pueden apañar guerras ajenas.

La creación de las condiciones de posibilidad de la guerra, en tiempos de paz, supone la institución de una subjetividad obediente a órdenes ciegamente ejecutadas. No hay guerra ofensiva, ni defensiva, legítima ni ilegítima, que pueda prescindir de la constitución de una masa obediente, convertida en un mero objeto contundente dirigido como fuerza brutal contra el enemigo. La caución ineludible que hace factible esta institución subjetiva es la amenaza de muerte por el amigo.

Sin embargo, ciertas circunstancias históricas ocasionan conflictos en los que la motivación para la guerra da lugar a un impulso moral, a la defensa de una causa justa, o al sacrificio honorable de los combatientes que prefieren morir antes que vivir sojuzgados, o que prefieren morir por su propia mano antes que en una cámara de gas. Cuando guerras semejantes tienen lugar, tales combatientes no se comportan como los demás guerreros. No se limitan a la mera obediencia ni requieren operaciones tan sistemáticas sobre la disciplina. Suponen una actitud más misericordiosa que la del enemigo y una mayor disposición a morir que a matar.

La carta de Oscar del Barco fue suscitada por un sórdido evento en el que se mató al amigo, no al enemigo. Las dimensiones ético-políticas susceptibles de legitimar un compromiso con la lucha armada se redujeron en ese caso hasta el absurdo. En términos funcionales, ese evento era constitutivo de una masa armada ciegamente asesina, que prefería aceptar las fuerzas dilemáticas de la doble masa guerrera mediante la prescindencia de la convicción ideológica y moral, y el reforzamiento de los comportamientos homicidas constitutivos de los ejércitos. Lo anamnético en la revelación que se le presentó a Oscar del Barco no fue una iluminación sobre la violencia. Oscar rememoró su consentimiento con la instalación de la situación de guerra, que es lo que se procura al matar al amigo, o aún al disponerse a hacerlo. Es la operación por la cual se garantiza la constitución dilemática de la masa guerrera, la institución subjetiva de un combatiente que obedezca órdenes. Se trata de que aun cuando el más abisal de los horrores le atenace las vísceras no deje por ello de ser una máquina de matar, y proceda antes matando que muriendo en manos del enemigo o del amigo. Se trata de colocar al combatiente en una situación de doble vínculo: si combate, muere; si no combate, muere.

Oscar del Barco se sintió responsable de algo más que del homicidio: de haber consentido con la iniciación y la continuación de la guerra, aquella situación que, una vez instalada, despliega fuerzas que suspenden la moral y a las que no es posible sustraerse. Haber consentido con la médula del horror de la guerra, algo que no puede acontecer sin una multiplicidad de voluntades, y rememorarlo en una época de olvidos otorga a su carta el rango de un manifiesto. No encuentra su destino en la inculpación ni en el mero arrepentimiento sino en el cultivo de un saber histórico: el que permite oponerse a cualquier guerra futura o denunciar las presentes.

La diferencia entre una masa armada moralmente competente y una banda de "asesinos seriales" radica, paradójicamente, en el grado de ineficacia en el combate que se está dispuesto a conceder, y en la mayor disposición a morir que a matar. En el fondo, es una de las razones por las que las causas justas no pueden triunfar en el combate. Éste es el principal argumento contra la estrategia de la lucha armada con fines justicieros. Es un argumento que estaba presente en los setenta, del cual el evento del EGP es un verdadero contraejemplo. Es intelectualmente pobre especular sobre lo que hubiera pasado si la guerrilla hubiese triunfado. Quienes estábamos entonces comprometidos con formas de la debilidad ya lo sabíamos. Sabíamos —creíamos— que íbamos a morir, como lo saben todos aquellos que saben que la justicia no está nunca del lado de los vencedores. No hay soberbia en esta aserción sino una amargura trágica. No experimentaremos esta revelación ahora quienes ya lo sabíamos. Pero también sabemos que quien experimenta esta revelación ya lo sabía a su vez. Ese saber silencioso que albergó Oscar del Barco es lo que ahora se le impone de manera desgarradora y lacerante como revelación.

Tampoco estaría exento de un saber semejante hasta quien pudiera haber matado. La cuestión no radica tan sólo en el acto de matar sino en la densidad interpretativa que requieren los acontecimientos para instalarse en una trama comprensiva. Es lo que tenemos a nuestro alcance existencial: la anamnesis. La pregunta "¿qué hiciste?" no es factual, ni remite a la prueba ni a la juridicidad sino al sentido, al relato, a un "¿qué ocurrió?" sin respuesta, que deviene en un "¿qué ocurre?" y, finalmente, en un "¿ocurre?". No hay aquí expectativas para los discursos apologéticos de una épica de la memoria, ni para una epopeya de la justicia.

Es tema que excede el espacio disponible el que nuestra historia setentista contuviera diversos actos criminales injustificables frente a los cuales tenemos variados grados de responsabilidad todos aquellos que pretendimos ejercer una razón crítica entonces y ahora. Pero, como sucede con la acción colectiva, la responsabilidad no es homogénea ni unitaria sino diversa y compleja. En todas las épocas implicadas hubo intervenciones moralmente exigentes en distintas formas y grados, dentro y fuera de la guerrilla, y alrededor de distintas circunstancias. En *Lucha Armada N°3* hay un testimonio de un débil grupo guerrillero que prefirió disolverse antes que practicar el sacrificio propio y el ajeno. No fue el único. Cuando hoy se habla de la guerrilla, se subsume indiscriminadamente bajo ese rótulo el conjunto de los grupos y las modalidades que marcaron esos años. Aquellos que atravesaron un prolongado proceso de selección y reelaboración. No hubo sólo dos grupos, ERP y Montoneros, sino entre una y dos docenas, que atravesaron durante años procesos de disolución y reconstrucción no ajenos a estos debates, de manera explícita o implícita, incluidos en ese proceso aquellos dos grupos. ¿Por qué subsistieron entre los comprometidos con el "tesoro perdido" comportamientos criminales, acciones injustas, talantes sádicos y autoritarios, crueldad y celebración de la crueldad? ¿Cómo se produjeron el obsceno relato público del homicidio de Aramburu, y también los cánticos entonados por miles de gargantas que lo celebraban en las calles? ¿Por qué otras voces, que existieron, no fueron escuchadas?

La violencia políticomilitar setentista no alcanzó ni a rozar el hórrido umbral que los perpetradores atravesaron más allá de todo límite. Las organizaciones políticomilitares no formaron una entidad única, ni estatal, ni homogénea, ni coherente. Más allá de la problemática de la responsabilidad y la violencia como tópicos para un sujeto moral, no disponemos de ninguna categoría abarcadora de un sujeto colectivo de la responsabilidad políticomilitar revolucionaria, por el carácter difuso, mutante y heterogéneo que tuvieron aquellas experiencias históricas. Y, sin embargo, para quienes aman la verdad y la justicia por sobre todas las cosas, lo acontecido resultará homologable con la barbarie. Para ellos no hay consuelo en el comparatismo entre barbaries, lo cual no significa que se las deba desconsiderar. Desde esa perspectiva, las cartas de Oscar del Barco, Toto Schmucler y Diego Tatián formulan preguntas ineludibles. El grito de dolor y desesperación de Oscar del Barco, como también dice Toto Schmucler en la carta que nos dirige, nos encuentra en una misma empresa anamnética, aunque las palabras no sean idénticas, difieran las biografías o se produzcan distintas conclusiones.

3.

> *Hay que considerar la ontología crítica de nosotros mismos no por cierto como una teoría, una doctrina, ni siquiera un cuerpo permanente de saber que se acumula; hay que concebirla como una actitud, un ethos, una vía filosófica donde la crítica de lo que somos es a la vez análisis histórico de los límites que se nos plantean y prueba de su franqueamiento posible.*
> Michel Foucault, "¿Qué es la Ilustración?"

> *Cuando Foucault, volviendo a la pregunta kantiana acerca del significado de la Ilustración, se remite al punto de vista de la actualidad, no alude meramente al diferente modo de ver las cosas que el pasado recibe del presente, sino a la brecha que el punto de vista del presente abre entre el pasado y su propia autointerpretación.*
> Roberto Esposito, *Bios. Biopolítica y filosofía*

En apariencia, resulta fácil pasar por alto el carácter problemático de la violencia de los setenta, dado que cualquier discusión de izquierda habrá de asumir –de un modo u otro– el contexto traumático que inevitablemente albergará esa discusión. La condición traumática, evidente y conocida, parece eximir de la necesidad de una reflexión específica sobre las condiciones en que se desenvuelve el debate. Por denegatorias o sintomáticas que se manifiesten algunas posiciones, no podrán obviar la propia implicación, ya sea porque sus exponentes participaron como militantes en la violencia políticomilitar, o porque no lo hicieron en las filas de las organizaciones sino en la militancia de la izquierda política, interlocutora de aquellas cuando no víctima directa de la represión. No es sorprendente que un debate semejante sea poco hospitalario para aquellos que no vienen del campo de la izquierda ni se asumen dentro de él, dado que haber estado comprometido políticamente en el pasado compromete también al ponente en la actualidad a un debate sobre la propia responsabilidad respecto de lo acontecido. Quien siempre se mantuvo afuera de todo ello e interviene ahora como si se estuviera discutiendo sobre la batalla de las Termópilas, y cuando no es afectuosamente recibido en la conversación invoca el derecho a la libre conversación en la *polis*, lo hace con la mala fe de quien niega la vigencia de los antagonismos estructurantes de la injusticia. Las condiciones sociales antagonistas que dan lugar a la injusticia son la última *ratio* de la izquierda, y constituyen una premisa que la carta de del Barco no abandona, como no lo hace la mayoría de quienes han participado de los intercambios epistolares más notorios. Es un debate implicado política y éticamente. No es acerca de una confesión frente a la ley, ni aguarda ninguna resolución tribunalicia, al menos en cuanto al corazón de los argumentos intercambiados, sino sobre las eventuales consecuencias que podrían desencadenarse o propiciarse. Quien alega haber tenido siempre a su alcance la claridad superadora de las miserias de las izquierdas podrá opinar y escribir lo que quiera, sin el desgarramiento ocasionado por las propias responsabilidades, pero por ello mismo no iluminará con sus quejas un debate atravesado por implicaciones trágicas. No es que el ejercicio de la racionalidad cognitiva sea insuficiente por sí sólo para intervenir en el debate: resultan estériles las especulaciones que ignoran las condiciones históricosociales y políticas en que se desenvuelve una conversación desesperada.

Nos preguntamos por el contexto y por las condiciones necesarias para articular con lo antedicho el análisis específico de la violencia de los setenta, en el entendimiento de que el debate forma parte inescindible de una reflexión acerca de la violencia política en la Argentina actual. Digamos antes que nada que si en los setenta era muy difícil poner en tela de juicio la violencia, y oponerle argumentos pacifistas, dada la atmósfera de unanimidad aparente que desestimaba otras alternativas, en la actualidad ocurre algo similar en forma invertida: una atmósfera de unanimidad aparente desestima cualquier recurso a la violencia, y atribuye a la institucionalidad democrática un pacifismo que, antes que una conquista lograda mediante un proceso político, resulta una de las consecuencias más notables del trauma ocasionado por el horror exterminador. La consideración acerca de los setenta es sometida al prisma de la unanimidad actual sin registro de la densidad y la complejidad que darían lugar a una conversación mucho más cautelosa. El sujeto de la violencia políticomilitar de los setenta –de por sí heterogéneo y cambiante– fue sometido a los horrores de la tortura, la cárcel, el asesinato, la desaparición y la sustracción de los niños. ¿Puede considerarse sensatamente la posibilidad de hacer algo más que interrogarse por la propia responsabilidad? ¿Es posible interrogar –juzgar– a los sobrevivientes de los acontecimientos del horror sin preguntarse, a la vez, por las condiciones en que ello podría hacerse? ¿Formularse estas preguntas y exponer planteos críticos implica guardar silencio frente a los relatos convencionales sobre héroes, mitos y traiciones? ¿Necesitamos algo más que reflexionar, elaborar y comprender? ¿Podemos hacer algo más que eso?

Los perpetradores argentinos, en lugar de considerar a sus oponentes guerrilleros como antagonistas políticomilitares, los categorizaron como Otros a ser exterminados. El problema comienza cuando se trata de evaluar anamnética e historiográficamente la condición categorial de aquellos antagonistas políticomilitares en términos de una crítica de izquierda. En primer lugar, se verifica una circunstancia ubicua en los modos culturales argentinos de considerar el pasado: no hay acuerdo sobre la definición de los acontecimientos mismos. Los símbolos y las representaciones se reproducen como índices que no remiten a un *corpus* establecido. Circulan enunciados polémicos acerca de los acontecimientos más remotos como si fueran actuales y estuvieran en curso. En el caso de las organizaciones políticomilitares revolucionarias que culminaron en los setenta, se discute si la lucha armada que tuvo lugar durante años puede o no definirse como una guerra. Un acontecimiento dotado de la contundencia que caracteriza a la guerra se convierte en objeto de un juicio estético fundamentado en frases hechas y prejuicios. Sin embargo, no es la calidad de los argumentos lo que importa sino la disposición a juzgar un acontecer histórico como si fuera una obra, de la cual se puede decir que no expresa lo que pretende, y entonces someterla a la indiferencia o el desdén. A esta dificultad concurren las profundas transformaciones —vinculadas con los devenires biopolíticos— que atravesaron la experiencia de la guerra desde hace más de cien años. En ese marco resulta de intrincada asimilación la distinción entre guerras populares prolongadas e insurreccionales, en una época tan ajena a semejante posibilidad como la posterior al mayo del 68, los viajes espaciales, la crisis del petróleo o el advenimiento de la revolución informática. La lucha armada argentina estuvo situada en el umbral de una época para la cual ya no eran inteligibles el método y, tampoco, los fines a los que se destinaba. En suma, se verifica un doble conjunto de razones subyacentes a la actual incomprensión de la lucha armada de los setenta. En primer lugar, las mencionadas en relación con un cambio de época que hacía visible la mutación en las condiciones de posibilidad de aquello que se denominaba revolución. No obstante, sería injusto y cognitivamente inicuo dejar de lado las determinaciones históricas, advenidas desde la Revolución Libertadora de 1955, que dieron lugar a una lucha violenta de resistencia contra las modalidades criminales de la dominación capitalista en la Argentina. Permitir primero una transformación radical en las formas de vida de las masas para después pretender anular todos los logros sociales de millones de personas, define en resumen el comportamiento de las clases dominantes argentinas durante cincuenta años.

No hay racionalidad históricosocial a la que se pueda reducir semejante comportamiento, inexplicable sin el recurso a teorías que den cuenta de las determinaciones tanáticas que movilizaron a un colectivo social criminal durante años. Son esos comportamientos los que configuraron las condiciones de posibilidad de la guerra revolucionaria y la violencia insurreccional en la Argentina. La problemática de la memoria no se reduce en modo alguno al exterminio de la dictadura sino que abarca el registro significativo de la larga historia de la represión que va desde la masacre –llamada piadosamente "bombardeo"– de la Plaza de Mayo, pasa por la Noche de los Bastones Largos, y culmina con el racismo/clasismo antipiquetero de nuestros días. Saga de nuestro capitalismo heteromoderno que destina a gran parte de una población escasa, en un extenso territorio vacío, a la miseria y a la humillación sin destino ni fin razonable alguno siquiera para las propias clases dominantes, beneficiarias de rentas extravagantemente desproporcionadas en magnitud pero orientadas en perspectiva al suicidio históricosocial del colectivo argentino.

La segunda determinación remite a las consecuencias del exterminio de la dictadura, cuya secuela traumática ha dado lugar a condiciones de indecibilidad e irrepresentabilidad de la experiencia de la violencia. Las organizaciones políticomilitares tenían como meta realizar una revolución social mediada por la lucha armada. La totalidad de las acciones que llevaban a cabo estaban destinadas a la esfera pública. El objetivo de los actos armados no concluía en la acción misma sino que pretendía ejercer la "propaganda armada", difundir el método con el propósito de ampliar el número de adherentes. Dicha práctica, para tener éxito, requería como condición todo lo contrario del terrorismo: el conjunto de la población no debía sentirse amenazado por las acciones de las organizaciones. Y efectivamente así sucedió: la atmósfera que se produjo en la Argentina de los setenta era la de una guerra civil entre grupos antagonistas que afectaron las estrategias de las organizaciones, cuyas acciones, además de los propios errores y desvíos foquistas y militaristas, quedaban sumidas en un fárrago de acontecimientos brutales que fueron contemplados de manera pasiva por el conjunto de la sociedad. Pasiva, porque no se verificaron movimientos importantes de protesta pacifista o contraria a la represión ni a la lucha armada de las organizaciones.

Los militantes políticomilitares ocultaban sus identidades personales en la clandestinidad, pero publicaban todos sus actos mediante fuentes propias. En tanto la "Triple A" adoptó comportamientos similares, propios de una guerra civil con fines políticos (no obstante los espurios y criminales que podamos considerar esos comportamientos debido a la forma atroz en que fueron emprendidos), la dictadura del 76 se comportó de un modo simétricamente inverso: se sabía quiénes eran los responsables de lo que ocurría, pero no qué era lo que ocurría. Los actores eran públicos, pero las acciones clandestinas. Los efectos de lo que podría llamarse una propaganda represiva se ejercían en forma indirecta, y lo que se procuraba era sumir al conjunto de la población en un estado de terror.

Estas circunstancias imponen obstáculos formidables a las tareas de la historia y la memoria. El valor de los documentos, los testimonios o la prensa de la época requiere de un severo escrutinio de improbable resolución a través de las metodologías usuales. El análisis hermenéutico y político-ideológico de los materiales consultados resulta de tal relevancia como para determinar cualquier emprendimiento historiográfico comprometido, además, con los debates sociopolíticos actuales de manera ineludible.

Las distinciones acerca de la valoración de los acontecimientos de la violencia, la sucesión entre la guerra acontecida hasta 1976, y el exterminio que tuvo lugar desde marzo de 1976, sin perjuicio de los antecedentes proporcionados por las actuaciones de la "Triple A", tienen una actualidad que no requiere ninguna insistencia: la historia reciente pertenece a la agenda política, cultural y mediática del presente.

Una visión de izquierda sería aquella comprometida antes con los antagonismos que estructuran las condiciones de la injusticia que con las modalidades institucionales que resulten de esa inquietud. En condiciones siempre difíciles, el pensamiento crítico de izquierda no dependerá de los poderes del Estado, sean estos legislativos, judiciales o ejecutivos, sino de la suerte y el destino de los oprimidos, cualesquiera que sean las tribulaciones que la inquietud por la responsabilidad ocasione a las izquierdas. En un mundo en que lenguajes y sujetos cambian incesantemente, lo invariable del ser de la izquierda es que se pregunta por la justicia, como lo ha hecho desde que se tiene memoria.

NOTAS

[1] El presente trabajo reúne con modificaciones dos textos publicados hace varios años: "Legado paradójico de un tesoro perdido", *Pensamiento de los confines* N° 17, Buenos Aires, diciembre de 2005 e "Izquierda, violencia y memoria", *Pensamiento de los confines* N° 20, Buenos Aires, junio de 2007. Agradezco a Alejandro Sánchez Lopera por sus comentarios y sugerencias.
[2] En la introducción de la "Polémica de la revista *La intemperie*" se dice lo siguiente: "En los meses de octubre y noviembre del año 2004 publicamos en la revista *La intemperie* extractos de una entrevista realizada a Héctor Jouvé para el documental 'La guerrilla que no fue', del Centro de Capacitación Cinematográfica de la ciudad de México. Como consecuencia de su

lectura, Oscar del Barco nos envió una carta que apareció en la sección de correo de lectores del número de diciembre del mismo año. A partir de ese momento se inició un debate que se mantuvo de manera ininterrumpida por más de un año y cuya repercusión no terminó en la revista. "Decidimos publicar en este libro la entrevista que desató la discusión y una compilación de las cartas y (los) textos escritos a partir de la intervención de del Barco, aparecidos en las revistas *Conjetural, Confines, Lucha Armada, Acontecimiento* y *El Ojo Mocho* y en el sitio web *El interpretador*. Consideramos que las reflexiones generadas constituyen un capítulo importante del debate sobre las premisas éticas y políticas subyacentes a la práctica de las organizaciones guerrilleras de las décadas sesenta y setenta del siglo pasado". Véanse Pablo Belzagui, *No matarás: polémica de la revista La intemperie* (2007). Posteriormente vio la luz un segundo volumen con intervenciones adicionales. Ver Luis García, *No matar: sobre la responsabilidad. Segunda compilación de intervenciones* (2010).

[3] Alusión a la forma banal en que la prensa *mainstream* asimiló la polémica.

[4] Es por ello que se han registrado tantos nacimientos después de algunas guerras. Dejar una pareja embarazada antes de partir (o ir al combate con ella), al revés, también puede significar un modo de apostar a una perspectiva de certidumbre antes de ir al incierto combate. Al menos se deja atrás una descendencia. Es difícil saber si era eso lo que hacían los guerrilleros de los setenta cuando concebían, tanto como lo hicieron. Es un problema lacerante y abierto el reclamo de algunos hijos hacia sus progenitores ausentes o sobrevivientes: ¿cómo pudieron concebir en medio del combate?

Bibliografía

Belzagui, Pablo R., Héctor Jouve y Oscar del Barco. *No matar: sobre la responsabilidad. Polémica de la revista "La Intemperie"*. Pablo R. Belzagui, comp. Argentina: El Cícolope y Universidad Nacional de Córdoba, 2007.

Canetti, Elías. *Masa y poder*. Madrid: Alianza/Muchnik, 1983.

García, Luis, comp. *No matar: sobre la responsabilidad. Segunda compilación de intervenciones*. Argentina: Universidad Nacional de Córdoba, 2010.

Klemperer, Victor. *LTI. La lengua del Tercer Reich*. 1947. Adan Kovacsics, trad. Barcelona: Minúscula, 2002.

Levinas, Emmanuel. *Totalidad e infinito. Ensayo sobre la exterioridad*. Daniel E. Guillot, trad. Salamanca: Sígueme, 2002.

La vida narco es sueño: de la farmacología del poder en Trabajos del reino *y* La vida es sueño

CHRISTOPHER NIELSEN
Investigador independiente

La novela *Trabajos del reino* (2004), del joven mexicano Yuri Herrera, es una narco-narrativa capaz de teorizar sobre las nuevas formas de poder que están surgiendo en los márgenes de las instituciones oficiales del mundo globalizado, márgenes que –en cuanto vayan llegando a ser equivalentes al Sur Global; es decir, a la mayoría global– comienzan a afirmarse como el "nuevo" centro. Según Edmundo Paz Soldán y Christopher Winks, "In Herrera's novel, we are far removed from state power. Here, there are neither presidents nor ministers [...] More than a failed state, what we have here is an absent state" (27). En el mundo de hoy, más que al fracaso del Estado (su incapacidad de proveer servicios sociales, seguridad, etc.), nos enfrentamos con el éxito del neoliberalismo, logrado mediante políticas estatales que precisamente tienen el fin de cortar lazos entre el Estado y sus ciudadanos; es decir, están diseñadas para abandonar sus territorios y sus poblaciones al azar. Lo que en el Norte Global se experimenta como una precariedad y una vulnerabilidad ubicuas frente al poder estatal/corporativo/financiero, en el Sur se experimenta como un sometimiento a varios soberanos no estatales. Paz Soldán y Winks explican que la ausencia de un "central [state] power" en *Trabajos del reino* ha sido reemplazada por "the local power of narcotrafficking", un poder que se encarna anacrónicamente en la figura del "King who makes and unmakes, and the court [which] forms around him" (27). La novela de Herrera ofrece una profunda meditación sobre una situación cada vez más común en México y en otras partes del Sur Global en que el mayor desafío a la política emancipatoria, más que el viejo espectro del autoritarismo latinoamericano, más aún que la sociedad del control posmoderno, es la vuelta imprevista del soberano en los vacíos abiertos por el Estado neoliberal.

Muchas veces se ha hecho referencia a *Trabajos del reino* como una piedra de toque de lo que la llamada narcoliteratura pueda alcanzar. Herrera utiliza tanto la representación realista como la experimentación formalista para tejer una alegoría del poder líricamente narrada, que se sitúa en ese escenario paradigmático de la ausencia estatal, la frontera norte de México. Pero se trata de una alegoría del poder contemporáneo en general, que también se puede leer como una descripción psicológicamente realista de la subyugación individual y (por lo menos el comienzo de) la emancipación. Los contornos afectivos de la atracción del narco-poder soberano toman forma en la historia del protagonista, Lobo, un músico vagabundo y compositor de narcocorridos apodado "El Artista" por los mecenas narcotraficantes que luego lo protegerán. Como alegoría política, la novela de Herrera no se ocupa de señalar la ingenuidad de viejos modelos de resistencia o de acción política, ni de revelar la supuestamente inevitable desilusión que les espera a los antiguos militantes cuando deciden admitir las complejidades de un mundo globalizado. Tampoco busca criticar "el paradigma de la desilusión" (Beverley, *Latinamericanism* 96) como lo han hecho varias otras novelas recientes de América Latina (como, por tomar dos ejemplos más o menos al azar, *Insensatez* [2009], de Horacio Castellanos Moya, y *El museo de la revolución* [2006], de Martín Kohan). La alegoría que arma Herrera tiene menos que ver con las consecuencias de abandonar viejas identidades militantes o ideales radicales que con la figura seductora de los nuevos soberanos que actualmente están conquistando los vacíos de poder esparcidos por todo el Sur Global.

Trabajos del reino nos ofrece no sólo una alegoría de estas nuevas figuras de poder, y la atracción subyugadora y despolitizadora que ejercen sobre los sujetos marginalizados como Lobo/El Artista, sino que presenta también una meditación matizada sobre los mecanismos por los cuales tal atracción funciona. De esta manera, se parece a esa clásica alegoría barroca del poder que propone *La vida es sueño* (1635), de Pedro Calderón de la Barca. Más específicamente, ambos textos articulan una teoría del poder según la cual tanto la soberanía como la subyugación funcionan por el mecanismo de la *intoxicación*. Quiero elucidar la teoría del narco-poder que delinea Herrera señalando algunos puntos de resonancia entre su novela y la obra de Calderón. Así podré afirmar que, más allá de la contingencia histórica de que los nuevos soberanos del Sur sean narcos, el poder soberano siempre ha sido narcótico.

La farmacología barroca del poder

Si *Trabajos del reino* se parece a un texto barroco no es por razones estilísticas. No incorpora los juegos sintácticos ni los rompecabezas simbólicos que caracterizan la literatura hispana barroca. Es más, el estilo *mot juste* de Herrera es en muchos sentidos la antítesis de la estética literaria barroca.[1] Su filiación con la literatura y el pensamiento barroco es una cuestión menos de forma que de contenido. En una descripción de otra narco-narrativa[2] que se aplica muy bien a *Trabajos del reino*, Hermann Herlinghaus, cuya teoría benjaminiana de la intoxicación forma la base conceptual de este capítulo, explica que el texto "foregrounds the 'drama of intoxication,' a scenario that is evocative of the 'Baroque drama' yet devoid of a Baroque aesthetic of excess" (*Narcoepics* 115). En lugar de la sintaxis serpentina de una obra calderoniana, Herrera se vale de un estilo franco para aproximar, en sus palabras, "la presencia de la realidad en mis novelas, y del lenguaje que se habla en la calle" (González Veiguela 43). Sin embargo, su objetivo no es simplemente "reflejar la realidad tal y como es" sino hacer uso de las imágenes y las expresiones de la realidad cotidiana —comenzando con el uso común del término "rey" para referirse al líder de un cártel— para destacar las maneras en que "los capos del narcotráfico reproducen esquemas antiquísimos en el modo de ejercer el poder, que comprende también las reacciones de los demás frente a ese poder" (43).

Aunque, con respecto a la estética superficial, Calderón y Herrera no podrían estar más lejos uno del otro, sus respectivos argumentos políticoestéticos —su concepción esencialmente barroca de la relación entre el arte y el poder— son básicamente iguales: el poder soberano es una función de la relación entre el pensamiento y la percepción. Más bien, afirman que los orígenes de la distribución del poder en una situación dada se encuentran en ciertos mecanismos de transformación psicotrópica que afectan la manera en que se concibe la percepción.

En una perspectiva barroca, esta transformación de la relación entre el pensamiento y la percepción determina a quién se le otorga el poder y a quién se le quita. Según la famosa frase de Benjamin, "El espíritu –así reza la tesis del siglo– se demuestra justamente en el poder; el espíritu es la facultad de ejercer la dictadura" (*Obras I:1* 305). La palabra que aquí se traduce como "espíritu" es la alemana *Geist*, que también se podría traducir como "mente", "intelecto", o como al inglés lo traduce John Beverley, "wit", que precisamente invoca términos claves del barroco hispánico como ingenio y juicio (47). Según el pensamiento barroco, se adquiere poder en la medida en que se agudice el ingenio.

Según la concepción barroca, la mente se vuelve más ingeniosa por medio de varios ejercicios, incluyendo el desciframiento de la literatura difícil. En un mundo barroco en el que todo está pasando por un proceso de desencanto y relativización –es decir, el Occidente después de sus primeros encuentros coloniales– tal ingenio, tal capacidad de medir y navegar el mundo, pasa a ser la condición *sine qua non* de la acción eficaz, del poder. Beverley ha explicado que según la estética política barroca, el poder del lector/soberano potencial –el letrado– no deriva tanto de la semejanza entre el texto y la realidad en sí (no es que ciertos textos contengan una imagen "correcta" del mundo que confiera poder) sino de la transformación mental (del *Geist*, espíritu, inteligencia) que provoca el proceso de leer. Este proceso le deja al letrado/soberano embrionario, más ingenioso y discreto, preparado para interpretar e influenciar un mundo que permanece opaco para quienes no tengan una relación soberana con la percepción (*Against Literature* 57, 61-62). La literatura y el arte se parecen más al ejercicio físico que a la ciencia.

O se parecen más al acto de soñar. En *La vida es sueño*, la transformación psicotrópica que experimenta Segismundo, que culmina con su ascendencia al poder soberano, resulta de una intoxicación que él malinterpreta como un sueño. Pero sólo sería una malinterpretación si entendemos "sueño" literalmente. De otra manera, sueño podría entenderse como un término genérico que nombra la esfera estética en que el ingenio se desarrolla; el estado mental que permite que la conciencia, la inteligencia, se ensamble, se desensamble y se reensamble de nuevas maneras; el plano en que uno es, y desde donde uno vuelve, transformado, y en el que después de tal transformación se le podría decir, "Tu ingenio a todos admira" (Calderón 194). Sueño: un momento de des-ilusión, desengaño, en que la verdad de una situación se revela; una verdad que, sin embargo, se puede ocultar dentro de la mente del soberano, invisible a los demás, y que se puede utilizar para crear nuevas ilusiones (en palabras de Lope de Vega, "engañar con la verdad"). "¿Qué os admira? ¿qué os espanta / si fue mi maestro un sueño?" (Calderón 195). En verdad, ya que el origen del poder, el maestro del soberano es en todos los casos un sueño, es decir, una experiencia que desorienta y reorienta, que desengaña, que *intoxica*.

Vista así, la literatura (o el arte en general) es un tipo de agente psicotrópico capaz de dar acceso a un estado onírico que tiene el potencial de infundir al lector un nuevo poder sobre el mundo al volver a él. No se trata de la noción banal de que la literatura y el arte nos dan una momentánea escapada de la existencia mundana, fugas fantasiosas de la realidad. Por el contrario, la literatura durante el barroco es lo que realmente moldea la conciencia, lo que le da una forma capaz de una percepción poderosa. Es una tecnología onírica del barroco que trata más de la transformación que de la transportación, y si los tropos de viajes, naufragios y divagaciones solitarias son esenciales a la literatura barroca, no es para que el lector viaje vicariamente sino para que la mente registre las estelas de tales viajes.

En lugar de la literatura o el arte, el agente de la intoxicación de Segismundo es literalmente un intoxicante, la "apacible bebida" que contiene el "tirano poder" y la "secreta fuerza" de "algunas hierbas" que el rey Basilio le manda a Clotaldo a administrarle a su hijo (117). Esta poción soporífica le permite a Segismundo entrar en un estado liminar en que, pese a no ser literalmente un sueño, como afirmará después Basilio, todo se vuelve tentativo, incierto. Cuando Segismundo se despierta por primera vez en sus nuevos entornos cortesanos, ni el destino de las estrellas ni el derecho de la sangre se dan por hechos. Basilio espera que el paso por la intoxicación haya librado a su hijo de la determinación externa, permitiéndole así revelarse a sí mismo por lo que verdaderamente es (un príncipe). Como se sabe, el experimento termina mal y, convencido de la naturaleza intrínsecamente tirana de su hijo, Basilio manda drogarlo de nuevo y devolverlo a la torre. Pero Segismundo ha sido irrevocablemente transformado. Ahora está descontento, inquieto y dispuesto a liderar la insurrección popular que llega a liberarlo en el tercer acto.

Hay que enfatizar que la recién hallada confianza del príncipe, alcanzada por un proceso de intoxicación y desengaño, no se basa en una certeza de su derecho real. Al contrario, aunque se indigna por su encarcelamiento, sigue inseguro al final con respecto a cuál de las dos realidades ha sido verdaderamente real: "Yo sueño que estoy aquí / destas prisiones cargado, / y soñé que en otro estado / más lisonjero me vi" (157). Aun en el momento de su victoria admite: "estoy temiendo en mis ansias / que he de despertar y hallarme / otra vez en mi cerrada / prisión" (195). Segismundo ha sido dispuesto a actuar, a luchar por el trono, precisamente porque sabe que no hay nada seguro.

> ¿Qué es la vida? Un frenesí.
> ¿Qué es la vida? Una ilusión,
> una sombra, una ficción,
> y el mayor bien es pequeño;
> que toda la vida es sueño,
> y los sueños, sueños son. (157)

Ésto no se debe leer como un simple relativismo moral, un pretexto por la ética de *carpe diem* aparentemente expresada en los versos finales del príncipe: "que toda la dicha humana, / en fin, pasa como un sueño. / Y quiero hoy aprovecharla / el tiempo que me durare" (195). La revelación más fundamental no es moral sino *ontológica*. Segismundo se da cuenta de que no hay ninguna jerarquía ontológica en la relación entre *vida* y *sueño*. La vida es un sueño de la misma manera en que los sueños son sueños, lo que no significa que no hay nada real sino que todo lo real es onírico y *viceversa*. Sueño: el término que denomina lo real en la medida en que la subjetividad y la percepción pertenecen a lo real en vez de ser epifenómenos ilusorios o irreales.

El poder principesco de Segismundo no surge tanto de una voluntad soberana, justificada por la noción de que, siendo todas las cosas ilusorias, él tiene tanto derecho como cualquiera para aventurarse por el trono de su padre. Más bien deviene poderoso en la medida en que su pensamiento sea capaz de captar que lo que es y lo que parece ser tienen el mismo estatus ontológico, que la vida es sueño y *vice versa*: *desengañontología*. Su soberanía es una función del ingenio, discreción y prudencia que le dan la confianza necesaria para gobernar la realidad y que inspiran en los demás la ilusión de su superioridad natural y su propia subyugación inevitable. Al final, el poder de Segismundo no es justificado por el hecho de su victoria en sí sino por la asombrosa habilidad de resolver las hasta entonces irresueltas complejidades de la trama (como abordar las acciones injustas de Basilio, la querella de Rosaura, el triángulo amoroso entre ella, Estrella y Astolfo, el asunto del soldado rebelde, etc.). Se le considera poderoso por su capacidad de ver, o por lo menos aparentar que ve, lo que los demás no pueden ver, y entonces asignarles un lugar apropiado a todos, o por lo menos darles esa impresión. En cambio es Clotaldo, el cortesano arquetípico, cuya incapacidad para navegar sobre las complejidades del mundo supuestamente evidencia su estatus naturalmente inferior y su predeterminada subyugación al soberano, quien sí puede descifrar los misterios de la realidad. Este se queda inmóvil frente a las complicaciones aparentemente intratables que se entretejieron en el primer acto:

> ¿Qué confuso laberinto
> es éste, donde no puede
> hallar la razón el hilo
> [...]
> Descubra el cielo camino;
> aunque no sé si podrá,
> cuando en tan confuso abismo
> es todo el cielo un presagio,
> y es todo el mundo un prodigio. (116)

Segismundo, por su parte, accede al poder no tanto por su triunfo militar como por ofrecer soluciones ingeniosas a las complicaciones que produjeron el conflicto (perdonar a su padre, arreglar la unión de Astolfo y Rosaura, casarse con Estrella, encarcelar a su antiguo colaborador). "Tu ingenio a todos admira / ¡Qué condición tan mudada! / ¡Qué discreto y que prudente!" (195).

Es por éso que los demás quedan asombrados y es éso el origen de su poder. En lugar de una confusión que se puede resolver buscando señales más allá o más acá de lo que se presenta a los sentidos –el "cielo" de Clotaldo como "presagio" y el "mundo" como "prodigio", que él supone que podrían señalar la salida del "confuso laberinto"–,

Segismundo, el Príncipe, ve un juego de apariencias por manipular por medio del pensamiento ingenioso. La muy barroca tesis estéticopolítica de *La vida es sueño* es que el poder no se alcanza utilizando la ciencia positivista para trascender la percepción y llegar a la verdad "real" sino empleando las ciencias humanas para formar una realidad de lo que parece ser, una operación soberana justificada por la idea de que tanto lo que aparece como lo que, o quién, percibe ya pertenecen a lo que es.

En resumen, según la concepción característicamente barroca de Calderón, el poder es una función de la transformación psicotrópica, inducida por la intoxicación, por medio de la cual el sujeto soberano llega a captar que sus intervenciones en lo real son justificadas ontológicamente por el hecho de que estas intervenciones (al igual que la apariencia, la percepción, y la manipulación subjetiva que implican) son inmanentes a lo real. En otras palabras, si por medio de la transformación psicotrópica ocasionada por la intoxicación el sujeto logra dominar la percepción —es decir, si logra, por un lado, aumentar su reflexividad con respecto a la relación entre el pensamiento y la percepción y, por otro, desarrolla mayor confianza en su capacidad de manipular la percepción de los demás— el perceptor asume una posición de poder soberano. Si, por el contrario, la transformación deja el sujeto mistificado por el funcionamiento de la percepción, admirado o maravillado por lo que percibe y la manera en que lo percibe, ese sujeto queda sometido al poder del soberano, deviene su súbdito. En ambos casos el mecanismo es el mismo: algo —el arte, una droga, cualquier agente intoxicador— desencadena una transformación en la manera en que la percepción se concibe, se piensa; y esta transformación puede tener uno de dos resultados: puede aclarar o confundir, iluminar u ofuscar.

Ésto resuena con lo que Benjamin llama "la dialéctica de la intoxicación" (*Selected* 210; traducción mía),[3] una idea que Herlinghaus ha desarrollado en su reciente análisis de la distribución global del poder y de la marginalización afectiva.[4] "¿No es quizá" —se pregunta Benjamin— "todo éxtasis en *un* mundo una sobriedad humillante en el mundo complementario?" (210; traducción mía). A primera vista, esta conjetura parece anticipar las meditaciones de tantos otros teóricos de las drogas y la intoxicación, la mayoría de los cuales se ha ocupado con la cuestión esencialmente kantiana de cómo las drogas median nuestra relación con lo real, cómo modifican nuestra (in)capacidad de acceder a la cosa en sí. Los teóricos que se inclinan hacia lo místico, desde Aldous Huxley a Terrence McKenna y Daniel Pinchbeck, han afirmado con mucho entusiasmo que ciertas sustancias psicotrópicas permiten que la conciencia circunvale el problema kantiano del acceso. Estas sustancias, en particular las psicodélicas, supuestamente suspenden las estructuras distorsivas de la subjetividad y revelan un real más por debajo de la realidad cotidiana que de la percepción normal. Según una lectura posible, Benjamin podría estar anticipando tales nociones: el mundo en que la intoxicación se experimenta como "éxtasis" sería el mundo de la percepción cotidiana, mientras "el mundo complementario" sería el mundo de lo realmente real, y la intoxicación posibilitaría la "sobriedad" del acceso directo. No es difícil ver cómo tales perspectivas, supuestamente radicales, en efecto reproducen los supuestos ontoteológicos básicos de la tradición metafísica occidental. No es esto de ninguna manera lo que Benjamin quiere decir. Pero tampoco quiere simplemente reafirmar la noción predominante –en la que el consenso científico coincide con el sentido común– según la cual la intoxicación no es una desviación de las estructuras normales de la subjetividad sino su intensificación. Según este punto de vista, la percepción y el pensamiento transformados por la intoxicación no son modos de percibir y pensar cualitativamente diferentes a los que caracterizan la experiencia subjetiva normal sino que son simplemente *más subjetivos* (siendo las ilusiones y las alucinaciones los más subjetivos de todos). El corolario kantiano, que generalmente se ignora, de esta noción (i.e. que el pensamiento y la percepción normales, por un lado, y el pensamiento y la percepción intoxicados, por el otro, existen en un continuo de experiencia subjetiva) es que la subjetividad misma es en todo momento alucinatoria e ilusoria, por lo menos en parte. Esta idea –que bajo el rótulo de "correlacionismo" últimamente ha sido el objeto de mucha crítica de los llamados "speculative realists" y "object-oriented philosophers"[5]–, implícitamente conlleva la consecuencia de que nada conocible es real y que nada real es conocible. Ambas teorías de la intoxicación recién resumidas –la mística y la positivista– son esencialmente correlacionalistas, ya que conservan la noción kantiana de que lo real es "la cosa en sí" inaccesible. Donde el místico cree que la intoxicación cataliza una trascendencia del sujeto y un acceso directo a lo real, el positivista (y el sentido común moderno) ve la subjetividad replegándose en la intoxicación, aumentando así su distancia de lo real. En los dos casos hay una dicotomía correlacionista entre el mundo del pensamiento y el Mundo de lo real.

Pero Benjamin quiere pensar una dialéctica, no una dicotomía. Para entender lo que él quiere decir con "la dialéctica de la intoxicación", hay que notar que los "mundos" de que habla no son adyacentes o paralelos sino "complementarios". Quiero sugerir que hay un supuesto ontológico implícito en su terminología que socava la dicotomía mundo/Mundo, realidad (subjetiva)/Real (absoluto), que es propio tanto de la teoría mística de la intoxicación como de la positivista. Los mundos complementarios que se revelan, según Benjamin, en la dialéctica de la intoxicación necesariamente conllevan su homogeneidad ontológica, el hecho de que no haya ninguna jerarquía entre ellos sino que existen horizontalmente, en el mismo –el único– plano del ser. No es que haya un mundo de subjetividad y percepción y un Mundo objetivo, absoluto y real existiendo paralelamente, más allá de la percepción pero más o menos accesible por medio de la intoxicación. Tampoco la intoxicación revela un meta-Mundo que engloba todos los mundos y lo Real a la vez. Más bien, de acuerdo con la ontología que presupone la dialéctica de la intoxicación, todo lo que hay es un sin fin de mundos, en el que la apariencia y la percepción tienen el mismo estatus ontológico que la objetividad:[6] *La vida es sueño*.

El soberano entiende que, como lo propondría Markus Gabriel, "the world does not exist", y que todo lo que hay son mundos de percepción o, mejor, lo que Gabriel llamaría "fields of sense" ("Meaning" 75). Ésto, lo nota Gabriel en otra parte, equivale al "*das Sein ist Schein*" de Hegel, el ser *es* parecer (*Transcendental* IX). El poder del soberano no consiste en su capacidad de trascender estos campos de sentido, de emplear su ingenio para consolidar todos los mundos de la percepción en un meta-Mundo. Esto es imposible. Más bien, su poder es una función de su habilidad para navegar y manipular, interpretar y crear estos mundos de percepción o campos de sentido, mientras sus súbditos malinterpretan esta habilidad como un dominio sobre un Mundo en el que ellos siguen creyendo. El poder absoluto del príncipe deriva del hecho de que entiende –por medio de intoxicaciones instructivas, iniciadoras– que el absoluto existe dialécticamente a través de los mundos de percepción y no por encima o por debajo de ellos. Soberano es el que armoniza su pensamiento con el "pensamiento dialéctico", que según Benjamin es "the organ of historical awakening" (*Arcades* 898). Si la vida es sueño, no es –cabe repetirlo– porque nada es real sino porque todo lo real es onírico: "Every epoch, in fact, not only dreams the one to follow but, in dreaming, precipitates its awakening. It bears its end within itself and unfolds it –as Hegel noticed– by cunning" (898).

El poder soberano es el poder ingenioso, discreto, prudente, que se vale de la dialéctica de la intoxicación para asimilar y ser asimilado por el proceso en que el ser ingeniosamente se despierta *por* el soñar continuo producido por la proliferación de mundos de sentido complementarios que constituyen una existencia abierta.

Sin embargo, el poder por intoxicación nunca es completamente soberano; la intoxicación misma siempre conserva un nivel de soberanía sobre el intoxicado. Los agentes intoxicantes, tecnologías oníricas, no sólo producen el poder, como nos lo recuerda Clotaldo, sino que son ellos mismos poderosos:

> La virtud de algunas yerbas
> cuyo *tirano poder*
> y cuya secreta fuerza
> así el humano discurso
> priva, roba y *enajena*,
> que deja *vivo cadáver*
> a un hombre, y cuya *violencia*,
> adormecido, le quita
> los sentidos y potencias ... (121; énfasis mío)

El intoxicante es veneno y cura, una inoculación en el sentido positivo y también en el negativo: el *pharmakon* de Platón y, luego, Derrida. Al requisar de la conciencia, relega el cuerpo a lo que Agamben, siguiendo a Benjamin, llamaría la "nuda vida". La droga "enajena" la mente del cuerpo, el discurso de la materia, el sentido de lo sensible, y los lanza todos al aire para que el más ingenioso los agarre ("quita / los sentidos y potencias" y se los ofrece al más ingenioso). Es la manera en que la conciencia y la nuda vida se encajan nuevamente durante, y sobre todo después, de la intoxicación lo que determina a quién le toca el poder: las primeras mentes en seguir el discreto andar de la droga por la noche de la intoxicación serán las que sorprendan la nuda vida dormida y desprevenida, y tendrán poder sobre ella. Por supuesto, ésto es peligroso, ya que nunca se sabe antes de entrar en el ámbito nivelador de la intoxicación si los demás se despertarán más rápido que uno mismo. De ahí el tropo, ubicuo en las narco-narrativas cada vez más populares en ambos lados de la frontera, del narco que siempre se abstiene de probar la mercancía, que deja que los demás se envenenen. La soberanía recobra la sobriedad mientras que el súbdito, el subyugado, sigue mistificado por la intoxicación: los sujetos narcotizados son sometidos al poder del narco.

El sueño –el estado de intoxicación *potencialmente* iluminador– es dialéctico; a la misma vez divide y une el ingenioso y el alienado, el soberano y el súbdito. Todos pueden acceder a tal estado, pero la mayoría, la mayor parte del tiempo, no logra *ver* con las nuevas formas de sobriedad que ahí se pueden alcanzar. Si pudieran, este proceso se llamaría la emancipación. Y puesto que sólamente algunos, generalmente, desarrollan los ingeniosos poderes de percepción que no sólo les permiten descifrar la "distribución de lo sensible" (Rancière) sino que los hace *distribuidores de sentido, manipuladores de lo sensible*, a estos pocos se les estima –según la tesis barroca que reaparece en la época del Narco– líderes "naturales", mientras que a los demás se les considera inherentemente incapaces de guiarse por un Mundo desconcertante.

En la pieza de Calderón no es el sueño en sí el que inviste a Segismundo su poder sino que es su pasaje por la intoxicación, catalizado por la poción, lo que transforma su manera de pensar la relación entre la percepción y el ser, y su propia relación con esta relación, que ahora es activa y soberana en vez de pasiva y subyugada. Más importante aún es cómo su transformación transforma la manera en que los demás lo perciben. "Sueña el rey que es rey, y vive / con este engaño mandando" (164). En fin, la legitimidad importa mucho menos que la percepción de legitimidad que tienen los gobernados, los que han sido subyugados, sometidos, y no subjetificados, por la intoxicación.

La vida NARCO es sueño

> *Observaba fijamente al Rey. Se lo bebía.*
>
> Yuri Herrera

Ingenio, esa cualidad tan estimada durante el barroco y nuevamente ahora en la época del Narco, se considera evidencia de una esencia soberana. ¿Cuál es la base de esta consideración? ¿Es la apariencia o la *performance* del ingenio a su vez un agente intoxicante? ¿Consiste el ingenio precisamente en la habilidad de *parecer* ingenioso? "Que estoy soñando, y que quiero / obrar bien, pues no se pierde / obrar bien, aun entre sueños" (Calderón 172). Estos versos hacen eco con un cinismo maquiavélico más que con una apuesta pascaliana.

> A reinar, fortuna, vamos;
> no me despiertes si duermo,
> y si es verdad, no me duermas.
> Mas sea verdad o sueño,
> *obrar bien es lo que importa*;
> si fuere verdad, por serlo;
> si no, por ganar amigos
> para cuando despertemos. (175; énfasis mío)

"Obrar bien" no (sólo) significa hacer el bien sino comportarse hábilmente, astutamente, tácticamente, de manera intoxicante. Los narcos contemporáneos "obran bien" no sólo cuando redistribuyen sus riquezas o cuando reconstruyen la infraestructura de comunidades pobres, como lo han hecho en ocasiones, sino, y especialmente, cuando actúan consistentemente, aunque de forma violenta, ateniéndose a la lógica y a los valores que rigen sus reinos marginales. Su astucia, y sobre todo la crueldad por la que aquélla es expresada, es una técnica para intoxicar (de manera subyugadora) a las personas que quisieran gobernar. Si uno puede provocar admiración y deferencia en el pueblo, como lo hace Segismundo, puede diferir indefinidamente la revelación del secreto de que no hay, en realidad, ninguna esencia de la soberanía, sólo un cambio de perspectiva que le permite a uno asumir la nada del sueño de manera que los demás sigan soñando para que no despierten al hecho de que son igualmente capaces de asumir esta posición vacía y "obrar bien" ellos mismos, de moldear y habitar sus propios mundos de sentido.

Visto así, el narco es el soberano moderno que reina no sólo por el hecho de que controla el comercio de narcóticos sino también porque acepta la naturaleza fundamentalmente narcótica del poder: es él quien entiende que la vida es sueño, con todos los matices que le he dado a esta expresión en el transcurso de mi argumento. Si la teoría mística de la intoxicación corresponde al poder sacerdotal, y la teoría positivista al poder del experto, la teoría dialéctica de la intoxicación corresponde al poder soberano. La atracción que ejerce el narco latinoamericano –y ya no el dictador o, aún menos, el militante– deriva, entre otras cosas, del hecho de que es la figura moderna que más se parece a un soberano. Cada vez más sujetos quedan asombrados y le demuestran deferencia en la medida en que sospechan que el epíteto *"señor* del narco" ya no es una mera metáfora.

La alegoría del poder que Yuri Herrera presenta en su novela *Trabajos del reino* sutilmente retrata los mecanismos por los cuales los engaños de la soberanía estructuran las relaciones de poder entre los señores del narco y sus súbditos. El protagonista Lobo se cría de manera precaria e itinerante después de que sus padres lo abandonan al destino, habiendo ellos partido a probar suerte en el otro lado de "la línea". Su padre le hereda un acordeón y el consejo solemne: "abrácelo bien... que éste es su pan" (16). Y apenas logra ganarse el pan rebotando de bar en bar, cantando por propinas, descansando sólo para "cartonear", es decir, para dormir un rato en su choza de cartón. "Desde que sus padres lo habían traído de quién sabe dónde para luego abandonarlo a su suerte, la existencia era una cuenta de días de polvo y sol" (10). No es de sorprender, entonces, que para Lobo su primer encuentro con el narco que llegaría a ser su mecenas sea absolutamente crucial. Una noche, trabajando la pista en un bar cualquiera, ve por primera vez un hombre único. Como lo describe el narrador, Lobo "comprendió que este día era el más importante que le había tocado vivir" (10). Ésto no se debe al solo hecho de haber conocido a alguien capaz de sacarlo de su pobreza y precariedad sino a su intuición de que este hombre tiene el *poder* de dar sentido a su mundo: "El hombre tomó asiento a una mesa y sus acompañantes trazaron un semicírculo a sus flancos [...]

Era un rey, y a su alrededor todo cobraba sentido [...] Jamás antes había estado próximo a uno de los que hacían cuadrar la vida" (9-10). Lobo queda totalmente impresionado en presencia del rey, que emite sentido, tan impresionado –o "admirado", en las palabras de Calderón– como los súbditos de Segismundo cuando al final les asigna a cada uno su lugar "debido" en el reino. Como estos súbditos, Lobo considera esto una prueba de la soberanía *natural* del Rey:

> Él sabía de sangre, y vio que la suya era distinta. Se notaba en el modo en que el hombre llenaba el espacio, sin emergencia y con un aire de saberlo todo, como si estuviera hecho de hilos más finos. Otra sangre. El hombre tomó asiento a una mesa y sus acompañantes trazaron un semicírculo a sus flancos. (9)

Y es este reconocimiento lo que simultáneamente le permite a Lobo percibir su propia esencia natural, el papel que ha de jugar en un mundo ahora lleno de sentido. Esto pasa cuando el Rey, al observar una riña entre Lobo y un borracho que se niega a pagarle una propina por la canción que pidió, impasiblemente se acerca al borracho recalcitrante, le dispara en la barriga, le quita unos billetes del bolsillo al muerto, se los pasa a Lobo y, lleno de confianza y control, le manda: "Cóbrese, artista" (13). De ese momento en adelante, a Lobo se le conocerá como el Artista, título que de inmediato acepta como preordinado, y por esta razón "ninguna otra fecha significaba nada, sólo ésta, porque, por fin, había topado con su lugar en el mundo" (14).

Se percibe aquí una estética política barroca que implícitamente estructura esta escena (aunque no la sintaxis ni el estilo de su narración). La relación entre el arte y el poder, o bien la habilidad del Rey para percibir el carácter especial de esta relación, determina los contornos del nuevo mundo del Artista. Lobo es asignado al lugar del Artista, y su mundo es reestructurado, en el momento en que el Rey reconoce el significado de su talento. Lobo asiente al poder soberano del Rey –ejemplificado aquí por "el derecho de quitar la vida o dejar vivir" (Foucault 136)– porque ve que éste es capaz de reconocer el verdadero valor y el poder del arte.

Hay que notar que la farmacología del poder que opera en esta escena, específicamente la manera en que la performance del Rey de un reconocimiento estético político, inicia un proceso de intoxicación para Lobo/el Artista: "Lobo cogió los billetes sin mirarlos. Observaba fijamente al Rey, *se lo bebía*" (13, énfasis mío). Lobo es intoxicado por la poderosa performance de percepción estética del Rey y lo toma como evidencia de, primero, la soberanía del Rey y, segundo, de la naturalidad de su propia posición subordinada. En un nivel, se trata de una simple confirmación de algo que ya creía saber, es decir, que el mundo tiene un orden natural, que hay un Mundo. Antes de conocer al Rey, estaba resignado a la idea de que su lugar natural era el no lugar, la precariedad, la destitución. En la calle, Lobo "aprendió las siguientes verdades: Estar aquí es cosa de tiempo y desgracias. Hay un Dios que dice Aguántese, las cosas son como son" (17).

Su primer encuentro con la soberanía es intoxicador en la medida en que parece revelar que el Rey tiene acceso a una percepción más verdadera del mundo, a una realidad más real. La ontología del mundo de Lobo sigue igual mientras que su contenido existencial, su distribución de lo sensible, es alborotado y reorganizado por medio de esta inesperada experiencia onírica en un bar sin nombre. Esta disonancia entre su ontología heredada y las nuevas consecuencias existenciales provoca una intoxicación que, mientras dura, transformará a Lobo de un artesano itinerante a un Artista cortesano y súbdito del Soberano.

Será claro en lo que sigue que la farmacología del poder en *Trabajos del reino*, aunque también tenga que ver con reyes y cortes, difiere sutilmente de la versión barroca articulada en la pieza de Calderón. En ambas obras, el Soberano sigue en el poder no por causa de una decisión racional de parte de sus súbditos de entrar en un contrato social sino porque éstos quedan admirados, intoxicados por la perspicacia que performa. Tal es la dialéctica psicotrópica del poder soberano: los sujetos siguen subyugados en la medida en que perciben un poder de percepción superior en el que reina o gobierna. Se debe modificar la famosa definición de Carl Schmitt, "Sovereign is he who decides on the exception" (5). Más bien, soberano es aquél que parece excepcional, a quien se percibe como un ser excepcional. El origen del poder se desliza desde la persona del soberano, el sitio de su voluntad, hasta el difuso sitio de la percepción colectiva de sus súbditos. Tal como veremos, la novela de Herrera muestra cómo el Rey sólo puede ejecutar sus decretos soberanos —declarar estados de excepción, dividir el mundo en amigos y enemigos, dar o quitar la vida según su voluntad– en la medida en que sus súbditos se sometan al estatus excepcional que le imputan a él. La mayor parte de *Trabajos del reino* está dedicada a describir el tiempo que el Artista pasa intoxicado por la imagen que tiene del Rey, ebrio a causa de lo que considera su acceso inmediato a lo real. Como Lobo, el artesano andante había ensamblado canciones con imágenes de las vidas de los demás desde su perspectiva marginalizada.

> Del amor no sabía nada pero estaba al tanto; lo mentaba en medio de dichos y saberes, le ponía notas y lo vendía. Pero era una repetición lo suyo, un espejo de la vida que le contaban. Aunque tenía la sospecha de que algo más podía hacer con las canciones, ignoraba cómo arrojarse, porque ya todo estaba dicho. (18)

Ahora, intuyendo su destino como un Artista, quiere cantar la realidad tal como es. Pero primero tiene que experimentarla de primera mano. Así que, luego de su transformador encuentro en el bar, el Artista va en busca del Rey en el narco-rancho donde tiene su corte. En este palacio, el Artista espera encontrar la verdadera residencia de lo real, el centro desde el cual el sentido y el orden irradian para estructurar el mundo. En un yermo donde antes no había nada más que "un basural, una trampa de infección y desperdicios", ahora se yergue "un faro" que irradia la gloria del Rey (20).

> Estas eran las cosas que fijaban la altura de un rey: el hombre vino a posarse entre los simples y convirtió lo sucio en esplendor. Al acercarse, el Palacio reventaba un confín del desierto en una soberbia de murallas, rejas y jardines vastísimos. Una ciudad con lustre en la margen de la ciudad, que sólo parecía repetir calle a calle su desdicha. Aquí la gente que entraba y salía echaba los hombros para atrás con el empaque de pertenecer a un dominio próspero. (20)

Si bien el Artista sabe que éste es el sitio donde ahora debe estar, tiene menos que ver con la seguridad material que aquí disfrutará –que, sin embargo, en modo alguno da por descontado: "Durante esos primeros días casi lo único que hizo el Artista fue comer" (30)– que con el presentimiento que tiene de que está a punto de pertenecer al orden que reina en este "dominio próspero".

Entre los esplendores del palacio, lo que le llama la atención al Artista es "sobre todo, gente" (19).

> Cuánta persona cubriendo a zancadas las galerías. De un lado para otro en diligencias o en afán de lucir. Gente de todas partes, de cada lugar del mundo conocido, gente de más allá del desierto. Había, verdad de Dios, hasta algunos que habían visto el mar. Y mujeres que andaban como leopardos, hombres de guerra gigantescos y condecorados de cicatrices en el rostro, había indios y negros, hasta un enano vio. (19)

Los orígenes exóticos de las figuras en este retablo barroco no son lo que más le impresiona sino el hecho de que cada una de ellas tiene un lugar preciso en el mundo de orden presidido por el Rey. Ningún cortesano se conoce por su nombre propio. En vez de la singularidad de su identidad o de su historia personal, lo que define a cada uno es su función en el reino, el rol designado por sus títulos: el Rey, el Heredero, la Bruja, la Niña, la Cualquiera, el Gerente, el Gringo, el Joyero, el Periodista, el Traidor. Es como si esta práctica de conocerse por apodos y títulos (tal como los narcos de la vida real) reafirmara la creencia de que los puestos que ocupan corresponden a una preexistente taxonomía del poder, a que el Rey parece poder acceder y trasponer a su entorno al nombrar roles, distribuir sentido y, sobre todo, propósito. Es en nombre de este poder –que en otra época se hubiera llamado ingenio, discreción, prudencia– que el Artista decide ofrecer sus servicios al Rey y cantarle su gloria:

> Es nuestro padre y un Rey
> Y por esta que es muy bueno
> Bajo su brazo es de ley
> Cumplir los trabajos del reino
>
> Unos te quieren huir
> Otros te echan montón
> Será porque a todos les diste
> más que dinero ambición. (106)

Es el espejismo de un oasis de orden –el Rey, el palacio, el reino– en un desierto de desorden (en sí una imagen perfectamente barroca) que mantiene al Artista intoxicado, en su lugar. Así es cómo Herrera explica la fuerza de atracción de la figura del narco contemporáneo. Lo que se busca en el narco no es una experiencia de delirio, un escape de la rigidez de la sociedad a la anarquía que Rafael Lemus considera la esencia del Narco (40). Más bien, es la sociedad en sí que es completamente anárquica –si "all fixed, fast-frozen relations" han sido "swept away" y "all that is solid [has melted] into air" (Marx and Engels 70), es sobre todo por los más de treinta años de neoliberalismo–, mientras que el narco ofrece la esperanza reaccionaria de tener, como lo pone Eduardo Antonio Parra, "una lógica interna, un férreo sistema de valores [...] una coherencia inamovible" (61). La violencia feroz que el narco desata es un precio insignificante a cambio de la promesa de orden y prosperidad que parece ofrecer.

La ironía es que los cárteles se parecen a las empresas transnacionales que ayudaron a crear los vacíos sociopolíticos que ahora quieren ocupar. Orquestan cadenas de suministro globales, depredan a los precarios, convocan poblaciones sobrantes a su servicio y luego literalmente las desechan, aún más cínicamente que las industrias del Norte que pueden esconder tras la denegabilidad plausible hecha posible por la distribución espacial y temporal de su violencia. Sin embargo, este comportamiento –que trasciende la llamada economía "informal" y la "formal"– también puede considerarse como evidencia de la excepcionalidad soberana, como lo ve el Artista en la novela de Herrera: "Si algo entendía es que en el trance de vivir uno hace daño, tarde o temprano, por eso mejor decidir de frente a quién se lo hace, como obraba el Rey. ¿Quién tenía esa bravura para aceptarlo? ¿Quién aceptaba el calvario por los demás? Él era su manto, la herida que se agranda para que al resto no duela" (48). Es decir, no se trata de crueldad sino de prudencia; no hay locura aquí sino una sobriedad soberana "que a todos admira", un ingenio que intoxica y subyuga a los que lo presencian.

Cuanto más se asimila a la corte del Rey, más profunda se vuelve su admiración. Se complace en la fuerza que su servicio artístico le proporciona, una fuerza que a su vez fortalece el Rey, una realimentación de poder. "Para ésto servimos –dijo el joyero–, para darle poder. A solas, ¿qué vale cualquiera de nosotros? Nada. Pero aquí somos fuertes, con él, con su sangre... ¡Y que nadie se haga ilusiones de arrebatarle nada al señor!" (65).

El saber que su arte fortalece al Rey, y que el poder del Rey lo fortalece a cambio, es lo que motiva al Artista a componer, tocar, grabar y transmitir como proclamaciones los narcocorridos que relatan las hazañas de su Soberano.

Hasta este punto, mientras desempeña su papel ordenado en el reino, el Artista cree que su arte es poderoso porque canta los hechos poderosos del Rey. Cree que su arte está lleno de verdad porque los hechos que motivan su composición, que determinan la forma y el significado de la realidad que lo rodea, son las cosas más reales que puede imaginar. Ve una clara diferencia entre la función del Periodista cortesano y la suya, entre persuadir a los demás a ignorar la verdad y dejar ingeniosamente que la perciban: "Para entretener a los necios con mentiras limpias el Periodista tenía que hacerlas parecer verdades. Las noticias verdaderas eran cosa de él, materia de corrido, y había tantas por cantar que bien podía olvidar las que no servían al Rey" (37).

El Artista todavía no entiende que es él quien manipula el mundo con su arte, que es él quien moldea la percepción de los que escuchan sus corridos para que se les parezca el Rey tal como él lo ve. Todavía no quiere entender, ya que la estabilidad del orden de que por fin forma parte íntegra depende de su falta de entendimiento. O simplemente tiene miedo de entender, que a fin de cuentas es lo mismo. Las conspiraciones desleales de algunos otros cortesanos le parecen casi incomprensibles, inquietantes e *irreales*, en la medida en que cuestionan la realidad repartida por el Rey, y por esta razón las repudia tajantemente. Es a causa de esta lealtad —el hecho de aceptar su propia subyugación como algo no solamente natural sino perversamente liberador— que al final se gana la confianza del Rey: "A nadie le tengo la confianza que a usted le tengo. —Y, por si fuera poco, añadir—: Hay otros que de plano no tienen llenadero, usted en cambio sabe cuál es su sitio, se contenta con lo que le toca" (98). Para este Artista cortesano, que sigue intoxicado por el poder de un orden narco-realista, no hay honor más grande.

Si el Artista dejara de cantar, la soberanía del Rey se apagaría como un eco. El Rey lo sabe, y se lo admitirá después al Artista durante una crisis: "Para estar donde yo estoy no sólo basta ser un chingón, eh, hay que serlo y hay que parecerlo. Y yo lo soy [...] pero necesito que mi gente lo crea, y ése, pendejito, ése era tu trabajo" (114-15). Sin embargo, hasta el momento, el Artista no puede descifrar el significado de su propia canción; en vez de liberarlo, su acordeón lo sujeta. "El hombre nace libre, pero en todas partes está encadenado" (Rousseau 41). Y estas cadenas se deben tanto a nuestra incapacidad de ingeniosamente escapar a nuestro propio estado intoxicado –o, alternativamente, asumir el poder de éste, es decir, atravesar la intoxicación de la intoxicación para llegar a la sobriedad que ahí también se encuentra– como a la habilidad de los gobernantes de asegurar con ingenio que sigamos en él. Nuestras cadenas se deben tanto a nuestro propio deseo de ser gobernados por un Rey ingenioso y admirable. Deleuze y Guattari, siguiendo la crítica que Wilhelm Reich hizo de la Alemania Nazi, se rehúsan a:

> invocar un desconocimiento o una ilusión de las masas para explicar el fascismo, y cuando pide una explicación a partir del deseo, en términos de deseo: no, las masas no fueron engañadas, ellas desearon el fascismo en determinado momento, en determinadas circunstancias, y esto es lo que precisa explicación, esta perversión del deseo gregario. (36)

La ignorancia y la ilusión no explican el fascismo, pero la intoxicación no es exactamente la ignorancia o la ilusión; más bien, es el estado onírico, el sueño, que desilusiona y desata los deseos anteriormente escondidos. Por medio del proceso desilusionante que es el sueño, estos deseos pueden ser reprimidos aún más profundamente en el inconsciente, donde tienden a reproducir la subyugación, o pueden irrumpir en la conciencia, donde llegan a ser poderosos, subjetificantes: el Segismundo que despierta dentro de otro sueño confuso en la corte de su padre versus el Segismundo que asume el poder del sueño lúcido de la batalla; el Lobo que se embriaga del poder que el Rey tiene para nombrarlo un Artista versus el Artista que recobra la sobriedad que le permite percibir la ilusión de la soberanía del Rey y la realidad de su propia libertad como un Lobo transformado.

La ignorancia y la ilusión son excusas, coartadas para no haber entendido el verdadero significado del sueño intoxicador, que se podría describir, en palabras de Deleuze y Guattari, como la realización de que "no existe por una parte una producción social de realidad y por otra una producción deseante de fantasma [...] En verdad, *la producción social es tan sólo la propia producción deseante en condiciones determinadas* (35-36; énfasis en el original). El sueño no es fantasía, no es el deseo como fantasía (no hay tal cosa), sino el estado que revela el deseo y lo social por lo que son, y lo que son es todo lo que hay. Tecnologías oníricas, como la literatura, las drogas o el espectáculo del poder que puede facilitar esta comprensión, y la ilusión, el engaño, son una excusa para no emerger de la intoxicación transformado positivamente; como Segismundo, quien, dándose cuenta de que no hay más que los mundos de percepción estructurados por un deseo creativo que pertenece al ser, busca transformar aquellos infundiéndolos con este. O, más que una excusa, la ilusión de la impotencia se considera una prueba de la inferioridad de quienes parecen impotentes, una justificación del derecho que el desengañado tiene de reinar sobre ellos.

En la época del Narco, la intoxicación se podría relacionar con el miedo, según la manera en que Spinoza explica el miedo como condición y función del poder. En su comentario sobre Spinoza, Étienne Balibar explica que "the whole of history is conditioned by the *fear of the masses*: both the fear they themselves feel and that which they inspire in others" (39; énfasis en el original). El poder se ejerce para prevenir lo que el poderoso teme en las masas, y el pueblo tolera el poder por el miedo que tiene de sí mismo. Y si hay una dialéctica del poder en la intoxicación –si puede subjetificar (volver a uno poderoso) y subyugar (volver a uno impotente)– tal vez es el miedo, en última instancia, lo que determine cómo esa dialéctica se despliega en una situación tal. Los que tengan miedo de atravesar la intoxicación permanecerán impotentes en la ilusión (o se dirán impotentes), mientras que quienes la atraviesen sin miedo apartarán la ilusión y asumirán el poder (en la forma de la sobriedad, si no exactamente la soberanía, tradicionalmente entendida).

En *Trabajos del reino*, el Artista vive intoxicado por el poder en su vida cortesana diaria. Y aun así, vemos en su actitud hacia las sustancias psicoactivas –las drogas que nunca se nombran explícitamente en la novela pero que son evidentemente cruciales para el Reino– los comienzos de su propio potencial soberano, que con el tiempo se convertirá en un verdadero proceder emancipatorio. Se siente tanta antipatía por las drogas que no tomará ni analgésicos para las migrañas que con frecuencia lo dejan incapacitado:

> Qué receta, qué se iba a tomar el Artista. Él ni agua tibia se empinaba, porque entendía: Aguántese, las cosas son como son. Que otros hallaran ungüentos para la congoja o para el cuerpo, no juzgaba; él prefería gobernar solo sus entrañas. Ya había probado menjurjes [...] Tanta alarma le dio

no saber de su cuerpo que decidió no volver a meterse venenos por mejor promesa que hicieran. (43)

El remedio sencillo que el Doctor de la corte finalmente le receta para las migrañas –unos anteojos– prefigura el sutil cambio de perspectiva que terminará transformando al Artista por completo. Ambos remedios, aunque no incluyen drogas, son farmacológicos en la medida en que funcionan influenciando la experiencia que el sujeto tiene de la intoxicación, la manera en que afecta su percepción de las relaciones de poder en que está enredado. Cuando el Rey le confía una misión para infiltrar un cártel rival y averiguar la identidad de un Traidor, el Artista es sorprendido por una revelación que terminará derrotando el orden del Reino más eficazmente que lo que cualquier conspiración pudiera haberlo hecho. Una vez dentro de la corte del otro cártel, "el Artista observaba y observaba con los lentes nuevos que le había mandado el Doctor, y éso es lo que le brincó: *que todo era igual*" (102; énfasis en el original).

Todo era igual; es decir, entonces, que nada en la corte de su Rey era como parecía. Y si este reino rival, esta imitación, pudiera parecer tal como el reino real –si pudiera intoxicar de igual manera– podría ser que lo que el Artista siempre había interpretado como la naturalidad del orden del Rey, el sentido que éste le daba al mundo, no era nada más que apariencia, artificio. "Tuvo una visión minuciosa del rostro del Rey, como con una lupa le vio la consistencia floja de la piel, de una constitución tan precaria como la de cualquiera de las personas en este lugar. Disimuló que el hallazgo lo fulminaba" (102).

Entiende ahora que estos dos reinos son en realidad dos esferas de sentido rivales en vez de ser, por un lado, el Reino verdadero en sintonía con el orden de un Mundo unívoco y, por el otro, un falso reino de ilusión. Lo que el Artista llega a ver tan nítidamente por sus nuevos lentes, más que la relatividad o la relacionalidad niveladora de los dos reinos rivales, es el mecanismo por el cual esta paridad ontológica es reflejada y refractada por los artificios de los astutos manipuladores de sentido que aspiran a la soberanía. Su habilidad para tomar la falta de sentido y ordenar un mundo de sentido –que es malinterpretado por sus súbditos como el poder de alinearse con el orden natural del Mundo– a su vez *depende* de la relacionalidad de lo que manipulan.

El apercibimiento del fundamento de la apariencia y la percepción hace posible que el intoxicado súbdito del Soberano asuma la posición del soberano sujeto de la intoxicación. Esto es la "sobriedad humillante" de Benjamin: comprender cómo funciona la intoxicación desde *dentro* de la intoxicación. En estas circunstancias, esto significa darse cuenta de que el poder no es una realidad artificial impuesta al mundo desde arriba sino una consecuencia del hecho de que el artificio es real, que el artificio ya pertenece al ser. El artificio es el mecanismo por el cual los mundos de sentido se relacionan el uno con el otro, integrándose temporalmente por medio de analogías percibidas o repeliéndose por medio de desemejanzas divisadas. El artificio real deja abierta la posibilidad de que el poder se desarrolle de por lo menos dos maneras diferentes: de forma subjetificadora o subyugadora, dictatorial o emancipatoria. En los dos casos, el sujeto del poder llega a una comprensión reflexiva del artificio –es decir, llega a la sobriedad– por medio de una transformación psicotrópica ocasionada por un agente intoxicador, y por éso puede hacer uso del artificio de manera soberana.

El Artista logra esa sobriedad cuando aprende a experimentar los aspectos emancipatorios de su intoxicación. Su cambio de perspectiva –después del cual él empieza a privilegiar el poder del arte sobre el arte del poder– no podría haber ocurrido sin que una transformación psicoafectiva lo hubiera hecho susceptible a tal cambio. Al principio, un tipo de percepción afectiva lo predispone a apercibir el Reino como un Mundo natural. El pasar de la precariedad de la calle a la prosperidad de la corte, el esplendor del Palacio que siempre brilla a su alrededor, la vorágine intoxicadora de las fiestas constantemente convocadas para honrar al Rey –"Las parejas se entallaron y el Artista se encontró rebotando entre brazos y caderas. Sabroso desconcierto, sintió" (21)–, todo ésto predispone al Artista a aceptar la versión del Mundo según el Rey. Pero luego, hay otra atracción afectiva –el amor– que precipita una completa inversión de perspectiva.

El Artista se enamora de una cortesana de bajo estatus, la Niña, a quien, como al Artista, el Rey "salvó" de la calle (lo que en su caso significó ser reclutada como una de las prostitutas residentes de la corte). De inmediato, el Artista se siente completamente cómodo con la Niña, no sólo por la amistad y la intimidad que fácilmente entablan sino porque intuye que se trata de una relación de igual a igual –ambos son sirvientes cuyo papel natural es honrar y fortalecer al Rey– y que, por lo mismo, están hechos el uno para el otro. Sin embargo, pronto otra mujer le llama la atención, y si decide andar detrás de ella es, entre otras cosas, porque la Niña se refiere a ella como "la Cualquiera". Si es que, como la Niña, esta otra mujer no es más que una cualquiera, una puta, una nadie –es decir, si es que pertenece al mismo rango en la jerarquía del Reino a la que pertenece el Artista–, entonces él tiene todo el "derecho" de buscar una relación con ella (su moralidad se orienta según lo que su Rey consideraría adecuado y no lo que sus previas fidelidades le exigen). Pero resulta que la Cualquiera no es una nadie. Es la hija de la Bruja, el consorte del Rey. Cuando por fin se entera el Artista de su "verdadero" papel, ya es tarde, ya se ha enamorado. Y esta vez la fuerza del afecto impide que se contente con el rol que se le ha asignado en la Corte. Ya no podría conformarse con un distante amor cortés con la Cualquiera. Esta experiencia de un deseo abrumador –un deseo que se opone al orden de las cosas en el Reino– hace que el Artista sospeche por primera vez que algo que se origina en sí mismo, su deseo, podría ser tan real como el orden que emana del Rey.

El deseo pone en crisis al Artista y su Mundo. Lo prevé el Periodista: "Yo a usted lo veo hecho pura pasión, y si un día tiene que escoger entre la pasión y la obligación, Artista, entonces sí que está jodido" (95).

Si nos permitimos un análisis retórico paziano, podemos ver en el lenguaje de esta observación más que mera jerga. Esta articulación presupone un realismo ontológico que muy pronto demolerá la metafísica monárquica que hasta aquí ha profesado el Artista. Se podría leer "entonces sí que está jodido" no como la consecuencia de escoger entre "la pasión y la obligación" sino como su necesario prerrequisito. Es decir, el mismo hecho de estar en posición para escoger entre el deseo y el deber implica que el Artista y su Mundo ya han sido jodidos –penetrados, atravesados, partidos en dos– por el deseo. El deseo parte en dos lo que antes el Artista consideraba un Mundo unívoco, y produce una condición en que él puede ubicarse a ambos lados de la línea que divide un mundo de poder intoxicador y otro "complementario". Este mundo le ofrece una "sobriedad humillante" en que la contingencia y la relatividad de aquél se revela y le impone una decisión entre los dos. Ésto no significa que el deseo revele una realidad más real que la otra sino que divide el Mundo en mundos rivales: el deseo señala que lo real siempre está en juego. El deseo desvela lo que siempre ha habido: una brecha en lo real que asegura que, aunque existan los dos, siempre será posible elegir entre el Reino (el sentido y el orden impuesto desde arriba y consentido desde abajo) y los reinos (el sentido y el orden creado colectivamente en un proceso abierto e indefinido).

O que siempre hay peligro de que éste se reduzca a aquél. La apariencia de un Mundo depende del juego de mundos perceptuales; la existencia del Reino del Soberano depende de "los trabajos del reino". El Mundo artificial sostenido por el ingenio del Rey sólo sigue intacto mientras sus artistas continúen produciendo el artificio en que se basa. El Artista aprende esta lección al fin cuando, para hacerse pasar por un desertor en otra corte, compone un nuevo corrido para el capo rival. Lo que creía que sería un ingenioso acto de lealtad a su verdadero Rey termina subvirtiendo el poder de éste. Para existir, el Rey y su Reino tienen que *parecer* ser lo que son –"hay que serlo y hay que parecerlo" (114)– y hacer que así parezcan fruto del trabajo del Artista: "ese, pendejito, ese era tu trabajo" (115). Cuando el Rey lo llama a una reunión en la que se pone furioso y ataca al Artista porque el nuevo corrido ha debilitado su imagen –que es su poder– el Artista se da cuenta de que en ese momento se le ha revelado un "misterio", es decir, que la relación entre él y el Rey "había pasado a otro ámbito, más derecho, en el que compartían una visión más acabada del mundo y que admitía intercambiar espejos como el que el Artista había construido" (113).

Esta visión del mundo más amplia consiste precisamente en entender que el mundo es ontológicamente incompleto, que el juego de apariencias, los "espejos", *pertenecen* a lo real. En la medida en que el Artista comercie directamente con la construcción de las apariencias, tiene poder sobre el Rey, a quien le falta esta habilidad. Y así, como el Segismundo que condena al soldado que había sido su cómplice a una vida en la cárcel porque comparte el secreto emancipatorio de cómo los reinos se hacen y se deshacen, el Rey decide que ya es hora de eliminar al Artista. Un Artista que ha alcanzado la sobriedad que le permite comprender el poder intoxicador de su propio arte ya no es un súbdito sino un rival potencial, un soberano incipiente.

Enfrentado por el terrible destino de otros cortesanos que habían perdido su utilidad, o que se habían vuelto demasiado autónomos, el Artista aprovecha una interrupción propicia en la entrevista y se escapa del palacio. No lo hace sólo sino con la Cualquiera. Detrás suyo, el Reino se desploma. Sin un aura construida estéticamente para legitimar su supuesta soberanía, el Rey queda vulnerable a las conspiraciones de traidores y rivales. Al llegar con la Cualquiera a un lugar seguro, y viendo que su huida ha sido exitosa, el Artista momentáneamente duda sobre su recién descubierta independencia:

> Milagro, murmuró, y la sensación de que algo estaba mal lo hostigó, un estribillo que repetía que de cuando acá él tenía derecho, que estaba tomando lo que no era suyo, sino de aquel que lo había auxiliado. La idea estuvo a punto de quebrarlo por un instante, mas algo reventó adentro de sí que ahora le llevó a los labios la palabra No: No tiene imperio sobre mi vida, no acepto que me digan qué he de hacer. Era una verdad que ya sabía en sus entrañas, pero que no había sido capaz de nombrar. La revelación le hizo sentarse sobre la cama. Así se quedó mucho tiempo, sintiendo cómo crecía el espacio alrededor suyo, y presintiendo cómo la Cualquiera podía llenarlo en cada palpitación. (124)

Quiero sugerir que este momento epifánico, en que el Artista registra toda la fuerza afectiva de que su libertad es verdadera, sirve como una imagen del poder realmente soberano de la acción colectiva (contra el aparente del Soberano). El Artista entiende que, más allá del hecho contingente de su éxito, lo que su escape manifiesta es que lo real nunca estuvo totalmente presente en el poder el Soberano. Siempre había mundos potenciales que amenazaban desde dentro el Mundo del poder. Y lo único que fue necesario para revelar ésto fue un deseo de sobrepasar los límites de sus derechos individuales decretados por el Orden del Reino, y una decisión para emprender un camino de creación colectiva con un otro, cualquier otro, una Cualquiera. En este sentido, concuerdo con la evaluación de Elena Poniatowska (que por lo demás es tal vez un poco simple) de que la obra de Herrera se trata de "la independencia frente al poder", y la tesis de que "todos podemos ser autónomos si nos lo proponemos" (*"Trabajos"*).

La fuga del Artista y de la Cualquiera simboliza el tipo de acción colectiva que a su vez provoca y trasciende la destrucción del Poder/Sentido/Mundo del que huye. En términos deleuzianos, su "línea de fuga" es lo que siempre era inmanente al Mundo que sólo seguía en pie en la medida en que aquélla no se identificara y no se trazara en los mundos cuya existencia esa línea de fuga presupone. Ésto no significa que el Reino artificial del Rey y el poder que lo infunde nunca fueron reales; al contrario, todo lo que parece existir, que aparece en la existencia, es real. El Reino del Rey y su poder son artificiales en el sentido de que aparecen (es decir, existen) de acuerdo con los mecanismos del artificio. Eran reales mientras el artificio –representado y personificado por el Artista– asegurara su apariencia continua. "¿Quién era el Rey? Un todopoderoso. Un haz de luz que había iluminado sus márgenes porque no podía ser de otro modo mientras no se revelara lo que era" (Herrera 126).

Y cuando el artificio del Artista dejó de hacerlo lo que era, el Rey llegó a ser "un pobre tipo traicionado. Una gota en un mar de hombres con historias. Un hombre sin poder sobre la tersa fábrica en la cabeza del Artista" (126). Lo que hay que entender es que el Poder del Rey siempre estaba sujeto al poder del Artista de hacer que el poder apareciera, existiera. El momento crucial, el momento cuando el Artista asume toda su libertad, es cuando se permite sentir "esa potencia de un orden distinto al de la Corte, la maña con la que desprendía las palabras de las cosas y creaba una textura y un volumen soberanos. Una realidad aparte" (126).

La naturaleza abierta de la creación del sentido, la manera en que las palabras y las cosas se pueden destejer y retejer, ingeniosa e interminablemente, para hacer nuevos mundos –por medio de la "maña" del Artista– es ésto lo que se llama soberanía, y no la voluntad del Rey de imponer un orden, un sentido unívoco, un Mundo.

Hay dos hechos en la conclusión de *Trabajos del reino* que sugieren que la "potencia de un orden distinto al de la Corte", el poder soberano de la creación del sentido (contra el Poder del Soberano que impone sentido), está disponible para todos. Primero, el Artista rechaza la idea de que su habilidad para ejercer el artificio confirme un lugar preordinado en la supuesta jerarquía de la existencia. Al contrario, una vez que haya atravesado la intoxicación del poder y comprendido la artificialidad del Mundo de la Corte, renuncia al título de Artista y reasume el nombre propio de Lobo. Entiende que lo que le permitió subvertir al Rey no eran los dones de un Artista innato, ungido por el Orden del Mundo, sino la simple habilidad de un artesano intrascendente, pero no impotente. Segundo, y al contrario de Segismundo, quien al final ejerce el poder de su sobriedad para fijar los papeles de los que lo rodean,

Lobo reconoce el derecho de autodeterminación de la Cualquiera, su derecho inalienable de ser ella misma una creadora de sentido. Aunque todavía la desea, se resiste a imponer el sentido que quisiera dar a ese deseo y acepta que la Cualquiera quiere comenzar una vida propia lejos del Reino, donde siempre se le había asignado un lugar.

Conclusión

Trabajos del reino, de Yuri Herrera, mucho más que una mera "narco-novela", es un excelente ejemplo de lo que Paz Soldán y Winks llaman la "novel of power" contemporánea, que elabora "mechanisms to understand how power functions in Latin America" (28). La novela de Herrera sirve para desmitificar nuestra fascinación con el narco-soberano —para comunicarnos la sobriedad que se experimenta cuando uno entiende que ha sido intoxicado por el miedo de o la admiración a tal figura— por medio de una articulación de los mecanismos de su poder, que también son los mecanismos por los que se le puede quitar su poder. En vez de resucitar antiguas figuras de resistencia (como, por ejemplo, el militante del siglo XX) en oposición al Soberano anacrónico, Herrera retrata una forma de libertad propia del presente: el paso por la intoxicación —que en este caso es inducido por la misma imagen del narco-soberano— a una sobriedad que comprende el poder de la creatividad colectiva, a la que el Poder siempre ha estado sujeto.

Notas

[1] Pero tampoco se parece mucho a otras narrativas "narcorrealistas", con sus inventarios neocostumbristas de detalles locales, y la convocación de personajes reales y la actualidad socioeconómica. De hecho, Herrera ha comentado que su intención fue omitir cualquier referencia explícita a personas, lugares y situaciones reales, y evitar el uso de términos como "narco", "narcotráfico" y hasta "drogas". Véase la entrevista con Herrera en Zunini, "Escrito en la frontera".

[2] Herlinghaus se refiere al texto de Alonso Salazar *Pablo Escobar: Auge y caída de un narcotraficante* (2001).

[3] Me baso aquí en las *Selected Writings* en inglés, ya que considero que traduce mejor que las versiones en español ciertos términos claves como "dialectics of intoxication" (en español se ha traducido como "la dialéctica de la ebriedad").

[4] Véase en particular la sección "A War on Intoxication: Affective Marginalities and the Examination of Experience" en el primer capítulo de *Violence Without Guilt: Ethical Narratives from the Global South* (2009) y los capítulos "'Pharmakon' and 'Pharmakos': Prolegomena for a Janus-Faced Modernity" y "Aesthetics of Sobriety: Approximating Narratives from the Hemispheric South" en *Narcoepics: A Global Aesthetics of Sobriety* (2013).

[5] El filósofo Quentin Meillassoux acuñó el término "correlacionismo" en su *After Finitude* (2008). Desde entonces ha pasado a ser tanto un punto de convergencia como un punto de contención entre los partisanos de los varios campos y facciones que han emergido del realismo especulativo.

[6] Siendo claro, esto no significa que sólo existen lo perceptivo y lo subjetivo, ni tampoco conlleva el viejo exilio posmoderno del absoluto y lo objetivo. Más bien, el punto es que tanto lo relacional como el absoluto pertenecen a lo real.

Bibliografía

Ávila, Carlos. "La utilidad de la sangre: en diálogo con *Trabajos del reino* de Yuri Herrera". *Nueva Sociedad* 238 (2012): 148-58.

Balibar, Étienne. *Spinoza and Politics*. London: Verso, 1998.

Benjamin, Walter. *The Arcades Project*. Cambridge, MA: Belknap Press of Harvard UP, 1999.

———. *Obras. Libro I/vol. 1*. Madrid: Abada, 2006.

———. *The Origin of the German Tragic Drama*. London: Verso, 2003.

———. *Selected Writings, Volume 2: 1927-1934*. Cambridge, MA: Belknap P of Harvard UP, 1999.

Beverley, John. *Against Literature*. Minneapolis: U of Minnesota P, 1993.

———. *Latinamericanism after 9/11*. Durham: Duke UP, 2011.

Calderón de la Barca, Pedro. *La vida es sueño*. Madrid: Espasa-Calpe, 1998.

Deleuze, Gilles, y Félix Guattari. *El Anti-Edipo. Capitalismo y esquizofrenia*. Barcelona: Paidós, 1985.

Foucault, Michel. *The History of Sexuality Volume I: An Introduction*. Robert Hurley, trad. New York: Vintage, 1990.

Gabriel, Markus. "The Meaning of 'Existence' and the Contingency of Sense." *Speculations* 4 (2013): 74-83.

———. *Transcendental Ontology: Essays in German Idealism*. London: Continuum, 2011.

González Veiguela, Lino. "Yuri Herrera: viajes hasta el fin del mundo conocido". *Clarín* 15/85 (2010): 41-44.

Herlinghaus, Hermann. *Narcoepics: A Global Ethics of Sobriety*. New York: Bloomsbury, 2013.

———. *Violence Without Guilt: Ethical Narratives from the Global South*. New York: Palgrave Macmillan, 2009.

Hernández, Anabel. *Los señores del narco.* México, D.F.: Random House Mondadori, 2010.
Herrera, Yuri. *Trabajos del reino.* México: Fondo editorial Tierra Adentro, 2004.
Lemus, Rafael. "Balas de salva: notas sobre el narco y la narrativa mexicana". *Letras Libres* (sept. 2005): 39-42.
Marx, Karl, and Friedrich Engels. *The Communist Manifesto.* New York: Penguin, 2002.
Meillassoux, Quentin. *After Finitude: An Essay on the Necessity of Contingency.* London: Continuum, 2008.
Parra, Eduardo Antonio. "Norte, narcotráfico y literatura". *Letras Libres* (oct. 2005): 60-61.
Paz Soldán, Edmundo y Christopher Winks. "Art's Place in Narco Culture: Yuri Herrera's *Kingdom Cons.*" *Review: Literature and Arts of the Americas* 46/1 (2013): 26-32.
Poniatowska, Elena. "*Trabajos del reino*, libro del escritor Yuri Herrera". *La jornada.* 5 dic. 2004.
Rancière, Jacques. *The Politics of Aesthetics.* London: Continuum, 2004.
Rousseau, Jean Jacques. *El contrato social o principios de derecho político.* María J. Villaverde, trad. España: Tecnos, 2007.
Schmitt, Carl. *Political Theology: Four Chapters on the Concept of Sovereignty.* Chicago: U of Chicago P, 2005.
Volpi, Jorge. "La nueva narrativa hispánica de América (en más de 100 aforismos, casi *tuits*)". *Letras Libres* (sept. 2011): 69-74.
Zunini, Patricio. "Escrito en la frontera". *Eterna Cadencia.* 21 jun. 2011. <http://www.eternacadencia.com.ar/blog/contenidos-originales/entrevistas/item/escrito-en-la-frontera.html?category_id=179> 17 oct. 2016.

Resurrecciones y rescates: el *Taki Onqoy* en el escenario de la escritura

PETER ELMORE
University of Colorado

La exploración del mundo andino es, sin duda, la aventura que define al campo intelectual peruano en el siglo XX. Si en el siglo XIX la idea misma de pueblo abarcaba poco más que al artesanado urbano, en el siglo XX el concepto de lo popular designa, sobre todo, a la población indígena y rural. En el espectro del pensamiento radical –indigenista o socialista– de las primeras décadas del siglo, el consenso de la esperanza utópica decretaba que de las montañas andinas descendería, aluvional e irresistible, la gran transformación del país. Éso se desprende, para poner los ejemplos más notables, de *Tempestad en los Andes* (1927), de Luis E. Valcárcel, y de *Siete ensayos de interpretación de la realidad peruana* (1928), de José Carlos Mariátegui. La reedición en 1978 de *Perú: problema y posibilidad* (1931) le permitió a Jorge Basadre, el historiador más respetado del país, hacer el siguiente balance: "El fenómeno más importante en la cultura peruana del siglo XX es el aumento de la toma de conciencia acerca del indio entre escritores, artistas, hombres de ciencia y políticos" (292). Ya en la segunda mitad del siglo XX predominó en la *intelligentsia* peruana un ánimo contestatario que siguió al abatimiento, la dispersión y el repliegue causados por la derrota del movimiento popular y antioligárquico de inicios de los años 30. Un terreno fértil acogió ciertos hallazgos académicos que concernían al pasado y al presente andinos. Entre 1956 y 1958, aparecieron en revistas especializadas versiones de un mito posterior a la Conquista, el de Inkarri: en la versión divulgada por José María Arguedas en 1956 y recogida en el pueblo de Puquio, en el departamento de Ayacucho, el cuerpo despedazado del Inca habría de recomponerse y, luego de su resurrección, restablecería el orden que el dominio colonial puso de cabeza.[1] Unos años más tarde, en 1963, un joven antropólogo, Luis Millones, rescataría en el Archivo de Indias, en Sevilla, las *Informaciones de servicios* del sacerdote y extirpador de idolatrías Cristóbal de Albornoz. Las *Informaciones* de 1570, 1577 y 1584 resultaron ser una cantera de datos sobre un misterioso movimiento mesiánico, el Taki Onqoy, cuya existencia era conocida apenas por los pocos estudiosos que habían frecuentado la *Relación de las fábulas y ritos de los incas*, de Cristóbal de Molina, el cuzqueño. En una detallada revisión de la literatura sobre el culto que tuvo su asiento en parte de lo que ahora es Ayacucho, señala Jeremy Mumford que antes de la década de los 60 los historiadores le prestaron escasa atención al Taki Onqoy, pero que "en 1964, un breve artículo en una revista peruana desencadenó al menos tres décadas de investigación y lectura atenta" (150). El artículo en cuestión es "Un movimiento nativista del siglo XVI: el Taki Ongoy" y su autor, Luis Millones, lo publicó en la *Revista Peruana de Cultura*, que tenía como gestores a Arguedas y a Westphalen. La nota de Millones y el rescate de las *Informaciones* de Albornoz abrieron las compuertas a un vasto caudal de textos sobre un episodio de la historia colonial que hasta entonces había pasado casi desapercibido.

La idolatría indígena ha ocupado, comprensiblemente, el primer plano en las pesquisas, incluso cuando se han enfatizado los intereses de los clérigos involucrados en la extirpación.[2] En este ensayo, me propongo examinar las maneras en que, sobre el escenario de la escritura, el clérigo Cristóbal de Albornoz se figura en las *Informaciones de servicios* como ejecutor de una hazaña religiosa –la de la extirpación de idolatrías– y comparece ante un destinatario poderoso y lejano, el emperador católico Felipe II. A lo largo de los documentos, tanto el promotor de su propia causa como la galería de sus testigos exponen los logros y las cualidades del solicitante. Los protocolos de un subgénero jurídico, la probanza de méritos, encuadran un ejercicio de persuasión que tiene en Cristóbal de Albornoz a su organizador, personaje central y beneficiario futuro. Son tres las *Informaciones* –la de Huamanga, de 1570, y las realizadas en el Cuzco en 1577 y 1584– en las que el Taki Onqoy aparece de un modo prominente: la confrontación entre el encargado de velar por la fe católica y los apóstatas nativos se configura como un motivo central de los textos (aclaro, de paso, que uso el término *motivo* en sus dos acepciones, la de principio formal del relato y la de razón o causa). La legitimidad y la coherencia de la argumentación se erigen gracias a un edificio verbal en el que los testimonios obedecen a un plano trazado, sin que eso se oculte en absoluto, por el mismo sacerdote. Entre 1569 y 1584, el clérigo Cristóbal de Albornoz orquestó cuatro *Informaciones de servicios* con el propósito de obtener mercedes y darle lustre a su carrera eclesiástica. Albornoz reclamó para sí como logro mayor el descubrimiento y la erradicación del culto nativista y mesiánico del Taki Onqoy, que en la década de 1560 sacudió el sur de la provincia de Huamanga, estación obligada en el camino entre la antigua capital imperial, el Cuzco, y la nueva capital del virreynato, Lima o Ciudad de los Reyes. Además, el mismo sacerdote –a quien enorgullecía no sólo su ministerio sino la condición de hidalgo– redactó en el primer lustro de la década de 1580 una *Instrucción para descubrir todas las guacas del Pirú y sus camayos y haziendas*, con el explícito fin de que su experiencia les fuera de provecho a otros extirpadores de idolatrías (Duviols, "Introducción" 143). Las fuentes sobre la "secta y apostasía" (Albornoz, "Informaciones" 89), como la calificaron sus represores, se completan con la *Relación de las fábulas y ritos de los incas*, de Cristóbal de Molina, escrita probablemente entre 1573 y 1583 (Millones y Mayer 16).

Taki Onqoy (canto enfermo o, en la traducción más común, enfermedad del canto) es el nombre quechua de un culto al que sus adeptos llamaban también Aira, palabra que se resiste aún a ser descifrada. El movimiento se sustentó en la creencia de que las huacas o deidades tutelares prehispánicas, vencidas temporalmente por los españoles en 1532, habían formado una alianza insurgente que expulsaría al Dios de los cristianos y a los conquistadores de todo el territorio andino: una reconquista autóctona abriría, así, las puertas de otro tiempo. Según el cálculo de quien se adjudicó la misión de reducirlo al silencio, los seguidores de un movimiento que creía en la rebelión de las huacas andinas y en la victoria de éstas sobre el Dios de los cristianos eran ocho mil.[3] Apenas a tres décadas de la Conquista aparecía la esperanza –o la amenaza, de acuerdo con la perspectiva– de un vuelco de las relaciones de poder y de la vida misma en los Andes.[4] Por los mismos años, el estado neo-inca de Vilcabamba –con el cual, inevitable pero problemáticamente, se ha relacionado al Taki Onqoy–

buscaba por medio de la acción política y armada un futuro para la élite indígena cuzqueña. La praxis de los *taqui ongos*, en cambio, tenía su teatro en el cuerpo mismo de los fieles, y su argumento en la esfera religiosa.

Paradójicamente, lo que quedó del Taki Onqoy en la memoria histórica fue inicialmente obra –y, en esa medida, fue también elaboración– de sus adversarios eclesiásticos. Esa obra continuó, con otro sentido y distintos efectos, a través de intelectuales y artistas que por medio de documentos recobrados del siglo XVI se propusieron entender e imaginar el contorno, la sustancia y el significado tanto del culto como de la campaña de extirpación. Como las versiones de sesgo mesiánico del mito de Inkarri, el Taki Onqoy –o, más específicamente, su estudio crítico y su divulgación más allá de la comunidad de los especialistas– ha nutrido la imaginación y estimulado el entusiasmo de la *intelligentsia* peruana, en particular de aquel vasto sector que ha visto en el llamado "mundo andino" la clave del Perú como, a la vez, país antiguo y promesa utópica. Los seguidores del Taki Onqoy, entregados hasta el paroxismo a la afirmación de sus deidades ancestrales, y enfáticos en el rechazo a la fe de los españoles, parecían demostrar con el ejemplo de sus cuerpos en trance que la rebeldía indígena contra la opresión colonial fue temprana y radical. Para la intelectualidad joven de los años 60, influida por la renovación de las ciencias sociales y la lectura de una historiografía de raíz marxista o estructuralista, era decisivo formular otra memoria de la nación. En ésta debían ocupar un lugar de privilegio las ideas, las prácticas y las emociones de los de abajo: *La visión de los vencidos* (1971), el título del influyente libro de Nathan Wachtel, resume bien el deseo de aprehender el modo en que las etnias nativas captaron sus circunstancias y experimentaron sus vidas.

La lógica de la retribución rige las *Informaciones*. A los servicios prestados corresponderían, en justicia, las mercedes concedidas. Las virtudes y la fortaleza del carácter, así como la pureza de sangre y los títulos del origen, son también de gran importancia: el sujeto que en los documentos se representa ofrece como garantías sus propias obras y su linaje.[5] El sacerdote hace poco llegado al Cuzco pide, en 1569, que se le otorgue una canonjía, atendiendo a la vacancia de dos puestos en la catedral cuzqueña. Ya en 1570, cuando por primera vez exalta su papel en la campaña contra los apóstatas huamanguinos, sus aspiraciones son más altas y, en la décimocuarta pregunta del interrogatorio, les pide a los testigos por él nombrados que opinen sobre si "se emplearía en él muy bien cualquiera merced y dignidad y oficio en que fuese proveído por Su Magestad" (Albornoz, "Informaciones" 92). Aunque lo anterior le da unidad y propósito al empeño de Cristóbal de Albornoz, éso no implica que una misma versión de los hechos se consagre: en cada una de las *Informaciones,* la índole de la contienda y la acción de los contendores se representan de un modo que dista de ser uniforme.

La *Información* de 1577, que a diferencia de las dos anteriores se hizo en el Cuzco, lo encuentra ya como "provisor y vicario general" del obispado del Cuzco (195). A esa dignidad había accedido por los buenos oficios del obispo Sebastián de Lartaún, figura beligerante y polémica cuyos conflictos con buena parte del clero de su jurisdicción acaso aceleraron su muerte, ocurrida en Lima en 1583, cuando el prelado se disponía a defenderse en un juicio eclesiástico instigado por sus adversarios. La séptima pregunta de la más extensa de las *Informaciones* invita a los testigos a declarar si "Su Santidad y real Magestad deven ser servidos ocuparme en mayores dignidades e oficios y cargos" (195). Esa petición final no es idéntica a la que abre el documento, en la que Cristóbal de Albornoz resalta su experiencia en la brega contra las creencias, los objetos rituales y las prácticas ceremoniales nativas para solicitar que "Vuestra Alteza mande darme particular comisión para que yo pueda ocupar y ocupe en todo el dicho obispado del Cuzco y en sus comarcas en la estirpación de las dichas goacas e ydolos y reducción de los yndios" (193).

En la última *Información*, la de 1584, que también se ofició en el Cuzco, son aún menores los rodeos y más precisas las intenciones. Un año antes, Albornoz había comparecido ante un jurado en el sínodo provincial, en Lima, donde el 27 de marzo fue absuelto de los cargos levantados contra él, entre ellos el de haber "adquirido munchos bienes de las guacas que avía descubierto y que ansimismo avía tomado munchos bienes a yndios y otras personas donde avía visitado" (322). En las pujas e intrigas que siguieron a la muerte del obispo del Cuzco, el Deán y el cabildo de la iglesia eligieron al canónigo Cristóbal de Albornoz como provisor y vicario general. Esa posición tenía el inconveniente de ser transitoria. La penúltima pregunta del interrogatorio de 1584 sugiere, ceremoniosa pero inequívocamente, que si su Magestad, queriéndole premiar estos servicios con su acostumbrada liberalidad ansí en este reino como fuera dél, promoviendo al dicho canónigo Cristóbal de Albornoz en algún obispado e plaça ynsine, sería muy bien empleado e no por falta de su persona dexaría de satisfacer a cualquiera merced que su Magestad le hiziese. (230)

No pocos de los diecinueve testigos convocados señalan, como Mansio Guerra de Leguisamo, quien estuvo en las huestes de los conquistadores y era un vecino principal del Cuzco, que haría bien el rey "si se sirviese de promoverle [a Albornoz] en este obispado del Cuzco" (240).

La única de las cuatro *Informaciones* que no menciona al Taki Onqoy es la primera, hecha en 1569. Con apenas siete testigos, es sin duda la más escueta de todas y claramente la de más modestas expectativas. Lo que quiere Cristóbal de Albornoz es una de dos canonjías vacantes en el Cuzco. Su empeño –o prisa– en lograr una de esas dignidades pone de manifiesto la sensación de urgencia con la que el sacerdote encaraba la carrera eclesiástica: una de las dos vacancias se debía a la muerte, apenas veinte días antes de iniciada la diligencia, del anterior beneficiario. En todo caso, el silencio sobre el culto mesiánico puede atribuirse a que la *Información* se realizó a inicios de 1569, antes del término de la campaña de extirpación que ejecutó el clérigo con la ayuda, remunerada por él mismo, de una comitiva en la cual se hallaban, entre otros españoles e indígenas, un joven notario apostólico, un sacerdote diestro en lenguas vernáculas y buen conocedor de la zona, otro intérprete, un fiscal y el futuro cronista Guamán Poma de Ayala, quien se llevó la mejor impresión de su empleador y le guardó larga gratitud, pues en la *Nueva corónica y buen gobierno* lo alaba y contrasta su conducta con la de aquellos clérigos que, como ilustran la prosa y los dibujos del cronista, son indignos de su ministerio por buscar su propio beneficio y por oprimir a los naturales (Guibovich 35).

"Secta, apostasía y predicación" son los términos que usa Albornoz para calificar al movimiento cuyos emisarios, según afirma en el cuestionario de la *Información* de 1570, alentaban a los indios a abjurar de la religión católica y a vivir de nuevo bajo el amparo de las deidades nativas (Albornoz, "Informaciones" 89). Aquellos a los que llamará "sacerdotes del demonio" en la *Relación de la visita de idolatrías*, anexa a la última de las *Informaciones*, de 1584, son para él culpables del extravío de los indios ya bautizados. Cristóbal de Molina, en la *Relación de las fábulas y ritos de los incas*, le atribuye al clérigo Luis de Olvera haber detectado por primera vez el culto del Taki Onqoy. Aunque tanto Molina como Olvera prestaron testimonio a favor de las pretensiones de Albornoz —Molina en 1577 y 1584, Olvera solamente en 1577–, ninguno de los dos refrenda ni refuta la aseveración, hecha por el propio Albornoz, de que fue él quien descubrió la existencia clandestina del Taki Onqoy. En 1570, el clérigo visitador, a quien el tamiz de la formalidad notarial presenta en tercera persona, sostiene lo siguiente:

> Y venido a la dicha ciudad [N. Huamanga] lo hizo con toda diligencia, de donde salió a visitar la dicha jurisdicción donde començó a hacer e hizo muy gran fruto y serviçio notable a Dios Nuestro Señor, porque, con su buena yndustria y abilidad y zelo de açertar que tiene, descubrió entre los dichos naturales la seta y apostasía que entre los dichos naturales se guardaba del Taqui Ongo, por otro nombre Aira, que hera que muchos de los dichos naturales predicavan que no creyesen en Dios ni en sus mandamientos y que no creyesen en las cruzes ni imágenes ni entrasen en las iglesias, y que se confesasen con ellos y no con los clérigos, y que ayunasen ciertos ayunos ciertos días en sus formas no comiendo sal ni agí ni maíz ni teniendo cópula con sus mugeres, sino solo bebiendo una bebida de açua destemplada sin fuerça, y mandándoles les adorasen e ofreçiesen de las cossas suyas naturales como son carneros e otras cosas, y que ellos venían a predicar en nombre de las guacas Titicaca, Tiaguanaco, y otras sesenta, y que ya estas guacas avían vencido al Dios de los cristianos y que ya hera acabada su mita y otras muchas cossas de anpliadades [sic], carnales e otros vicios abominables, y entre ellos se avían sembrado y cundido esta apostasía y seta y creían y guardaban y a los dichos predicadores que heran ya a descubierto, y hallado el dicho Cristóbal de Albornoz cantidad de más de ocho mil naturales, y los demás naturales por donde los dichos andaban y predicaban les creían y guardaban lo que ellos dezían, así los yndios viejos como los muchachos y demás edades […]. (Albornoz, "Informaciones" 89-90)

La abstinencia sexual y los ayunos eran formas conocidas de prepararse para las festividades del calendario ritual andino, como lo señala en abundancia la fuente principal sobre el Taki Onqoy que no tiene por autor o gestor a Cristóbal de Albornoz, la *Relación de las fábulas y ritos de los incas*, de Cristóbal de Molina, el cuzqueño. Por lo demás, los sacrificios son parte de una economía sagrada: el intercambio con las potencias espirituales y tutelares garantiza un pacto de reciprocidad entre éstas y los fieles. Además, el rechazo a los objetos y lugares del culto católico funciona como la contraparte del reclamo de rendir tributo a las huacas, que de acuerdo a la *Información* forman una alianza de sesenta y dos fuerzas, encabezadas por dos –Titicaca y Tiahuanaco– situadas en el altiplano y provistas de prestigio panandino. No será ésa, sin duda, la única descripción del culto. De hecho, al cotejar los juicios y las caracterizaciones del Taki Onqoy que los textos registran, se advierten vacíos y disonancias, equívocos y contradicciones, como si al interior de la sociedad que forman Cristóbal de Albornoz y sus aliados se infiltrara, contra la voluntad confesa de los individuos, un espíritu de controversia.[6] Cada uno de ellos debate consigo mismo, como lo muestra el cotejo de los textos que redactaron. Así, en ninguna de las *Informaciones* Cristóbal de Albornoz menciona a los incas de Vilcabamba, cuyo reino sucumbió en 1572 con la ejecución en el Cuzco de Tupac Amaru I, mientras que en la *Instrucción* los presenta como instigadores del movimiento. En simétrica coincidencia, Cristóbal de Molina no alude a los rebeldes de Vilcabamba en sus testimonios de 1577 y 1584, pero en la *Relación de las fábulas y ritos de los incas*, cuya redacción se encuadra entre esos años, sí se inclina a favor de la tesis de que el Taki Onqoy fue "ynventado de los hechiceros que en Uiscabamba tenían los Yngas que allí estavan alçados" (129). En cualquier caso, es evidente que el culto indígena –más allá de los matices y divergencias en los testimonios escritos– se presenta bajo la forma de un desafío y una afrenta a la autoridad divina. De ahí, entonces, que la extirpación se muestre como una victoria en una contienda en la cual los antagonistas se disputaban las almas de los naturales. En ese duelo tortuoso y sin cuartel, el visitador eclesiástico se considera mucho más que un funcionario eficiente: la ambición de bienes materiales y de investiduras más altas no saciarían del todo a quien espera, notoriamente, el reconocimiento de su valía y la exaltación de su nombre. En más de un sentido, su aliento es heroico, aunque el campo de batalla no sea literalmente militar. En el terreno figurativo, Cristóbal de Albornoz se presenta como un guerrero de Dios y un miembro digno de la Iglesia militante.

El arte de la pesquisa: la *Información* de 1570

En la lucha contra la apostasía nativa, una de las cualidades más importantes es la perspicacia o, para ponerlo en los términos del siglo XVI, la *agudeza* y la *discreción* del clérigo. Así, el "zelo de acertar" no se restringe a la destreza con la que el investigador cumple su tarea. La eficacia es un efecto del modo en que la persona del sacerdote conjuga una inteligencia lúcida con un ánimo perseverante. Sin la posesión de esas dotes no se habría producido el "servicio notable" de descubrir, identificar y erradicar al Taki Onqoy. Por cierto, puede uno objetar que la índole ritual –y, por eso mismo, espectacular– del culto debería haberlo hecho visible y notorio para no pocos testigos, pero interesa notar que en la primera versión de Cristóbal de Albornoz el secreto del Taki Onqoy se revela no a través de la vista sino del oído: el foco de la exposición está puesto no en la danza y el canto ritual –esas técnicas del éxtasis sagrado– sino en el poder de la palabra hablada en la clandestinidad. De viva voz, los "dogmatizadores" declaran el advenimiento de un orden que invierte y revierte la victoria de la religión de los conquistadores, pero también reclaman –como si hubieran asimilado, cambiándole de signo, el sacramento de la confesión– a los indios que hablen con ellos y no con los sacerdotes católicos, a los que ostensiblemente reemplazan.[7] Según la lógica que Cristóbal de Albornoz suscribe en 1570, el campo privilegiado de la contienda es verbal, y específicamente oral. En esa confrontación, a la fuerza persuasiva de los mensajeros de la apostasía la contrarresta la habilidad del extirpador para realizar lo que hoy llamaríamos una labor de inteligencia: la información acopiada no podría conseguirse sino a través de delaciones y confesiones obtenidas bajo presión. Gabriela Ramos, luego de deplorar que la formación intelectual de Cristóbal de Albornoz nos sea casi del todo desconocida, añade que "no hace falta disponer de muchos datos para observar claros detalles de la conducta inquisitorial de Albornoz y, por lo tanto, imaginar que los procedimientos del Santo Oficio no le fueron ajenos" (149).

Receptor (o, mejor dicho, *interceptor*) de un mensaje que, explícitamente, rechaza a gente como él, el sacerdote y visitador da su propia versión de la subversiva doctrina de los "airas o taqui ongos", como los llama en la relación que adjunta a la última *Información*. En esa relación de 1584, que transcribe testimonios y datos de la campaña realizada casi tres lustros antes, leemos que los convictos de seguir a la "mala seta" eran "azotados y tresquilados y encorozados y desterrados" (Albornoz, "Informaciones" 285). En el cuerpo mismo de los indios se inscribe la respuesta a su rebeldía: el dolor físico y la vergüenza pública son los dos temas del espectáculo de la penitencia, que tendrá un corolario fuera de escena, porque la sanción se completaba con el destierro –perpetuo o por un número de años– o el servicio al cura del pueblo y el trabajo en la construcción de iglesias. Látigos, tijeras y corozas –esos cucuruchos de papel pintado que se hacía llevar en la cabeza a los reos– son parte de la parafernalia del escarmiento. Se diría que la ceremonia católica de la penitencia no sólo contrasta con el ritual extático de los *taqi ongos* sino que lo suprime y cancela, pero quiero hacer notar que la plasticidad dramática de esa antítesis sólo funciona si dejamos de lado un hecho llamativo: en la *Información* de 1570, Cristóbal de Albornoz no describe las celebraciones de los apóstatas ni detalla los castigos que impuso.

Así, en la primera *Información* que da cuenta del Taki Onqoy, el énfasis no está puesto en la dimensión ritual (y, por lo tanto, espectacular) del culto. Todo se subordina a un asunto capital: la manera en que se llegó a identificar y erradicar la "secta". Por éso, se resalta la operación intelectual a través de la cual el extirpador advierte cómo los predicadores del culto sedicioso transmiten su mensaje. El régimen de lo visual, como ya he señalado, pasa a un segundo plano. En el texto de 1570, lo que prima es "la yndustria y maña" de quien consigue escuchar lo que no estaba destinado a sus oídos.

El don de la palabra: la *información* de 1577

Otra es la lógica que rige la representación del culto y su extirpación en la siguiente *Información*, hecha siete años más tarde en el Cuzco. En 1577, el bachiller y canónigo Cristóbal de Albornoz pide plenos poderes para actuar como extirpador en la vasta circunscripción cuzqueña. La tercera pregunta del interrogatorio, que atañe directamente a la experiencia de Albornoz en la tarea represora, pide a los testigos la ratificación de lo siguiente:

> Yten, si saven que quando vine a este obispado del Cuzco, que podrá aver sido doze años, el muy ilustre Cabildo desta Santa Yglesia, siendo sede vacante, me nombró por visitador general deste obispado, atenta la abilidad de mi persona, y le visité ansí la ciudad de Arequipa e Guamanga con todas las provincias de yndios de todo el obispado con mucha autoridad, y en la dicha visita destruí gran número de guacas que son ydolos, adoratorios de los yndios deste obispado corrigiendo y enmendando e apartando de sus oficios, y procurando de traerlos al conocimiento de Dios Nuestro Señor ansí a los sacerdotes de los dichos ydolos e ministros de la dicha ydolatría como a los caciques yndios que en ello estavan implicados, mayormente en la nueva apostasía del Taqui Ongo que en los dichos tiempos se sembró por todo el reino e lo más manchado dél estuvo este obispado; digan los testigos lo que saven y declaren la dicha apostasía y el daño que vino a las ánimas de los naturales con ella, y el gran servicio que hizo a Dios en la extirpar e castigar dotrinándolos con mi persona en la lengua general. ("Informaciones" 194)

Las vacilaciones cronológicas no necesariamente reflejan, a fines del siglo XVI, la voluntad de alterar el orden y el sentido de los acontecimientos; además, la imprecisión o vaguedad de los datos empíricos no tenía por qué invalidar del todo un testimonio. De todas maneras, es obvio que la fragilidad de la memoria o las flaquezas de la sintaxis sirven para fortalecer la petición de Albornoz. Si bien el canónigo puede alegar que sólo quiso decir que entre su llegada al virreynato del Perú y la probanza de 1577 media una docena de años, el párrafo insinúa que la hazaña del extirpador data de la segunda mitad de la década de 1560.

Curiosamente, dos de los testigos más significativos en 1577 son Cristóbal de Molina y Luis de Olvera. En su *Relación de las fábulas y ritos de los incas*, Molina escribe, probablemente a mediados de la década de 1570:

> Abrá diez años, poco más o menos, que hubo una yerronía entre estos yndios desta tierra y era que hacían una manera de canto, al cual llamavan *Taqui hongo*, y porque en la provincia del Parinacocha, un Luis de Olivera [Olvera], [...] que a la saçon hera cura del dicho repartimiento que es en el ovispado del Cuzco, fue el primero que vio de la dicha yronía o ydolatría, él pone aquí de la manera que lo hacían y por qué. (129)

Explícitamente, Molina adjudica el rol de descubridor del culto indígena en la zona de Huamanga a Olvera. Por su parte, en la *Instrucción para descubrir todas las guacas del Pirú y sus camayos y haziendas*, Albornoz se muestra mucho más preciso que en la *Información* de 1577. Ahí señala que luego de visitar la ciudad de Arequipa, en 1568,

> me mandaron ir a la ciudad de Guamanga a visitarla y las provincias della donde me ocupé los años de 69 y 70 y parte del de 71, porque fue Dios servido que en aquellas provincias hallase una apostassia predicada entre los naturales que los tenía a los más naturales dellas pervertidos y apartados de nuestra fe y religión cristiana. (192)

A diferencia de lo que sucede en el interrogatorio de la *Información* de 1570, en 1577 el canónigo no declara cuál era, según él, la doctrina de los seguidores del Taki Onqoy, aunque en el cuerpo del documento los testimonios de Molina y Olvera dan cuenta de las creencias mesiánicas que nutrían al movimiento. Por lo demás, el extirpador recalca su papel de destructor de objetos de culto y su empeño en combatir toda forma de idolatría. Los indios que habían renegado de la fe cristiana estaban "implicados mayormente en la nueva apostasía del Taqui Ongo" ("Informaciones" 194). El adverbio es iluminador: la "nueva apostasía" era parte de un fenómeno más amplio, y el mérito de haberla desarraigado luego de que "se sembró por todo el reino" no elimina la necesidad de persistir en la tarea de destruir ídolos y corregir idólatras. Ése es, precisamente, el pedido que abre la *Información* de 1584. Las ruinas de los adoratorios y la memoria de la apostasía vencida son las credenciales que ofrece el extirpador para garantizar el éxito de esa futura campaña para la cual le pide al rey "particular comisión".

En 1570, los procedimientos de la pesquisa y las cualidades del investigador resaltaban en el relato de la extirpación. Sin embargo, entonces el canónigo no aseguraba que podía descifrar por sus propios medios los mensajes de los adversarios indígenas de la fe ni que podía predicarles en su propio idioma. Como indica la cuarta pregunta del interrogatorio, para las labores de traducción "llebó consigo al padre Gerónimo Martín, clérigo presbítero, a su costa, que es una de las mejores y principales lenguas deste reyno y en quien concurre toda bondad y cristiandad y calidad" (90). Al clérigo traductor no se le menciona ya en las dos últimas *Informaciones*, pues el aspirante a las mercedes reales asegura conocer la "lengua general" (es decir, el quechua). Puede uno observar, con ironía o sin ella, la propensión de Cristóbal de Albornoz a retocar su trayectoria con exageraciones e inexactitudes. Más allá de comprobar una vez más que el clérigo dista de ser una fuente imparcial e impecable, el interés del párrafo radica en la conducta de algunos testigos claves, que en vez de refutarlo validan la versión que da de su carácter, su saber y sus hechos. Así, por ejemplo, Cristóbal de Albornoz subraya que fue el primero en detectar la insurgencia entre los indios bautizados, sin que esa insistencia lo despoje del respaldo de Cristóbal de Molina y Luis de Olvera. De hecho, Olvera llega a decir en 1577 que "en la dicha visita el dicho canónigo Cristóbal de Albornoz halló una nueva seta que estava sembrada por toda la tierra entre los yndios e naturales della que llamavan Taki Onqoy" ("Informaciones" 203-04) ¿Cómo entender la tolerancia de los testigos con una afirmación que sabían inexacta? Notoriamente, de los tres clérigos el que tenía más posibilidades de encumbrarse y adquirir mayor influencia era el gestor de las *Informaciones*. En todo caso, conviene reconocer lo obvio: que Albornoz se atribuyera el descubrimiento del Taki Onqoy no era razón suficiente para dejar de apoyarlo.

Por otro lado, Cristóbal de Molina, a quien se describe como "lengua y predicador general de los yndios", pasa por alto el dominio —supuesto o real— que Albornoz tenía del runa simi. Basta una prueba para demostrar que al canónigo no le inquietaba la reacción de Molina sobre este punto: en tanto testigo, éste tendría inevitablemente que responder a la tercera pregunta del cuestionario de 1577. Unos años más tarde, en 1584, el "examinador general de este obispado [del Cuzco] de la lengua general de los sacerdotes por su Magestad" (259), el vicario Pedro de Miranda, será el undécimo testigo en la *Información*. Este clérigo, perito en lenguas indígenas, introduce una cita en quechua para reforzar su declaración:

> y ansí mediante lo suso se remedió y quitó finalmente [el Taki Onqoy], en lo qual el dicho canónigo hizo gran servicio a Dios Nuestro Señor y aumentó la fe católica, y a la dicha sazón que el dicho canónigo hizo el dicho castigo vio este testigo que generalmente los naturales entre sí y en público platicavan y dezían: "Albornoz mi atin huaca conacta", que quiere dezir "Albornoz solo venció y; destruyó todas las guacas y ydolos de los yndios", y esto es notorio y ansí se trata hasta agora. (261)

En 1577, los poderes irrestrictos de extirpador que pedía el canónigo habrían servido no sólo para amparar las decisiones y los actos de Cristóbal de Albornoz sino también los de Cristóbal de Molina. De hecho, éste señalará en la *Información* de 1584, tratando de ilustrar el celo de su colega: "[...] y ansí le a dicho a este testigo algunas vezes que desea que entrambos juntos hiziesen una visita, sirviéndole este testigo en ella de lengua, que fuese una red barredera que no quedase cosa de hechizería e ydolatría que no se destirpase..." (250-51). Esta confesión de Molina se produce, es cierto, cuando las ambiciones de Cristóbal de Albornoz son todavía más altas que en 1577, el año en que pidió cédulas reales para emprender una campaña de extirpación en la que se le garantizara el "favor necesario" de las autoridades coloniales, incluyendo "el virrey y las audiencias de aquellos reinos y los gobernadores y corregidores y otras justicias" (193). Aún así, se puede deducir razonablemente que ya en 1577 se proponía hacer de la visita una "red barredera", metáfora con la cual se atrae la imagen de los apóstoles, que en su mayoría fueron pescadores. Por lo demás, si bien Cristóbal de Molina dice explícitamente que en ese plan él aportaría su conocimiento del quechua, éso no supone negar que Cristóbal de Albornoz tuviera la capacidad de comunicarse eficazmente con los indios. Dice el testigo que el vicario y provisor general está siempre presente cuando hay "castigos y autos" en los sermones en quechua, "do de hordinario se juntan de tres mil ánimas arriba" (251). En esas ocasiones de penitencia, Cristóbal de Albornoz "les a fecho parlamentos muy provechosos a los dichos naturales" (251). El poder del verbo es un tema recurrente en las *Informaciones,* como lo es también la eficacia pedagógica del castigo. La cita anterior muestra hasta qué punto ambos se complementan. También ilustra cómo los dos se conjugan en la persona de Cristóbal de Albornoz. Sembrar la palabra de Dios y desyerbar las mentes de creencias anticristianas –a las cuales varios testigos califican de "yerronías"– son acciones que el visitador debe realizar sin hacer concesiones. La imagen que Cristóbal de Albornoz proyecta no es sólo la de un súbdito fiel, un hidalgo con fortuna propia y un clérigo de conducta intachable, sino también la de un hombre que se halla por encima de sus pares gracias a sus dotes y su experiencia. Aunque no se puede excluir que Molina se encargara de traducir las palabras del canónigo, el pasaje indica lo siguiente: para hablarles a los indios, Albornoz no necesitaba intermediarios. Éso, que sostiene en 1584, está ya declarado en 1577.

El drama cósmico: la *información* de 1584

En la última de las *Informaciones*, la de 1584, Albornoz ha vencido un grave reto legal: en 1583, el veredicto del tribunal eclesiástico le fue favorable en un proceso en el que enfrentó acusaciones por, entre otras cosas, haber aprovechado sus fueros de visitador para apropiarse de bienes de aquellos mismos naturales cuyas almas debía salvar. También en 1583 el obispo Lartaún, protector de Albornoz, murió en Lima mientras se aprestaba a responder acusaciones levantadas en su contra por clérigos de su diócesis. Después de la muerte de Lartaún, el canónigo fue electo para regir provisionalmente la diócesis, de la que deseaba ser obispo. En ese contexto, la campaña de extirpación emprendida casi quince años antes adquiere un aura cósmica y una tensión agónica: la lucha entre el visitador y el Taki Onqoy es nada menos que una contienda dramática entre los seguidores de Dios y los del Diablo. En la octava pregunta del cuestionario, el canónigo se atribuye una vez más el descubrimiento y la erradicación del culto, que habría estado peligrosamente extendido por el territorio del virreinato del Perú; también señala que habla el quechua con fluidez y elocuencia, gracias a lo cual logró que muchos de los descarriados volvieran al redil de la iglesia católica. Notoriamente, la clave de la representación es espectacular. Bajo una forma que evoca a la representación teatral se exhibe la pugna religiosa que se libró en los Andes:

> Yten, si saben etc. que el dicho canónigo Cristóbal de Albornoz fue el primero que sacó a luz por su mucho cuidado y diligencia la seta y apostasía llamada Taqui Ongo, en la qual davan los indios después de bautizados en bailar y temblar andando a la redonda, y en aquel baile ynbocaban al demonio y a sus guacas e ydolos, y en el bayle renegavan y apostatavan de la verdadera fe de Jesucristo y de todas las enseñanzas que avían resçebido de los cristianos y sacerdotes que en ese reino avían pasado, la qual seta yba cundiendo y estava ya derramada en la mayor parte de estos reinos, y mediante la mucha solicitud del dicho canónigo y el ser tan buena lengua y predicador en ellas destos naturales, reduxo a muchos y los desengañó de esta falsedad y otras muchas, como constará más largo por la información y testimonios que con esta presento desta pregunta. (229)

En ninguna de las *Informaciones* anteriores propone Cristóbal de Albornoz una descripción semejante del rito central de los apóstatas: la mimesis es tan nítida y gráfica que sugiere el testimonio de un espectador, como si (y ésto es, obviamente, un efecto del discurso) el propio sacerdote hubiera presenciado el acto mismo en el que los acólitos del culto nativista renunciaban a su condición de cristianos y se entregaban a las fuerzas diabólicas. Por lo demás, el uso del pasado imperfecto multiplica, como en una galería de espejos, un espectáculo maldito: el Taki Ongoy es, en esta versión final, un reiterado aquelarre. Fiesta del mal, la ceremonia se emparenta con esas frenéticas asambleas de hechiceras que la imaginación europea –cristiana y protestante– fraguó en los siglos XVI y XVII, cuando la caza de brujas alcanzó proporciones epidémicas. No se sugiere ya, como en el cuestionario de 1570, un auditorio de indios crédulos y predicadores sediciosos: ese cuadro evoca una parodia de sermón y, por éso mismo subraya el poder pedagógico de la palabra. Esto contrasta con la descripción de 1584, que presenta una coreografía ritual.[8] En el acontecer de la danza, los sujetos se convierten en un cuerpo colectivo que gira sin cesar y expresa convulsivamente sus deseos: el frenesí nace del repudio a la disciplina de la ley cristiana y de la posesión extática por las deidades nativas que no son, en verdad, sino encarnaciones del Diablo.[9]

Molina, en su *Relación*, escribe que el culto se expresaba en una "manera de canto" (129). En la *Información* de 1570, Jerónimo Martín –quien se refiere extensamente a las amenazas y promesas proféticas de los predicadores nativos– se limita a mencionar ayunos y sacrificios de "carneros y otras cosas" (156); además, su mención de la agencia diabólica ("engañados del demonio") (158), dice que estaban los naturales no sugiere, en rigor, otra cosa que la propensión satánica a disfrazar su verdadera naturaleza para descarriar a los humanos. Dentro de la misma *Información* de 1570, el clérigo Pedro Barriga Corro se refiere a "borracheras y maldades" (174). Eco de esa calificación (o, si se prefiere, descalificación) de los rituales se halla en el dibujo con el que Guamán Poma, en la *Nueva corónica y buen gobierno*, presenta a los taqui ongos: un indio vestido con túnica está de rodillas, vomitando, mientras sobre él se monta un diablo alado y con cuernos que, con una mueca tal vez lasciva, observa a una mujer que toca la tinya. Es de notar, sin embargo, que Barriga no describe la danza de los taqui ongos sino el método de los predicadores nativistas, quienes para probar sus argumentos anticatólicos

> metían una cruz y la ponían a un rincón, e los tales predicadores hechizeros hablaban en la dicha casa con sus guacas y como las dichas guacas les respondían a los que predicavan: Veis cómo este palo no habla por la cruz, y que este que nos habla es nuestro dios y criador y a este hemos de adorar e creer, e los demás que nos dizen e predican los cristianos es cosa de burla [...] (173)

Conviene aquí referirse al supuesto líder de la secta, Juan Chocne, a quien nombra por primera vez el sacerdote Barriga. El segundo pasaje donde aparece su nombre se halla en el testimonio que en 1584 presta Cristóbal de Molina. Cristóbal de Albornoz, en cambio, no lo menciona directamente ni señala, en las *Informaciones* o en la *Instrucción*, que un mensajero mesiánico estuviera a la cabeza del Taqui Onqoy. A partir de los datos existentes, que son escasos y a veces contradictorios, no parece haber fundamento suficiente para asumir una estructura jerárquica del Taqui Onqoy en la cual ocupara la cúspide una figura carismática, aunque esa sea una característica de casi todos los movimientos mesiánicos. La caracterización del Taqui Onqoy como un fenómeno milenarista distinguió las lecturas que sobre él se hicieron entre los años 60 y fines de los 80: la resonancia y la acogida que ha tenido en el campo intelectual se deben, considero, a esa manera de comprenderlo, que lo hace a la vez atractivamente lejano y seductoramente próximo. La expectativa de un cambio radical, de un vuelco completo y drástico del orden existente, aproxima —por un magnetismo de orden moral, conceptual y afectivo que llamaré, a falta de otro nombre, "correspondencia selectiva"— la respuesta religiosa anticolonial de los *taqui ongos* al estado de ánimo y a las premisas que primaron en las ciencias sociales, las humanidades y las artes entre los años 60 y fines de la década del 80 del siglo pasado. En ese contexto, la valoración de Juan Chocne como líder tiene pleno sentido. La comparten algunos de los intelectuales más importantes que se han ocupado del movimiento: entre ellos están Luis Millones, Nathan Wachtel y Alberto Flores Galindo.

De todas maneras, Barriga califica a Chocne solamente como "predicador de la dicha seta Aira Taqui Ongo" (173), mientras Molina –quien en 1577 alude, sin nombrarlos, a "los más principales dogmatizadores, que heran dos hombres y una mujer" (207)– declarará en la *Información* de 1584 que "los más culpados fueron dos yndios naturales e una llamado el un yndio don Joan Chocne" (249). El propio Cristóbal de Albornoz, que se presenta como un guerrero de la fe, podría haber adjudicado a Chocne el rol de contrincante, pero se abstiene de nombrarlo y ni siquiera alude a él. Barriga dice haber ignorado las razones por las cuales Chocne (a quien llama "Chono") se dio a la fuga, para de inmediato afirmar que la captura del fugitivo por Albornoz fue decisiva para que éste descubriera "la dicha seta y apostasía" (173). ¿No resulta extraño que Cristóbal de Albornoz, tan propenso a ornamentar con logros su trayectoria, silencie su papel en el prendimiento de la autoridad mayor del Taki Onqoy? Acaso la explicación se halle en lo que dice Molina, en la *Información* de 1584, sobre el trío de cabecillas que en el Cuzco padeció público escarmiento ante una multitud de indígenas. Las voces de los otros dos no se oyen, pero sí la de "don Joan Chocne", quien en sus prédicas aseguraba "que él traya consigo uno que ellos no veyan" (249). El día de la sanción, sin embargo, otro fue el tenor de su discurso y el de sus compañeros:

> los quales fueron en esta çiudad castigados, y el día del castigo predicó este testigo a los yndios naturales que se juntaron de muchas partes para este efecto, y confutado sus herrores se desdixeron de todo lo que avían dicho y predicado contra la ley evangélica; con muchas lágrimas se convirtieron y pidieron al pueblo perdón, y les dixeron públicamente que ellos por ser pobres tomaron aquel modo de bibir para poder comer y ganar con ello para su sustento. (249)

Molina alaba a Cristóbal de Albornoz, a cuyas "solicitud, trabajo y cuidado" atribuye el éxito de la campaña contra el Taki Onqoy, pero es innegable que su versión contradice frontalmente el sentido de la octava pregunta del cuestionario de 1584.

En la última imagen que Albornoz da del culto nativista, la intervención satánica tiñe de horror y *pathos* al Taki Onqoy, encarnado en el círculo perverso de esos danzantes anónimos que giran entregados a un frenesí orgiástico: la pérdida de los límites del yo y el abandono al Mal es lo que resalta en ese relato. Un aliento sobrenatural envuelve la contienda entre poderes que están más allá del control humano y poseen, de hecho, una envergadura cósmica. En contraste, hay un talante desmitificador y prosaico en la explicación del Taki Onqoy como el invento de unos nativos a quienes el hambre les aguzó el ingenio y les hizo perder la prudencia: personajes de una picaresca despojada de humor, los inspiradores del Taki Onqoy no habrían sido discípulos del Padre de la Mentira, sino simples mentirosos que llegaron más lejos de lo que debían.

¿Qué progresión se puede trazar en la serie de las *Informaciones*? ¿Cómo modela su figura y proyecta su mensaje Cristóbal de Albornoz? En 1569, cuando no se menciona el Taki Onqoy, el énfasis se pone en la virtud del sacerdote y la limpieza de su linaje. La *Información* de 1570, mucho más vasta y ambiciosa, tiene su centro en la victoria sobre el culto nativista. Esa hazaña evangélica se sostiene, por cierto, en la solidez de la fe y el buen nombre de los ancestros, pero el sujeto que anima la probanza es, principalmente, un investigador que domina el arte de extraer información y un gestor que con sus propios recursos levanta una empresa: aunque su cargo no es el de inquisidor, su quehacer lo muestra inquisitivo y eficaz. En 1577, el propósito declarado de la *Información* es el de obtener del rey poderes especiales para realizar otra visita de extirpación. Esos poderes, previsiblemente, lo pondrían en una posición de fuerza frente a las autoridades virreinales y las órdenes religiosas.

La experiencia de la infructuosa *Información* de 1570 acaso explique, al menos parcialmente, un cambio de matiz en la estrategia de persuasión. En 1577, Cristóbal de Albornoz no presenta ya la destrucción del Taki Onqoy principalmente como un mérito por el que espera justa recompensa. Más bien, el énfasis se pone en el caudal de conocimiento ganado durante la lucha contra la apostasía. Ese acopio de saberes incluye, notablemente, la lengua quechua, lo cual explica que desaparezca toda mención del sacerdote que le había servido como intérprete. En la imagen de sí mismo que Albornoz elabora con la colaboración de sus testigos resalta el deseo de mostrarse como alguien que, menos que aguardar recompensa por logros pasados, está deseoso de prestar nuevos y mayores servicios. La tentativa, sin embargo, resultó estéril.

Entre la segunda y la tercera *Información* se abre un arco de siete años. El mismo intervalo media entre la penúltima y la última de las *Informaciones*. En 1584, las circunstancias han puesto a Cristóbal de Albornoz al mando de la vasta diócesis cuzqueña, luego de que el año anterior un tribunal eclesiástico desestimara acusaciones contra él. El Taki Onqoy y la destrucción de huacas que acompañó su erradicación emergen, tácitamente, en los cargos levantados contra Albornoz: aunque se le libró de culpa, en la *Información* intenta disipar toda sombra de sospecha y establecer su inocencia. No en vano el último testigo es un obispo que formó parte del tribunal que exculpó al canónigo. Por su parte, los apóstatas de Huamanga no aparecen como naturales opuestos a una religión impuesta y predicada por extranjeros. En la lógica de la *Información* de 1584, Cristóbal de Albornoz ha enfrentado con la palabra de Dios a los sectarios del Diablo: ese enfrentamiento –a la vez cósmico e histórico, metafísico y corporal– fue la prueba de fuego del extirpador. Salir airoso de ella es la demostración de que Cristóbal de Albornoz posee las cualidades y la experiencia necesarias para alcanzar la dignidad episcopal en la Iglesia pos-tridentina.

A la larga, las *Informaciones* que exaltan el papel de Cristóbal de Albornoz en la extirpación del Taki Onqoy fracasaron en su propósito. ¿Estaba en cuestión la credibilidad del solicitante, o acaso la sola destrucción de "la secta e idolatría" no bastaba para sostener las pretensiones de Cristóbal de Albornoz? En todo caso, las *Informaciones* tenían una función pragmática que no se cumplió: como instrumentos jurídicos, es indudable que resultaron inútiles. Irónicamente, el mérito mayor de estos documentos redactados entre 1569 y 1584 ha sido el de avivar y nutrir desde mediados de la década del 60 un debate aún no agotado –y, tal vez, inagotable– sobre las mentalidades de conquistadores y conquistados en los tiempos tempranos de la Colonia.

NOTAS

[1] José María Arguedas publicó en 1967 "Mitos quechuas pos-hispánicos", un breve recuento de tres versiones de Inkarri recopiladas en el Cuzco y Ayacucho. El artículo, aparecido en la influyente revista *Amaru*, que dirigía Emilio Adolfo Westphalen, reveló la existencia del mito más allá de los límites académicos, pues los artículos de Efraín Morote Best y Núñez del Prado sobre la versión de Q'ero, aparecidos en 1958, así como las versiones de Puquio recogidas por Arguedas y Roel Pineda, dadas a conocer en 1956, se publicaron en revistas (la del Instituto americano de arte, de la Universidad del Cuzco y del Museo Nacional, respectivamente) de circulación limitada.

² Mumford observa que desde los años 90 del siglo XX varios historiadores peruanos –Guibovich, Varón, Estenssoro y Ramos– "han sugerido que los documentos sobre el Taki Onqoy pueden revelar más sobre sus autores que sobre el asunto del que tratan" (161). Discrepo con esa apreciación en un matiz importante: las contribuciones de los historiadores prestan relativamente poca atención a *cómo están elaborados los documentos*. Me parece más bien que los aportes –por lo demás, muy diferentes entre sí– de esos historiadores se centran en cuestionar la fiabilidad de la versión proporcionada por Cristóbal de Albornoz, debilitada por la ignorancia etnográfica o suprimida por el interés personal. La hostilidad hacia las religiones autóctonas y la ambición personal son rasgos ostensibles de Albornoz. Ciertamente, la bibliografía sobre el Taki Onqoy las reconoce desde los trabajos iniciales, pero es sin duda mucho más incisiva la crítica a Albornoz como fuente en las investigaciones de las últimas décadas.

³ La población de Huamanga en las primeras décadas coloniales no sobrepasaba las 200,000 personas, según Stern (*Peru's Indian Peoples* 23). Tres enfermedades de origen europeo –la peste, la viruela y la influenza– diezmaron a la población andina en los años 1520 (los virus, curiosamente, llegaron antes que los conquistadores), 1546 y 1558-1559, pero en Huamanga, explica Stern, "una alta tasa de natalidad, la relativa inmunidad a las enfermedades en las tierras de altura, maniobras políticas astutas y una dosis de buena suerte ayudaron a reducir la caída demográfica a un promedio anual de quizás 0.5% o menos, lo que equivale a un descenso de aproximadamente 20% entre 1532 y 1570" (44-45).

⁴ Wachtel le atribuyó a ese vuelco o inversión radical un carácter milenarista, pero en su lectura ese milenarismo no tendría un linaje judeocristiano, sino autóctono: en 1565, que según Cristóbal de Molina habría sido el año del apogeo del Taki Onqoy, se cumplían mil años de la fundación del imperio incaico, según una versión recogida por Sarmiento de Gamboa (*The Vision of the Vanquished* 181). Sin embargo, los indios soras y lucanas que eran la base social del Taki Onqoy no se identificaban ni con el incario ni con los rebeldes neo-incas, lo cual a mi entender hace improbable que llevaran esa cuenta mitológica. Por su parte, Juan Carlos Estenssoro conjetura que el catecismo habría sido reinterpretado de un modo inesperado por los taqui onqos, pues en 1565 la edad de Cristo al morir coincidía con el tiempo transcurrido desde la llegada de los españoles a los Andes. Esto indicaría "que había terminado el turno de éste (el Dios cristiano), su mita" (*Del paganismo a la santidad* 130).

⁵ Al situarse ante la autoridad, Cristóbal de Albornoz se autorepresenta, aunque no lo haga mediante la confesión autobiográfica sino por medio de una puesta en escena legal. De ahí que me parezcan muy sugerentes las propuestas de Stephen Greenblatt sobre lo que llama "self-fashioning" –que traduzco como "elaboración del yo"– en *Renaissance Self-Fashioning. From More to Shakespeare* (1980). Entre los rasgos o condiciones que Greenblatt detecta en el proceso de configuración de la identidad hay uno en particular que resulta relevante para acercarse a Albornoz y su persecución del Taqui Onqoy: "La elaboración del yo se logra en relación con algo que se percibe ajeno, extraño u hostil. Este Otro amenazante –el hereje, el salvaje, la bruja, la adúltera, el traidor, el Anticristo– debe ser descubierto o inventado para atacarlo y destruirlo" (9; traducción mía).

⁶ Así, Molina escribe en su *Relación* que, según los seguidores del culto, las huacas resucitadas se agrupaban en dos bandos encabezados por una huaca principal del altiplano y una de la costa, en una alianza geográficamente vertical: "Los unos se avian juntado con la guaca Pachacama, y los otros con la guaca Titicaca y que todos andavan por el ayre hordenando de dar batalla a Dios, y vencelle, y que ya le traían de vencida ..." (130). Por otro lado, la influencia de quienes tenían su arraigo en el altiplano andino se confirma con el memorial que entre 1587 y 1588 escribió el padre Bartolomé Álvarez, "doctrinero del pueblo indígena de Aullagas, al suroeste del lago Poopó" (Millones, *Taki Onqoy* 11). Ahí, en la actual Bolivia, el cura encontró seguidores del Taqui Onqoy ('talauso', en lengua aymara). Millones considera que el grupo étnico de los soras puede haber sido el responsable de que la prédica y los rituales del culto llegaran hasta un lugar tan distante de Huamanga.

[7] Sobre los predicadores del Taki Onqoy, apunta Duviols en *La lutte contre les religions autochtones dans le Pérou colonial:* "Les emprunts aux méthodes de l'Eglise sont donc évidents et, de meme, une certaine dose de syncrétisme dans la doctrine évangélique ne saurait faire de doute" (129). Los enemigos indígenas del catolicismo habrían, así, adoptado para sus propios fines ciertos métodos de sus adversarios.

[8] La descripción de la danza, que en *Informaciones* anteriores ni se menciona, presenta una experiencia extática y transformadora, en la cual se cruza un umbral o *limen*. En *The Ritual Process*, apunta Turner que los milenaristas europeos del medioevo y la modernidad temprana ilustran lo que él denomina *communitas*. Esa comunión grupal, en el caso de los diversos milenarismos, ocurre en tiempos de crisis, que para Turner son "*homólogos* a los periodos liminales de rituales importantes en sociedades estables y repetitivas, cuando grupos grandes o categorías sociales en esas sociedades pasan de un estado cultural a otro" (112; traducción mía).

[9] Sobre la figuración del Diablo en la época colonial, ver el capítulo "El simio de Dios –la fe y sus gestos– 1565-1582" en *Del paganismo a la santidad*, de Estenssoro.

Bibliografía

Albornoz, Cristóbal de. "Informaciones 1569-1584". *Taki Onqoy: de la enfermedad del canto a la epidemia*. Luis Millones, comp. Santiago de Chile: Centro de Investigaciones Diego Barros Arana, 2007.

_____ *Instrucción para descubrir todas las guacas del Pirú y sus camayos y haciendas. Fábulas y mitos de los incas.* Henrique Urbano y Pierre Duviols, eds. España: Historia, 1989.

Arguedas, José María. "Mitos quechuas pos-hispánicos". *Amaru* 3 (1967): 14-18.

Basadre, Jorge. *Perú: problema y posibilidad. Algunas reconsideraciones cuarenta y siete años después*. Lima: Banco Internacional del Perú, 1978.

Duviols, Pierre. Introducción. *Instrucción para descubrir todas as guacas del Pirú y sus camayos y haciendas. Fábulas y mitos de los incas.* Cristóbal de Albornoz. Henrique Urbano y Pierre Duviols, eds. España: Historia, 1989. 137-55.

_____ *La Lutte contre les religions autochtones dans le Pérou colonial: l'extirpation de l'idolâtrie entre 1532-1660*. 1971. Francia: Presses Universitaires de Mirail, 2008.

Estenssoro, Juan Carlos. *Del paganismo a la santidad: la incorporación de los indios del Perú al catolicismo, 1532-1570*. Gabriela Ramos, trad. Lima: PUCP-IFEA, 2003.

Flores Galindo, Alberto. *Buscando un inca: identidad y utopía en los Andes*. 1988. México: Grijalbo, 1993.
Greenblatt, Stephen. *Renaissance Self-Fashioning. From More to Shakespeare*. Chicago: U of Chicago P, 1980.
Guibovich Pérez, Pedro. "Nota preliminar al personaje histórico y los documentos". *El retorno de las huacas: estudios y documentos sobre el Taki Onqoy, siglo XVI*. Luis Millones, comp. Lima: IEP-SPP, 1990. 23-40.
Millones, Luis, comp. *El retorno de las huacas: estudios y documentos sobre el Taki Onqoy, siglo XVI*. Lima: IEP-SPP, 1990.
_____ *Taki Onqoy: El largo camino del mesianismo andino*. Lima: Sarita Cartonera, 2007.
_____ "Un movimiento nativista del siglo XVI: El Taki Onqoy". *Revista Peruana de Cultura* 3 (1964): 134-40.
_____ y Renata Mayer. *La fauna sagrada de Huarochirí*. Lima: IEP-IFEA, 2012.
Molina, Cristóbal de y Cristóbal de Albornoz. *Fábulas y mitos de los incas*. Henrique Urbano y Pierre Duviols, eds. España: Historia, 1989.
Molina, Cristóbal de. *Relación de las fábulas y ritos de los incas. Fábulas y mitos de los incas*. Henrique Urbano y Pierre Duviols, eds. España: Historia, 1989.
Mumford, Jeremy. "The Taki Onqoy and the Andean Nation: Sources and Interpretations." *Latin American Research Review* 1 (1998): 150-65.
Ramos, Gabriela. "Política eclesiástica y extirpación de idolatrías: discursos y silencios en torno al Taqui Onqoy". *Catolicismo y extirpación de idolatrías, siglos XVI-XVIII*. Cusco: Centro de estudios regionales andinos Bartolomé de las Casas, 1993. 137-68.
_____ y Henrique Urbano, comps. *Catolicismo y extirpación de idolatrías, siglos XVI-XVIII*. Cusco: Centro de estudios regionales andinos Bartolomé de las Casas, 1993.
Stern, Steve. *Peru's Indian Peoples and the Challenge of the Spanish Conquest. Huamanga to 1640*. Wisconsin: The U of Wisconsin P, 1993.

Turner, Victor. *The Ritual Process: Structure and Anti-Structure*. USA: Aldine, 2008.

Varón, Rafael. "El Taki Onqoy: las raíces andinas de un fenómeno colonial". *El retorno de las huacas: estudios y documentos sobre el Taki Onqoy, siglo XVI*. Luis Millones, comp. Lima: IEP-SPP, 1990. 331-405.

Wachtel, Nathan. *The Vision of the Vanquished: The Spanish Conquest of Peru through Indian Eyes, 1530-1570*. Ben y Sian Reynolds, trads. New York: Barnes and Noble Books, 1977.

*El ultraizquierdismo:
enfermedad infantil de la academia*

JOHN BEVERLEY
University of Pittsburgh

Los estudios culturales latinoamericanos, en un sentido amplio, nacen en los noventa de una constelación de varias modalidades de lo que podemos llamar, hablando en breve, "estudios": estudios poscoloniales, subalternos, de la mujer, *queer*, étnicos, de los medios, etc. La consolidación académica casi hegemónica (en las humanidades) de esta constelación fue necesaria y fortuita en dos sentidos: 1) respondía, desde la izquierda, o desde una idea de una posible renovación de la izquierda, a la crisis del proyecto de la izquierda en América Latina (y mundialmente), y de los modelos culturales asociados con ese proyecto; 2) ofrecía una alternativa al auge de los modelos neoliberales, tanto en el trabajo de la cultura como en la economía política.

Creo que todos estaremos de acuerdo en que estamos en un momento posneoliberal. En América Latina posterior a 2000; en la economía global, después de la crisis de 2008. En esta coyuntura, el paradigma que gobierna la constelación de los estudios culturales latinoamericanos se ha vuelto anacrónico, y necesita ser modificado. Incluyo mi propio trabajo en esta conclusión, pero tengo en mente sobre todo las corrientes en el latinoamericanismo actual, que de una u otra forma marchan hoy bajo el signo de la poshegemonía. Debo mencionar en particular el libro conocido de Jon Beasely-Murray, *Posthegemony, Political Theory and Politics in Latin America* (2010), pero también (para dar sólo unos ejemplos) la obra de Benjamin Arditi, John Holloway, y Raúl Zibechi; versiones varias de la idea de la "multitud" en Hardt y Negri; posiciones derivadas de Badiou y Rancière ("la disposición de lo sensible"), "el comunismo literario" de Jean Luc Nancy, ; corrientes deconstructivistas (Spivak, Alberto

Moreiras, Nelly Richard y la ya clausurada *Revista de Crítica Cultural*, la nueva revista *Política Común*); los remanentes del proyecto de los estudios subalternos latinoamericanos; una nueva crítica ecologista del desarrollo en sí; posiciones en los estudios poscoloniales. Algo así como el nuevo ángel de historia, aparece la figura maestra de Deleuze y su resonancia actual, sobre todo en la teoría de los "afectos".

A mi modo de ver, estas corrientes en conjunto representan una forma, dentro del latinoamericanismo actual, de ultraizquierdismo.

La idea de ultraizquierdismo viene de un famoso (para algunos, infame) ensayo de Lenin de 1920, "El Comunismo de Izquierda, Una Enfermedad Infantil", presentado al Segundo Congreso de la Internacional Comunista ese mismo año. El argumento del panfleto tiene que ver con lo que Lenin ve como desviaciones sectarias en los jóvenes movimientos comunistas en Inglaterra, Alemania, Holanda y Francia. Los detalles del debate no son muy interesantes hoy. Pero la situación sí. La Revolución rusa ha ocurrido; con grandes dificultades y distorsiones el régimen soviético se ha establecido, y comienza a crear en su imagen partidos comunistas a nivel internacional, incluyendo los países coloniales o semi-coloniales. Lenin teme que la posición ultraizquierdista, aunque inspirada precisamente en el modelo del mismo Lenin y los bolcheviques en su marcha al poder en Rusia, va a impedir la marcha concreta del comunismo en otros países.

Lenin estaba argumentando contra una posición que, supuestamente en imitación de su propia posición, rehúsa hacer pactos con partidos socialdemócratas (como el partido Laborista en Inglaterra, por ejemplo), o participar en elecciones parlamentarias, o en acciones comunes con sindicatos establecidos. La idea básica del comunismo de izquierda era que la Revolución Rusa indicaba que una revolución mundial más amplia era inminente, y que el juego político normal de elecciones, sindicatos, partidos o bloques electorales, simplemente postergaba esa posibilidad. (Se considera que el panfleto de Lenin forma parte del giro al estalinismo. No hay duda de que la idea de un "ultraizquierdismo" fue usada muchas veces por el estalinismo, sobre todo contra trotskistas y anarquistas. Sin embargo, las posiciones que critica Lenin en ese panfleto son precisamente las de Stalin durante el llamado Tercer Período de la Internacional Comunista, período que termina con el triunfo en Europa del fascismo).

No van a reconocer muchas de las figuras contra los quienes Lenin polemiza, pero algunos por lo menos recordarán un libro que de cierta forma representa la articulación teórica más avanzada del comunismo de izquierda: *Historia y conciencia de clase* (1923), de Georg Lukács. Éste es un libro que sin duda leyó Walter Benjamin. Y Benjamin – cierto *uso* de Benjamin– es parte del problema del ultraizquierdismo latinoamericanista hoy. Lo que pesa sobre todo en el argumento de Lukács es la idea de la inmanencia de una conciencia colectivista, revolucionaria, en la misma situación de trabajo del proletariado, una "conciencia adscrita" comunista. Lukács entendía por "conciencia adscrita", no la conciencia empírica o actual del proletariado sino la conciencia que éste debía tener, debido a su posicionamiento en las relaciones de producción, conciencia no alcanzable por la burguesía por la misma razón (como se sabe, esto –la imposibilidad de pensar las relaciones sociales en su "totalidad"– es la base de la crítica que Lukács hizo del Modernismo estético).

El vice presidente de Bolivia, Álvaro García Linera, hace eco del título y del argumento del ensayo de Lenin en un texto, atacando a los críticos del gobierno de MAS desde la izquierda: *El "oenegeismo", enfermedad infantil del derechismo*. El libro está dirigido concretamente contra los firmantes de un Documento (llamado así), muchos de ellos antiguos simpatizantes o miembros del MAS, y otros de otras posiciones de izquierda, contra el MAS, argumentando la necesidad de una "reconducción" del llamado Proceso de Cambio en Bolivia. El más conocido sería quizás el académico Raúl Prada, relacionado con el grupo Comuna (del cual también fue parte García Linera en un tiempo). Sin entrar en detalles: desde una posición de supuesta simpatía y solidaridad con los movimientos populares, sobre todo con los movimientos de autoafirmación de solidaridad con la autonomía indígena, se critica al MAS y a García Linera en particular por desviar el proyecto socialista-indigenista en Bolivia hacia una dirección "desarrollista", mediatizada por el Estado, sintonizada con la globalización capitalista. García Linera responde que, a pesar de su adhesión formal a los movimientos sociales, los "resentidos" del Documento, como él los llama, no entienden el trabajo práctico de la construcción del Proceso de Cambio, proceso que tiene como horizonte la construcción de una patria socialista, y hasta cierto punto están obstaculizando y favoreciendo la oposición a ello.

Me convenció el argumento de García Linera, pero como en cierto sentido fue la respuesta a una posición que podría haber asumido yo (desde, vgr., los estudios subalternos), y que de hecho han asumido muchas personas que conozco y respeto, tenía que hacerme una serie de preguntas al respecto, y éso me llevó a la hipótesis que acabo de articular: que el paradigma con el cual trabajamos en los estudios culturales latinoamericanos ha dejado de funcionar.

Como hace evidente la polémica de García Linera, lo que hoy define coyunturalmente la situación de los estudios culturales latinoamericanos es la llamada marea rosada, es decir, el surgimientode una serie de gobiernos de izquierda en Latinoamérica de carácter muy heterogéneo. No dudo que este fenómeno lleva en sí muchas ambigüedades, contradicciones, ilusiones y peligros. Como toda empresa humana, está abierta al fracaso o a la perversión de sus ideales. ¿Se trata, como arguye García Linera, de una apertura hacia cambios más radicales, o de una nueva forma de capitalismo con una "cara más humana"?

Es evidente que estamos en una nueva situación hoy (2017). Pero no deja de ser menos que esperanzador que una mayoría de la población de América Latina vivía por una década o más bajo gobiernos que se autodenominaron , de una forma u otra, "socialistas".

Entiendo a la marea rosada como un "acontecimiento", en el sentido que Alain Badiou concede a ese término: es decir, algo inesperado, impredecible, radicalmente contingente y sobredeterminado, que no obstante abre toda una nueva serie de posibilidades y determinaciones simplemente por haber ocurrido. La pregunta —usando otra fórmula de Badiou— es cómo ser "fiel al acontecimiento", y esto, en particular, desde el trabajo que hacemos en el latinoamericanismo. No se trata de insistir en que tenemos que estar de acuerdo con tal o cual medida de tal o cual gobierno. Nuestra función es una función crítica. Pero creo que sí es legítima la pregunta: ¿contribuye lo que hacemos a una crítica necesaria y renovadora de las nuevas posibilidades, o más bien pasamos, en nombre de una radicalización más profunda, auténtica, a obstaculizar esa posibilidad (y en algunos casos a hacer causa común con la oposición burguesa)?

Aquí es donde veo la cuestión del ultraizquierdismo latinoamericanista como un problema político y no sólo como un debate sobre una tendencia o paradigma intelectual. Dos observaciones rápidas al respecto: hasta el punto en que se puede hablar de una influencia o un impacto del trabajo académico sobre la política –vuelvo a este tema en seguida– se podría decir que algunos elementos de la marea rosada se derivan en parte de la reflexión teórico-crítica en el latinoamericanismo de los noventa y comienzos de este siglo. Por ejemplo, la idea, de clara procedencia poscolonial, de patria "plurinacional". En otras palabras, sin la renovación teórica de los "estudios" (subalternos, poscoloniales, de la mujer, queer, etc.) no hubiera sido posible la renovación política de los gobiernos de la marea rosada.

Por contraste, se habla mucho de la contradicción entre estos gobiernos y los movimientos sociales subalternos que auspiciaban esos gobiernos, especialmente los movimientos indígenas en relación con políticas de energía, construcción de carreteras, explotación de minerales y recursos biológicos, etc. El caso más conocido, quizás, es uno al que se refiere García Linera en su polémica: el enfrentamiento –a veces violento– entre un grupo indígena y el MAS sobre el proyecto de construir una carretera a través del parque nacional indígena conocido como el TIPNIS (Territorio Indígena Parque Nacional Isiboro Sécure). Pero, como se sabe, hay contiendas similares en Ecuador, Brasil, Chile, Venezuela, etc.

Estas contiendas amenazan con poner en contradicción los dos aspectos más centrales del cambio de paradigma representado por los estudios culturales latinoamericanos en los noventa:

> 1) la reivindicación poscolonial (o decolonial) de lo indígena y lo afrolatino;
> 2) lo popular-subalterno como centro de la reflexión teórica y la acción política (los gobiernos de izquierda postulan la necesidad de un "desarrollo" económico para mejorar las condiciones de vida de los grupos más pobres de la población).

Para dar un ejemplo concreto de este problema: la conocida activista poscolonial Catherine Walsh opinó en una conferencia en mi universidad que las políticas de desarrollo energético del gobierno de Correa, en Ecuador, eran en cierto sentido más nocivas que el neoliberalismo, porque violaban los derechos de la tierra y de los grupos indígenas –derechos establecidos en la constitución ecuatoriana–, pero ahora bajo el manto de un gobierno popular, redistributivo, "plurinacional".

Me apresuro a decir que no estoy de acuerdo con la posición de Walsh: me parece, más bien, una forma de ultraizquierdismo. Pero no dudo de que nace de contradicciones reales. Y no dudo del alto nivel de compromiso ético y teórico de Walsh, una persona a quien admiro mucho. Sin embargo, no creo que en estos debates la posición "decolonial" en sí, o los grupos indígenas o ecológicos tengan automáticamente la razón, y el Estado no. Más bien, veo al Estado como un espacio necesario para empujar el cambio y, por lo tanto, como el lugar de una serie de contradicciones inevitables. Aun si se establece como derecho inviolable la autonomía de territorialidades indígenas, un derecho superior a las razones de un "desarrollo" que llevaría a mejores condiciones de vida para todas las clases populares, podría haber –de hecho hay– conflictos entre distintos grupos indígenas sobre esas territorialidades (entre otras razones, porque las territorialidades indígenas también pueden ser urbanas y "nacionales", como en el caso de los Aymara en Bolivia). En esos casos, alguna instancia tiene que resolver o mediatizar esos conflictos; como son conflictos que nacen en la sociedad civil, no pueden ser resueltos enteramente en la sociedad civil. El Estado tiene que crear un proceso de resolución, aun si ese proceso ocurriese en el nivel de las relaciones inter-indígenas (algunos se acordarán aquí del conflicto entre las dos comunas soviéticas en la obra *El círculo de tiza caucasiano*, de Brecht, conflicto resuelto en cierto sentido por la representación de una obra de teatro). Por decir esto de otra manera, no creo que el socialismo o el "Buen Vivir" sean la venida de Cristo (o del Tahuantinsuyo) sino la elaboración de un proceso radicalmente igualitario que nunca acaba, que siempre va a producir "conflictos". El socialismo es un proceso, no una utopía.

Lenin habló de una "enfermedad infantil", caracterizada por falta de madurez, frustración, impaciencia, voluntarismo. Yo hablo de una enfermedad académica. ¿Por qué académica? Por tres razones, creo. Primero: nuestro modelo como académicos de las humanidades (o, como los franceses solían decir, de las "ciencias humanas") es precisamente la crítica, más que la agregación hegemónica. En ese sentido, una práctica permanentemente deconstructiva es algo así como "la ideología espontánea de los intelectuales", para recordar un concepto de Althusser. Pero este afán crítico, que es propio de nuestra ética de trabajo, no es necesariamente compartido por otras posiciones sociales. En realidad, como Gramsci señaló, la posición del intelectual "crítico" precisamente marca una línea de división con los grupos subalternos actuales. Se complica este problema con la situación de clase, pequeñoburguesa, de la mayoría de los intelectuales académicos, cualquiera que sea su filiación política concreta.

Esto nos lleva a lo que es (creo) el punto ciego más importante de las posiciones pos hegemónicas en el latinoamericanismo: la confusión de lo que Althusser llamó (con mayúsculas) la Ideología en General con ideologías particulares. Tanto el fascismo como el eco feminismo o la doctrina del Buen Vivir son ideologías, pero evidentemente con consecuencias muy distintas para la vida real. Y "la ideología no tiene un afuera", insistía Althusser. Es decir, no podemos imaginar una manera de "cambiar el mundo" que no pase por la articulación ideológica.

Segundo, nuestra responsabilidad ética y política es en cierto sentido auto-referencial a la academia misma. No admite una corrección o una responsabilidad externa. Un radicalismo extremo puede coexistir pacíficamente con una carrera académica. No lo digo para criticar: estoy, estamos aquí precisamente por eso. Pero eso nos deja faltos de responsabilidad. Es decir, si proponemos una posición teórica, y de alguna forma esa posición es —como en el caso del ultraizquierdismo histórico— coincidente con la derrota o el *impasse* de un movimiento social o político, no tenemos que sentir una responsabilidad directa por ello. Un ejemplo es la celebración del zapatismo y la defensa de su rechazo al apoyo electoral de la candidatura del PRD en 2006. Pero la defensa académica de la postura zapatista —y el aparato teórico-crítico en que se basa (por ejemplo, los estudios subalternos,)— es algo también "académico"; es decir, no tienen que justificarse ante la Corte de la Historia, en este caso los más o menos 60 mil muertos de la guerra del gobierno de Calderón contra el narco, que resultó de la derrota del PRD. En cierto sentido estamos en la academia en una situación de teoría sin consecuencias.

La tercera razón es una extensión de la segunda. Es decir, la exterioridad de la crítica académica latinoamericanista, en general con respecto a su objeto de estudio, América Latina. No quiero volver a postular aquí las viejas (y gastadas) dicotomías de "posición de enunciación": local/global, periférico/metropolitano, "desde"/ "sobre" América Latina, etc. Tanto García Linera como Raúl Prada son intelectuales que piensan y escriben, como Nelly Richard, "desde" América Latina (y, en su caso, desde Bolivia, en particular), pero éso no impide que sus posiciones estén en disidencia.

Cabe observar más bien que en muchas de las nociones de lo latinoamericano (o de su deconstrucción), no importa si son "sobre" o "desde" América Latina, hay una visión implícita de América Latina como una forma del sublime romántico. Hay algo de esto en la idea del neobarroco o en la representación del "texto de la violencia" en los feminicidios de Ciudad Juárez, por ejemplo, o en la fascinación actual con Bolaño (que comparto). Podríamos decir que el ultraizquierdismo de la poshegemonía tiende a producir una especie de sublime. Lo que pasa aquí, entonces, es algo parecido a lo que Walter Benjamin llamó, en su ensayo "El autor como productor" (1934), la estetización de la política, fenómeno que él identificaba con el fascismo. En el caso de ultraizquierdismo latinoamericanista, el fenómeno tiene más bien que ver con cierta impaciencia –a veces milenaria, y ciertamente pequeñoburguesa– de la *inmanencia* del comunismo.

POSTDATUM

Este ensayo fue publicado originalmente en 2014. Evidentemente mucho ha cambiado desde esa fecha. Sobre todo, el optimismo que revelan mis observaciones sobre los gobiernos de la marea rosada. ¿Tiene razón retrospectivamente entonces el argumento ultraizquierdista? Creo que no.

La explicación que se suele presentar por la recesión política de la marea rosada es que ha sido víctima de su propio éxito: sus iniciativas para expandir el consumo de las clases populares han socavado su propia base militante, creando una población nueva de consumidores. Con la baja de los precios de materias primas de exportación, el poder de los gobiernos para satisfacer a ese consumismo ha decaído, y con eso su apoyo popular. Se hace atractivo de nuevo fórmulas neoliberales de empresarismo, agilidad de capital, tecnocracia "hip", sintonía con el mercado global y con el Web, posiciones supuestamente "pos políticas". Los casos de Macri en Argentina o de Capriles en Venezuela son ejemplares en este sentido. Se habla del ecuatoriano Jaime Durán Barba, el asesor político de Macri, como el teórico más influyente de la articulación de esta nueva derecha. Durán propone la emergencia de un "nuevo sujeto" político en América Latina, definido por la flexibilidad del trabajo y la integración con la cultura empresarial y tecnocrática del mercado y la globalización (para el tema de la nueva derecha encuentro útil el número especial de Nueva Sociedad editado por Pablo Stefanoni).

La crítica ultraizquierdista pudo captar las limitaciones de la marea rosada como un proyecto que se desenvolvía dentro de las reglas del capitalismo y de la colonialidad del poder, sin poder superarlas. Pero puede sugerir en su lugar sólo una posibilidad en cierto sentido catastrófica: una prolongación o un recrudecimiento de la pobreza y la miseria de las clases populares. Esto de acuerdo con su propia lógica milenaria: peor la insatisfacción y miseria de las masas y los grupos minoritarios, mayor la posibilidad de una transformación revolucionaria.

Creo más bien que los gobiernos de la marea rosada han establecido un horizonte de expectativas que permanecerá más allá de sus dificultades actuales. Estas expectativas son la condición de cualquier articulación hegemónica futura. Abandonar esta posibilidad en nombre de un radicalismo de la "calle" o de la "multitud" me parece precisamente repetir el error inicial del ultraizquierdismo.

Hay algo más: Me parece (es más bien una intuición que una certeza) que existe cierta sintonía entre *algunas* (y pongo énfasis en esta limitación) posiciones de izquierda que han surgido en respuesta a los gobiernos de la marea rosada y el surgimiento de la nueva derecha latinoamericana, una derecha sobre todo joven y ágil, y también "pos", como sugerí arriba. La naturaleza de esta relación sería tópico para una discusión más amplia, pero no sería la primera ocasión en que se pasa del vanguardismo revolucionario al vanguardismo del mercado y los medios.

Referencias

Beasley-Murray, Jon. *Posthegemony. Political Theory and Latin America*. Minneapolis: U of Minnesota P, 2010.

Benjamin, Walter. "The Author as Producer". *Reflections*. Schocken: Nueva York, 1986. 220-38.

García Linera, Alvaro. *El "oenegismo", enfermedad infantil del derechismo*. La Paz: Vicepresidencia del Estado Plurinacional, 2011.

Lenin, Vladimir Ilyich "'Left Wing' Communism: An Infantile Disorder." *Collected Works*, vol. 31. Moscú: Progress Publishers, 1974. 17-118.

Stefanoni, Pablo, ed. *Los rostros de la derecha en América Latina*. *Nueva Sociedad* 254 (nov.-dic. 2014).

Walsh, Catherine. "Afro and Indigenous Life-Visions in/and Politics (De)colonial Perspectives." Congreso (des)articulaciones de estudiantes graduados del departamento de Hispanic Languages and Literatures. Universidad de Pittsburgh, PA. Octubre 2011. Conferencia magistral.

La fatalidad de (mi) subalternismo.
Respuesta a John Beverley

ALBERTO MOREIRAS[1]
Texas A&M University

A Teresa, por todas las razones que conoce.

Y un hombre nunca debería tomar a la ligera nada de lo que pasa.
Sófocles, "Oedipus at Colonus" 381

1. LATINOAMERICANISMO DEL YO

Hace poco decidí ver o rever algunos clásicos del Oeste, como parte de mi preparación para un seminario de doctorado sobre el narcotráfico. Mi idea era que podíamos investigar en esas viejas películas el tema del sujeto patológico, en el sentido kantiano, y que el género mismo podría ser apropiado para estudiar ciertos fenómenos del narcotráfico y, así, su futuro. Y una de las películas que compré fue *High Noon* (1952), de Fred Zinnemann. Para el momento en el que Will Kane dice "El juez se ha ido del pueblo, Harvey dimitió, y nadie quiere ser diputado mío", ya estaba yo muy alarmado. La gente le dice a Kane que se largue del pueblo, puesto que "todo va a ser para nada", y nadie quiere verlo muerto. ¿Fue todo para nada? Cuando, al final, Kane tira la estrella de latón al suelo con un gesto de desprecio, todo parece haberse resuelto –o eso pensaba yo de niño, y recordé que pensaba–. Mi alarma vino al darme cuenta, esta vez, de que el mundano juez que se va de Hadleyville antes de que el tren llegue ("he sido juez muchas veces en muchos pueblos y espero serlo otra vez") se ríe, y con buenas razones. Kane actuaba como un tonto, y no por no estar advertido. ¿Y qué iba a hacer ahora? Sí, cabalga hacia el crepúsculo con su chica,

Amy. Pero ¿qué va a pasar mañana, cuando su gesto quede rendido y vuelva el desprecio a cobrar la cuenta?

Hace algunos años Jon Beasley-Murray bromeaba definiendo a John Beverley como "el inconsciente latinoamericanista". Ocurrió tras un panel de la conferencia de la Asociación de Estudios Latinoamericanos en Las Vegas, en el que Beverley había estado pidiendo el rearme nuclear de Brasil como sustento de la posible constitución de un "gran espacio" o bloque hegemónico latinoamericano contra América del Norte. La broma de Jon era un cumplido en el contexto, me pareció, pero quizá algo inmerecido. No es que John Beverley no merezca grandes cumplidos sino que ese cumplido particular no era del todo merecido. Beverley nunca ha hablado, en el terreno profesional, desde la posición de sujeto del inconsciente, porque su ideario político no le permite hacerlo. Beverley es más bien un latinoamericanista del yo o, más bien, un latinoamericanista norteamericano del yo, como demuestra una vez más la estructura de su reciente libro, *El latinoamericanismo después del 11 de septiembre* (2011). Como cualquiera puede imaginarse, hay una buena plétora de latinoamericanistas del yo por ahí, y ése es quizás el corazón de la broma de Beasley-Murray: como si dijera "John Beverley le da al clavito en la cabeza para todos los latinoamericanistas del yo, representa su preconsciente colectivo mejor que nadie". Eso me parece exacto. Es, sin duda, un cumplido, pero para nosotros los lacanianos de armario tiene sus límites. Y son justo esos límites los que están en juego en la discusión que pienso que hemos de tener en la estela del libro de Beverley.

O puedo salirme del armario y hacer una propuesta (para variar, prematura e imposible), que en este contexto es una contrapropuesta: en su seminario de 1954-1955, Jacques Lacan arremete contra la psicología norteamericana del yo, llamándola una falsificación de la herencia de Freud. La intención de Lacan de "volver a Freud" mediante una cuidadosa lectura de la evolución de Freud desde su trabajo temprano a los textos metapsicológicos, y en particular a *Más allá del principio del placer* (1920), le llevó a su descubrimiento del "sujeto del inconsciente", un *nemo* que no es el yo pero que guarda la posibilidad de lo que el Lacan de aquellos años llamaba el psicoanálisis real. *Mutatis mutandis*, me gustaría sugerir la posibilidad de un latinoamericanismo más allá del principio del placer, esto es, de un latinoamericanismo más allá del culturalismo y de toda psicología del yo, más allá del humanismo del sujeto, más allá de todas las piedades especulativas sobre la identidad o la diferencia mimética, más allá de todo narcisismo y de toda proyección imaginaria. Dentro de este ensayo, que es una respuesta personal al libro de Beverley, tal tipo de reflexión latinoamericanista sólo puede anunciarse como posibilidad mítica. Pero toda proyección de pensamiento es mítica. Si Lacan pudo anunciar su propia tarea bajo el signo de un "retorno a Freud", nosotros podríamos lanzar la nuestra en la invocación de un retorno al fundamento mismo del latinoamericanismo, que es, estructural y destinalmente, la posibilidad misma de una crítica anti-imperial, por lo tanto también aprincipial, an-árquica, del aparato total del desarrollo latinoamericano.

¿Quién es ese "nosotros"? Nadie, *nemo*. La posición está vacía. No hay "nosotros", excepto de una forma fantasmática y contraproductiva (exacto: no sólo contraproducente) que debería evitarse. Lo sé porque una vez me arranqué los ojos latinoamericanistas (como Edipo hizo en Tebas, para vergüenza mía, pues no me comparo con Edipo), y lo que vi entonces, en la medida en que puedo transmitirlo, fue la nada de nuestro deseo colectivo: "el drama esencial del destino, la ausencia total de caridad, de fraternidad, de cualquier cosa relacionada con lo que se llama sentimiento humano" (Lacan 230).[2] Edipo pregunta: "¿Se me hace hombre en la hora en la que ceso de ser?" Para Lacan, sin embargo, "ahí es donde comienza el más allá del principio del placer" (230). Y procede a decir, un tanto enigmáticamente:

> negación de la profecía que toma lugar en el precinto en cuyas fronteras la totalidad del drama ocurre, el precinto en el lugar donde está prohibido hablar, el punto central donde el silencio es obligatorio, pues allí moran diosas vengativas, que no perdonan y que agarran al humano en cualquier oportunidad. Debes conseguir que Edipo salga de allí siempre que quieras arrancarle algunas palabras, pues si las dice en ese sitio algo terrible sucederá. (230-31)

En el huerto impolítico de las Euménides, las Terribles, Edipo se convierte en un hombre sagrado. Lo sagrado viene de haberse hecho uno con su destino, en plena destitución subjetiva, que es otra forma de decir que se ha hecho uno con su vida deseante, o su deseo vital. El Edipo mortal es la encarnación de un pensamiento aprincipial de restitución. También podría ser la apoteosis de un inconsciente poscolonial latinoamericano. El Edipo latinoamericano debe arrancarse los ojos para poder empezar a ver.

Puedo imaginarme al ex-Marshal Kane en el precinto, lejos del pueblo, expulsado del pueblo, en duelo por el pueblo y su fatalidad, ciego pero viendo. Es el mismo lugar que ocupa Tom Doniphont, en su casa quemada, con la sola compañía de sus cactus y de su viejo compañero Pompey, durante los muchos años que pasan desde que Stoddard y Hallie se van de Shinbone, en ¿Quién mató a *Liberty Valance?* (1962), de John Ford. Si fueran latinoamericanistas, lo serían más allá del principio del placer. ¿Y no lo somos todos? Lo somos secretamente, o yo lo soy, o yo lo quiero ser. Pero no John Beverley. Ésa es la función que cumple su latinoamericanismo del yo: apotropaico, se deleita en un poquito del mal para luego dar un paso atrás y sentirse fortificado por los vientos de la historia, como Polinices. Habla sobre el "paradigma de la desilusión" de todos los demás sólo para esconder de la vista su propia desilusión, quizás más dura de llevar pero secreta (Beverley 96).[3] Debe establecer la ficción de que todos somos impotentes excepto él, el jefe de los Siete Contra Tebas, de modo que su receta para un latinoamericanismo políticamente activo quede inmediatamente legitimada sobre el suelo expeditivo de negárselo a cualquier otro. Pero crea, en el proceso, un universo tirando a claustrofóbico, y algunos de nosotros nos ahogaríamos en él.

¿Llegará el latinoamericanismo a su destino? ¿A quién está dirigido? Leyéndolo no pude dejar de pensar que hay algo en él de "La carta robada", de Edgar Allan Poe. El libro, como la carta en el cuento, está diseñado para que todos deban tomar una posición en relación con él; o, más bien, define de antemano la posición de todos. Imaginémonos entonces que el libro está dirigido, como la carta, a la Reina. El ministro tramposo tratará de aprovecharse de tal cosa, y el Rey continuará siendo el idiota impermeable que siempre fue, y será usado como tal. Pero las cosas cambian. Se podría decir que "cuando los personajes se hacen cargo de [este libro], algo [en él] se hace cargo de ellos y se los lleva por delante, y este algo tiene claro dominio sobre sus idiosincrasias individuales" (Lacan 196). Todos somos personajes, porque Beverley escribió un libro sobre nosotros, pero de manera tal que nos deja a todos incómodos. Recibes una imagen de ti, y ¿quién va a decir que está distorsionada? Creías que eras deconstruccionista y te convierten en un neoconservador, pensabas que eras comunista y no eres sino un neoliberal, sospechabas que no eras nada pero te encuentras encasillado y clasificado, te imaginabas vivo y estás muerto, y no se puede hacer un carajo al respecto. Y la mayor parte de nosotros nos encontramos mal retratados, es decir, retratados mal, proyectados contra nuestros fracasados destinos, juguetes de ellos, queriendo quedarnos pero enviados a paseo, que es lo que en el fondo Edipo no puede perdonar. No todos nosotros, lo cual es interesante en sí, y volveré a ello, sino la mayor parte de nosotros.

Podemos llamarlo cartografía. Los mapas también sitúan personajes, incluyendo a zombies. El libro de Beverley es un mapa de agujeros con sólo una montaña, que es lo que me hace pensar que está finalmente dirigido a la Reina. Para decirlo pronto: la montaña se llama "posubalternismo" (Beverley 8). Es una montaña capaz: puede incorporar a todos los identitarios y, como sabemos, en el latinoamericanismo son legión. Así que la gente está siempre definida e interpelada en su identidad, y los que menos pueden escaparse de tal cosa son cabalmente aquellos cuya identidad rehúsa hacerse explícita. El libro lo hace por ellos. ¿Creíste que ibas a escapar? Piensa otra vez. El primer pensamiento ya te capturó. Y te vas al agujero. Al final del día escalas la montaña, por los senderos marcados, o te quedas donde estás. Éso es lo que yo llamo latinoamericanismo del yo, por mucho bien que nos haga.

2. "¡Sigue al líder!"

El latinoamericanismo después del 11 de septiembre es un libro bienvenido. En cierto sentido es un libro que necesitábamos, y lo necesitábamos precisamente de John Beverley. Ofrece una oportunidad, quizás, para que nos alejemos de lo que alguien llamó alguna vez la inopia latinoamericanista de los últimos diez años más o menos, y volvamos a tener una conversación. En ese sentido, es un servicio a la comunidad académica, si podemos llamarla comunidad, cosa que dudo. Beverley mapea el campo, o un cierto campo, acaso no la totalidad, del latinoamericanismo teórico, en el que sin duda muchos no se sentirán incluidos, o estaban fuera del radar de Beverley. El feminismo es una ausencia conspicua excepto genéricamente, por ejemplo, y también los llamados estudios *queer*, lo que convierte la controversia que Beverley propone en algo excesivamente cercano a una batalla "entre hombres", también genéricamente, y eso está lejos de llenarme de orgullo. Podemos objetar al mapa, el mapa podría resultar absurdo, el mapa podría no proporcionarnos la oportunidad de identificación narcisista que necesitamos, o puede, por otro lado, dárnosla de sobra, lo cual está igual de mal o es peor. Pero es un mapa, y podemos hablar de él para celebrarlo o denigrarlo, para suplementarlo o sustraernos. Creo que el libro es generoso y esencialmente abierto, en ese sentido, y lo agradezco.

Agradezco personalmente la amplia atención que Beverley dedica a mi trabajo anterior, y me importa muy poco que tome distancia de él, o incluso que lo considere quizás el ejemplo primario de obsolescencia teórica en el campo de estudios. No me interesa demasiado defenderme, o defender mi viejo trabajo, porque todo el trabajo ya hecho es para mí anticuado, por definición; pero voy a querer dirigirme a algunos aspectos que considero equivocados en las consideraciones de Beverley. Dado lo que está en juego hoy, lo que me interesa es el trabajo crítico y la posibilidad de una crítica viva para el futuro de nuestro campo de esfuerzos (Hablo de "nuestro campo de esfuerzos" y me pica el cuerpo. No creo que exista tal cosa, como ya dije, pero la retórica es en esto más poderosa que mi creencia personal, y me encuentro indefenso para evitar la primera persona del plural).

He formado estudiantes latinoamericanistas tratando de ofrecer alguna posibilidad de tarea urgente, de trabajo por hacerse, y me gustaría seguir haciéndolo en el futuro. Sobre esa base trataré de devolverle a Beverley su generosidad y su apertura, en la medida de mis posibilidades, y de decir algunas cosas sobre su libro y su contexto de inscripción. No es fácil, porque Beverley me sitúa, imposiblemente, como el no-conformador de una no-escuela de deconstrucción subalternista latinoamericanista que fue pretendidamente influyente durante algunos años, más o menos alrededor del 11 de septiembre de 2001 (43). Mis "asociados" en la pretendida empresa, por lo tanto, comparten mi destino, lo cual es quizás poco amable con ellos sin ser demasiado amable conmigo, y me pone en la complicada tesitura de reivindicar una no-traición: si no hablara por mí mismo, estaría rechazando la oportunidad de hablar por ellos. Pero si hablara por mí mismo, estaría cayendo en la trampa de aceptar la premisa misma de mi fracaso en conformar a mis asociados en una verdadera escuela, aunque fuera sólo para rebatirla. No me interesa nada de éso, aunque sí quiero decir que la gente que menciona Beverley al principio de su capítulo 3 no es sino la metonimia de un amplio sector que engloba grupos significativos de al menos dos generaciones de trabajo reflexivo sobre la historia intelectual y política latinoamericana, los que decidieron hacer una inversión existencial seria en el trabajo teórico, cualesquiera que sean los límites que tuvimos o podamos todavía tener. Esa es la gente, en resumidas cuentas, de forma muy obvia, bajo ataque directo en su libro; gente mortificada por él, consignada a un tipo de muerte; y el ataque, como siempre ocurre en estos casos, viene de lo que es en el fondo una posición anticonceptual y antiteórica, endémica en nuestro campo, que no voy a dudar en llamar conservadora en todo, excepto en su autonombramiento (es una posición que en muchos casos –no en otros quizá más superficialmente honestos pero menos relevantes– trata de encubrir su carácter fundamentalmente reaccionario). No creo que Beverley sea un pensador reaccionario sino que digo que su libro juega una carta abiertamente reaccionaria al alinearse con un abandono del pensamiento teórico, que es y siempre ha sido fieramente reaccionario, en favor de un posicionamiento meramente político en nuestro campo profesional. Es la hora de iniciar un contramovimiento, de resistir nuestra consignación a la muerte. Nadie puede decir que no hayamos tenido paciencia, incluso demasiada paciencia, aunque eso no haya sido ningún mérito.

Me parece muy bien que Beverley piense en sí mismo como possubalternista, pero no tengo intención alguna de seguirlo. Por mi parte, creo que sigo siendo subalternista en Estudios Latinoamericanos, y no quiero tener nada que ver con ese "pos" particular que Beverley inventa ahora. El subalternismo es todavía una cuenta pendiente, y nada se ha resuelto, y las preguntan persisten, y yo encuentro las definiciones reductivas de Beverley intentos burdos de oscurecer nuevamente las discusiones que ya contribuyó notoriamente a silenciar, consciente o inconscientemente. El subalternismo pudo haber llegado a algo, de verdad pudo haberlo hecho, pero la conversación subalternista fue impedida, fue interrumpida con brutalidad, en nombre de intereses profesionales, a veces disfrazados de políticos, que yo siempre consideré retorcidos. No me parece que eso pueda arreglarse con un mero "¡Hagamos posubalternismo ahora!". Tampoco que lo que comenzó entonces pueda terminarse ahora (hubo demasiada oposición, demasiada censura, y demasiado sufrimiento como consecuencia, y no hablo sólo de mí. Eso no puede olvidarse). En tal contexto, la idea de "posubalternismo", con todos mis respetos, me parece poco más que un sepulcro blanqueado. Así que no soy posubalternista, pero tendría algunas cosas que decir sobre el subalternismo si alguien hiciera alguna vez las preguntas adecuadas o, más bien, si encontrara la energía para salir de mi propio oscuro precinto al respecto.[4]

¿Por qué tendría ésto que importarle a nadie? A lo mejor no le importa, o sólo le importa, a nadie, a *nemo*, al no-sujeto del campo profesional. Pero hay una cierta fatalidad en la escritura, o una fatalidad que se desencadena en cuanto uno se pone a escribir y debe decir cosas. No tengo animosidad alguna contra Beverley ni contra persona alguna que quiera exponerse al aire libre, por amor al debate intelectual, hablando con claridad y respetando las reglas del juego. Pero muchas veces en los últimos diez años me he sentido entristecido por lo que percibía como el temor y la autocensura que han venido a ser cuasi-naturalizadas en nuestro ambiente académico. No es sólo que la gente no quiera hablar, o que no hable más allá de sus círculos íntimos. Es, sobre todo, que unos le dicen a otros que callen, que no hablen, que no muevan las aguas ni produzcan ruido alguno. Hay un abandono de la responsabilidad profesional, en este sentido, del que he sido testigo a menudo, y continúo siéndolo a mi pesar, y que encuentro monstruoso. Hay pavor en nuestro medio profesional (hacia las represalias, a no ser contratado, a no ser invitado, a no ser publicado, a no conseguir permanencia). Es pavor a ser, y pavor a representar una libertad de habla, a reclamar el derecho de participar en el intercambio intelectual libre para no tener que sufrir, dicen, las consecuencias. Es difícil tomarlo en serio, pero se dice seriamente. ¿De dónde viene? Beverley no tiene la culpa de ello, o no más que otros. Pero ¿cómo hemos permitido que un cierto número de discursos, o de recursos discursivos, casi todos ellos con ambición teórica, se conviertan en tan peligrosos para nuestra salud profesional que disuadan casi automáticamente de expresar simpatía por ellos? Sabemos que es rutina hoy en muchos ambientes –sí, todo se sabe, no hay secretos, todos oímos continuamente cosas que no se suponía que llegaran a nuestros oídos– aconsejar a los estudiantes que no mencionen algunos nombres específicos en sus listas de referencias o en sus solicitudes de trabajo, y sabemos también que ocurren juegos mezquinos basados en alianzas ideológicas que buscan excluir, y que son casi la norma en muchos lugares, algunos de ellos de enorme prestigio (prestado). No es sorpresa para nadie que yo diga ésto, aunque pocos lo dicen. Ahora bien, ¿queremos realmente que las cosas continúen así? No lo puedo creer. No hay fatalidad alguna en el *status quo* presente, y depende de nosotros, y sólo de nosotros, cambiarlo. El libro de John Beverley, y esta respuesta, espero, son un paso en la dirección adecuada. Beverley, criticando a la gente abiertamente –a mí, entre otros–, rompe el silencio y el miedo y nos da la oportunidad de responder, franca y libremente. Nos mortifica, pero esa mortificación nos da razón de vida. Por eso no voy a evitar mi propia responsabilidad en ésto; ya no, a estas alturas.

"Fatal" es un adjetivo, por cierto, que Beverley me aplica. Dice:

> En cuanto al comentario sobre "una retórica [...] tan respetable como cualquier otra", ése es, por supuesto, el desprecio del filósofo por el demagogo, de Platón por los Sofistas. Pero ¿es de hecho verdad que la retórica de la Raza Superior y la Solución Final es "tan respetable" como la "retórica [...] del Pachamama y del *ayllu*?" Moreiras confunde aquí, de forma que yo considero fatal para su posición, la *forma* de la ideología –lo que Althusser llamaba "ideología en general"– con el *contenido* de ideologías particulares. (59)

El asunto de la Solución Final y la Raza Superior es producto de la imaginación creativa de Beverley, pues no están ni remotamente mencionados ni aludidos en mi libro. Mis frases son:

> Es mejor descolonizar que colonizar. Pero el éxito (deseado) de [Evo] Morales será función de la capacidad de su gobierno para impulsar la producción y redistribución de la riqueza y para crear justicia social; no de la retórica, por lo demás tan respetable como cualquier otra, de *Pachamama* y *ayllu*. No es la descolonización infinita de la esfera cultural lo que importa más o debería importarle a la gente en Bolivia, sino la justicia social y la capacidad republicana de la ciudadanía para conseguir un sistema económico y político genuinamente democrático. (Beverley 57-58)

Podría insistir en que no hay nada "fatal" en esas palabras mías; podría insistir en que no son nada sino sentido común trivial; y podría insistir en que la astuta asociación beverleyana entre lo que yo dije y la Raza Superior y la Solución Final no es sino agua de alcantarilla. De hecho, voy a insistir en todo ello, ya puesto. Como sabe todo español, cuando uno usa el modismo "tan respetable como cualquier otra", no se está entregando al relativismo nihilista. Por ejemplo, podría decir y probablemente haya dicho que si el Celta de Vigo pudiera adquirir a tal o cual jugador o entrenador entonces podría convertirse en un equipo "tan bueno como cualquier otro", y sería meridianamente claro para mi interlocutor que por "cualquier otro" no me estoy refiriendo ni al Rápido de Bouzas ni al Racing de Celanova sino, más bien, en todo caso, al Barcelona FC o al Real Madrid, o por lo menos al Valencia. Así que cuando digo que la retórica del Pachamama y el ayllu puede ser tan buena como cualquier otra ideología, pero que todavía no servirá para lograr el propósito político fundamental, que es la justicia democrática, no estoy comparando ni de lejos el Pachamama a la Solución Final nazi, ni el ayllu a la Raza Aria. Espero que ésto no suene demasiado didáctico, aunque Beverley no sea español, ni gallego, como quiere que sea yo.[5]

Beverley le añade una nota a su párrafo fatal en la que dice: "Moreiras respondería que la *forma* de una ideología es su contenido" (135 n.18), y sin duda tiene razón, y añadiría que esa misma sería la posición de Althusser. Pero no importa. Más allá de eso, lo que hay en juego es una noción bastante fundamental que dice, por el lado de Beverley, que, dado que todo es ideología de todas formas, y no hay forma de salirse de ella, entonces algunas ideologías son mejores que otras, y deberíamos tragárnoslas enteritas o, más bien, deberíamos permitirle a la gente tragárselas enteritas, o incluso pedirles que lo hagan, puesto que es bueno para ellos sentirse redimidos sobre la base de identificaciones imaginarias y proyecciones culturales que les dan lo que ellos mismos consideran o pueden considerar una identidad, y lo que el campo académico en Estudios Latinoamericanos no ha dejado nunca de llamar identidad; pero, por mi lado, en la posición opuesta, digo que, aunque algunas ideologías sean por supuesto mejores que otras, y su valencia política e intelectual deba ser siempre analizada caso por caso, de modo que el feminismo es bueno en un mundo patriarcal y el antirracismo es bueno en un mundo racista, y el indigenismo (aunque no hay "indigenismo" en la ideología de Morales, ni en general en su gobierno: se trata de otra cosa) en un mundo criollo, es condescendiente y antidemocrático por nuestra parte –es decir, la parte de los analistas que pueden tomar distancia porque, por ejemplo, han leído a Althusser– aceptar o promover la fetichización, o reificación, o naturalización de cualquier ideología, puesto que entendemos que el reino de la ideología transformada en fetiche tiene efectos perniciosos en la esfera política y milita contra cualquier concebible deseo democrático. La necesidad crítica toma prioridad.

Cuando el feminismo, el antirracismo, la posición radical a favor de la descolonización infinita, o cualquier otra configuración de deseo rebelde van más allá de su estatus inicial como posiciones políticas, como ocurre con frecuencia, y se transforman en ideologías de vida, ocupan el mundo imaginario de las personas. Eso no es necesariamente malo, pero tampoco es necesariamente bueno. Podemos pensar, aunque sea por puro gusto personal, que es mejor ser católico en un mundo protestante, o protestante en un mundo católico, o marrano en la cristiandad. Pero yo prefiero mantener mis opciones abiertas y no confundir intereses críticos con la adopción de identidades imaginarias. Y si eso es lo que quiero para mí mismo, entonces no puedo querer nada distinto para otros.[6] A Beverley puede interesarle llamar a su posición "posubalternista", y hacer de ella un banderín de enganche para el apoyo a los diversos gobiernos de la llamada "marea rosa", pero yo me atengo al subalternismo y rehúso apoyo por principio a cualquier dirigente populista, incluyendo a los populistas académicos que apoyan a los líderes, igual que les rehúso apoyo a los neoliberales o a los conservadores, de entrada, porque pienso que la política no es una cuestión de apoyos y de seguimientos. Si soy Platón para los sofistas, parecería que Beverley es un sofista que ha asumido siempre de antemano que sus discípulos son niños inocentes que deben guiarse con los cuentos de la buena pipa e historias de susto que podamos inventar para que puedan dormir cómodos por las noches, o callarse mientras los papás trabajan más o menos bien, pero ésa es otra historia, siempre abierta, sea cual sea la retórica política que usen. La política es, después de todo, el lugar de la praxis. No hay nada peor en la Pachamama que en la Santísima Trinidad, supongo, o en la noción islámica de la divinidad, y el mito del ayllu puede ser comparado, quizás con ventaja, no lo sé, al mito de la ciudad democrática. Pero mi subalternismo no puede pararse ahí, por mucho que esa posición crítica sea fatal o cuasi-fatal dentro de los parámetros de la piadosa academia norteamericana y sus guardianes siempre tan izquierdistas de calle. O, por cierto, dentro de los parámetros de los que buscan hacer negocio, negocio político, sobre las espaldas de la gente, en América Latina o en cualquier otra parte. Este no es el caso de Beverley, pero puede bien ser el caso de algunos de los políticos que él apoya y ha apoyado.[7]

Para mí, el subalternismo, una de esas malas palabras que los estudiantes no deben usar (o no habrían debido usar: quizás ahora ya no importa), y que estuvo siempre vinculada en mi biografía personal con un interés en la deconstrucción, otra mala palabra, en la posibilidad de una crítica radical de la ideología pero también de la praxis, vengan de donde vengan. Es más que eso, pero también es eso. Intento no comulgar, y eso es algo así como una forma de compromiso político, el mío. Pero en el fondo la objeción de Beverley, un poco clandestina, por cierto, pues él no cesa de criticar a todo el mundo, es a la posibilidad misma de una crítica sin comunión. Pone las cartas boca arriba cuando, al final de su capítulo 5, "El giro neoconservador", hace su pregunta más profunda: "¿Hasta qué punto estamos metidos, individual y colectivamente, en lo que llamo el giro neoconservador? Esta es una variante de la pregunta que está en el corazón del Evangelio cristiano: ¿A quién sirves?" (94). Es decir, ¿sirves a Dios o al diablo, a Dios o a César, al pueblo o a sus amos, sirves a alguien o algo o te sirves sólo a ti mismo? Bueno, diría Beverley, una vez identificas a tu amo, absórbelo y cierra ya el pico. Pero la respuesta a Beverley podría venir no del Evangelio sino del Viejo Testamento: "no serviré, o serviré a nadie" (a nadie, el *nemo* de nuestra práctica intelectual, el no sujeto del inconsciente otra vez). Sabemos por versiones previas del ensayo que es ahora el capítulo 5 que la pregunta original detrás de la versión más modosa que aparece aquí era si estábamos preparados para perder nuestra fachada intelectual de críticos burgueses amparados en el privilegio intelectual, y nuestra pretensión de libertad de expresión y pensamiento, y apostar por seguir al líder, sea Chávez o Morales o Cristina Kirchner.[8] Llegó la hora de la verdad con el ascenso del populismo latinoamericano al poder, y Beverley necesita poca mecha para encender su entusiasmo de seguidor (Lacan ya había advertido a los sesentayochistas que deberían tener mucho cuidado con no acabar como víctimas de un nuevo amo); pero si "¡seguid al líder!" es la precondición del subalternismo, me parece que este tiene un futuro limitado, fuera de las condiciones personales de cualquier líder. Y esa opinión, entre otras cosas, viene del republicanismo democrático que Beverley encuentra tan objetable y fatal en mi posición: arendtiana, la llama, entre perplejidad y sorna. Prefiero atenerme a ella, aun así.

No es, sin embargo, mi interés particular defender mi propia posición en esta respuesta. Le dedico el espacio a apoyar la posibilidad y el privilegio de la labor teórica en nuestro campo de estudio. Prefiero pedir trabajo conceptual en lugar de adhesiones políticas y opinamientos culturalistas. Sin duda, soy culpable de haber pensado, hace unos veinte años, que una nueva generación de hispanistas y latinoamericanistas iba a cambiar las condiciones históricas del discurso crítico en nuestro campo. Me equivocaba, porque pensaba que esa generación iba a ser la mía. No ha ocurrido (o no del todo: hay una cierta normalización comparativa del discurso latinoamericanista que estaba ausente hace veinte años), y hay un largo cuento que contar aquí que va mucho más allá del colapso del Grupo de Estudios Subalternos Latinoamericanos o de cualquier otro acontecimiento puntual en nuestra historia institucional reciente. Pero lo que sigue es parte de ese cuento.

3. CRÍTICA DEMOCRÁTICA DE LA RAZÓN IMPERIAL

Hay una ausencia significativa en la lista de personajes. A Aníbal Quijano se le menciona una vez, y a Walter Mignolo un par de veces, pero Beverley no menciona a nadie más en su grupo, y su libro omite toda consideración de la llamada "opción decolonial". Beverley nos cuenta su opinión sobre los malhadados estudios culturales neoliberales, y sobre los siniestros literatos neoconservadores, los neo-arielistas desesperados y los deconstructores obsoletos –ahora ya medio muertos o en plena transición hacia el neoconservadurismo–, pero la tendencia que parece vivita y coleando en nuestro campo no es mencionada, y mucho menos criticada. ¿Por qué? Quizás Beverley se siente un buen compañero de viaje de esa tendencia, con ella si no de ella, puesto que probablemente no sería bienvenido. Su posición esencial, sin embargo, es diferente, aunque comparte con la decolonial la condición de latinoamericanismo del yo. Así que ¿por qué el pensamiento decolonial deja de ser interrogado en el libro de Beverley? No es que pueda haberle pasado inadvertido.

Tengo para mí que la respuesta está relacionada con los líos endémicos al latinoamericanismo del yo: un síntoma neurótico, a lo mejor, esta omisión de una línea profesional cuya identificación crítico-especulativa podría haber acarreado más líos de los que Beverley quisiera. Así que la opción decolonial, como el feminismo o los estudios *queer*, es dada por supuesta, aunque por razones esencialmente diferentes. Éso tiene, por supuesto, la ventaja añadida de que la opción decolonial, que queda fuera de marco, se hace inmune a la "crítica política" de Beverley. Los decoloniales, después de todo, sí que siguen a los líderes populistas, se benefician de ellos todo lo que pueden con su aparente enorme respeto. Aunque, para decir la verdad, en este caso particular, parece más bien que lo que prefieren es que los líderes populistas los sigan y los respeten a ellos.[9]

El analista quizás diría lo siguiente: si hay discusión hoy, podría considerarse un dato fáctico que el campo de los estudios poscoloniales latinoamericanos ha sido tomado por la tendencia decolonial, en la medida en que uno lee en cada trabajo sobre el asunto "los estudios poscoloniales, es decir, decoloniales latinoamericanos...". Y, sin embargo, no hay razones determinantes para que eso sea así y no de otra manera. Para mí, entender la estructura y la historia de la poscolonialidad latinoamericana es clave para la tarea intelectual de nuestro tiempo. Sin ello difícilmente podríamos proceder adecuadamente hacia lo que quiero llamar crítica democrática de la razón imperial, que no deja de ser un nombre alternativo para la tarea de especificar un latinoamericanismo subalternista, más allá del principio del placer y de identificaciones imaginarias. Los analistas del imperio nos han mostrado hasta qué punto, desde Montesinos y Las Casas, la razón imperial ha sido siempre criticada desde posiciones imperiales modificadas o alternativas. La razón imperial siempre se desarrolla sobre la base de su propia crítica, y la historia de la razón imperial es tanto más eficaz cuanto más pueda presentarse como historia crítica de la razón imperial. El imperio, en otras palabras, siempre imperializa su propia crítica, y acaba por absorberla.

Si ese es el caso, una de las preguntas fundamentales de Beverley, a saber, ¿cómo puede América Latina librarse de la sombra del Norte, de la hegemonía norteamericana?, debe contestarse apuntando a la posibilidad de formación de un intelecto general democrático en América Latina cuya premisa es la posibilidad de una crítica democrática del imperio desde la historicidad latinoamericana e ibérica. En cuanto intelectuales académicos podemos ser manifiestamente incapaces de ayudar a la formación de un intelecto general democrático, pero sin duda debemos producir una crítica democrática del imperio. Y esto último es trabajo preparatorio si hay opción para interrumpir el ciclo perpetuo de la razón imperial.[10] Es, en mi opinión, la solución potencial, o mítica, a cada uno de los problemas de Beverley, y es el camino intelectual que permite dejar atrás a neoliberales y a neoconservadores, deconstructores e identitarios y decoloniales, mientras desbrozamos el paso a una tarea generacional para el que el campo intelectual –el campo general del latinoamericanismo, que está lejos de quedar confinado a la universidad norteamericana– ya está listo, aunque quizás no lo sepa. En lugar de ello, aceptamos rutinariamente falsas soluciones, y una de ellas es a mi juicio la tendencia decolonial. Por supuesto, a veces resultan útiles sus reflexiones, pero sus exponentes no se autopresentan como investigadores cuyas contribuciones parciales al conocimiento o a la reflexión puedan simplemente ser compartidas por otros. Sus teorías deben ser aceptadas en su totalidad. Sólo entienden entender como comulgar, así que sus preguntas son siempre una variante, igualmente atragantante, de la pregunta de Beverley: ¿a quién sirves? ¿Por qué, entonces, pasa Beverley de largo por la posibilidad de criticar la opción a través de cuya crítica podría quizá encontrar respuesta a sus propias demandas fundamentales?

Lo haré yo por él, agradecido por la oportunidad. Mi tesis es la siguiente: no habrá descolonización efectiva de América Latina, ni del conocimiento latinoamericanista, esto es, no habrá ninguna crítica genuinamente democrática de la razón imperial, sobre la base de los varios supuestos descubrimientos, revelaciones y procedimientos que ofrece el decolonialismo. La opción decolonial, para hablar claro, no es una crítica democrática de la razón imperial, ni pretende serlo. Lo malo es que, entonces, se convierte en una crítica imperial de la razón imperial o, lo que es lo mismo, una crítica colonial de la razón colonial.

Ésto podría parecer paradójico o exagerado. Después de todo, la opción decolonial afirma creer firmemente en su potencial descolonializante, e incluso postula un horizonte de descolonización infinita como su única y verdadera meta. Los decoloniales dicen, por ejemplo, que "la conceptualización decolonial quiere denunciar la matriz colonial del poder" (Mignolo, "Preamble" 17). Pero denunciar no significa nada, o casi nada. Denunciar (el imperio, el poder colonial, la colonialidad del poder, supuesto que uno pueda usar el último término sin ser acusado de plagio) está lejos de establecer la posibilidad de una crítica democrática de la razón imperial.[11] Es sólo su parodia, y en la medida en que es una parodia permanece atrapada en el universo que dice o no dice parodiar.

La opción decolonial actúa como si su denuncia se convirtiera automáticamente en un acontecimiento de verdad, la irrupción de la verdad en nuestro mundo, capaz de romperlo en dos, capaz de abrir otra historia, a su vez capaz de dividir el mundo, precisamente, entre denunciantes y denunciados. Quienquiera que no está conmigo está contra mí, dicen, siguiendo la Palabra Cristiana de Beverley. Una y otra vez los practicantes de la denuncia colonial denuncian y predican, en un doble movimiento retórico que es su firma misma. Lo que se denuncia es el "control" imperial de la economía, de la autoridad, de la sexualidad, del conocimiento, de la subjetividad, incluso el control imperial del ser. Y lo que se predica es que la denuncia del control imperial es ya una condición suficiente para cambiar el mundo, una condición suficiente para la movilización democrática o popular, porque es, desde su enunciación misma, la condición suficiente para el desvelamiento de otra economía, otra autoridad, otra sexualidad, otro conocimiento, otra subjetividad, y otro entendimiento del ser, aunque ninguna de estas instancias es definida nunca, sólo invocada siempre. Así, leemos: "el concepto programático de decolonialidad está implícito en el concepto analítico de la matriz colonial del poder (o colonialidad del poder)" (18). Es decir, el análisis ya es su propia síntesis (no sorprende que busquen abandonar la lógica filosófica occidental). El concepto se autoperforma, se autodespliega en práctica. La denuncia es siempre ya –de antemano, al mismo tiempo– revelación y predicación. Bastaría enseñarle a alguien una sandalia para que aprendiera a caminar, o asumir que el cura se hace santo porque pone verdes a los pecadores.

Ésta es, sin duda, una peculiar crítica colonial de la razón colonial, llena de una *potentia* que siempre ya incorpora su propio *actus*. Pero no es, y no puede llegar a ser en sus propios términos, crítica democrática de la razón imperial. El descubrimiento deslumbrador, el *arcanum* principal, la gran verdad que la opción decolonial pretende haber descubierto es la siguiente: "no hay modernidad sin colonialidad: la colonialidad es constitutiva de la modernidad, no derivada de ella" (22). Ésta es la dimensión analítica, o el gran logro de la dimensión analítica, en la visión de la colonialidad del poder. Sobre ello se nos dice que también aguanta, más bien mágicamente, una dimensión programática o performativa que va por descontada. Pero para entrar en ella no basta, me temo, el mero entendimiento de que hay verdad en ella, y que por lo tanto la modernidad y la colonialidad son conceptos o instancias intercambiables, que cuando alguien dice "¡modernidad!" también está diciendo "¡colonialidad!". No basta, en la misma medida en que algunos de nosotros podemos estar de acuerdo hasta cierto punto, quizá no por las mismas razones, en que la modernidad es una dimensión específica de la razón imperial occidental, sin derivar por eso las mismas conclusiones. La colonialidad, por ejemplo, no es *ipso facto* modernidad.

Contestarían que lo importante, para penetrar la escondida verdad, como es el caso para cualquier verdad mágica, es estar de acuerdo *en cierta manera*, y no de cualquier modo, con una cierta fe, pues si no perderemos lo esencial. Si la dimensión analítica de la colonialidad del poder siempre de antemano adelanta su propio programa, eso es porque hay algo en esa dimensión analítica que abre el portento: "el concepto mismo de colonialidad del poder es ya un movimiento decolonial que, subsiguientemente, abre las puertas para imaginar futuros posibles en lugar de descansar en el momento celebratorio de la explicación crítica de cómo es realmente el mundo social" (22). Explican el mundo social tal como realmente es, pero la denuncia no es mera explicación, ni mera crítica. Es, sobre todo, ya una prédica, y lo que predica es la dimensión futura de otro mundo, de otra imagen del mundo bajo el signo de la descolonización infinita. Abrir otro mundo abjurando del presente es, para la opción decolonial, "el único juego aceptable en el pueblo para la gente que prefiere descolonizarse a sí misma y contribuir a la descolonización del mundo" (29). El dogmatismo es sobrecogedor, pero más allá de él lo que se dice es que la destrucción del mundo abre inmediata y automáticamente otro mundo. La descolonización infinita, en el flash de la revelación de la colonialidad del poder, es la apertura infinita de otro mundo. Y va por descontado que tal apertura infinita acarrea, por sí misma, el encuentro con otra forma de control de la economía, de la autoridad, de la sexualidad, del conocimiento, de la subjetividad, del ser. No hay garantía, por supuesto, de que tal forma alternativa de control no sólo prometida sino ya de antemano producida programáticamente por la enunciación misma de su posibilidad en la opción decolonial vaya a ser ni un ápice mejor que la primera, excepto que la predicación misma la sitúa de antemano como siempre ya mejor. La opción decolonial es la predicación decolonial.

O bien, y hay que ir aceptándolo: ya que no hay garantía alguna, entonces la garantía sólo puede venir de la palabra dada. La mejora radical en términos de control viene dada y garantizada en la palabra misma del predicador, el testigo, el profeta, por su aura o su prestigio personal, que es a su vez función exclusiva de su capacidad promisoria. El argumento de que la destrucción de la autoridad de la colonialidad del poder tal como ha sido y es, en virtud del *shibboleth* verbal, garantiza automáticamente la construcción de mundos alternativos mejores que el presente o el pasado, no necesita más que la mera promesa. Pero tal procedimiento retórico está lejos de contribuir a la creación de un intelecto general democrático. Es pensamiento carismático, aurático. O, más bien: sea o no pensamiento, requiere recepción carismática.[12] Y, para mi forma de pensar, la llamada a recepción carismática es crítica colonial de razón colonial. La razón colonial, después de todo, ha procedido siempre sobre la base del carisma: la razón colonial siempre ha incorporado crítica carismática; siempre ha colonizado, antes que ninguna otra cosa, el carisma mismo. La opción decolonial es crítica carismática del carisma imperial.

La crítica democrática de la poscolonialidad latinoamericana, que la posición identitaria de Beverley tampoco le permitiría estar preparado para emprender, siempre rehúsa la idea de que pueda incorporar una dimensión programática. En cambio, la dimensión programática es inherente al pensamiento identitario: "Me convertiré en lo que soy". Excepto que el pensamiento identitario parte del punto de partida de no ser nadie, o no todavía. La brecha entre esa ausencia originaria y la fijeza del éxito deseado es constitutiva de un programa de acción, aunque nunca un programa de acción democrática. Culmina en la autoconsagración de un ego soberano, que es, en el fondo, lo que Beverley comparte, como meta, con los decoloniales.

Una de las limitaciones fuertes del pensamiento académico norteamericano en los últimos veinte años, digamos pos-deconstrucción, ha sido su falta de mollera para entender un pensamiento simple: que el trabajo negativo incorporado en la empresa crítica no puede ser, y por lo tanto debe rehusar ser, al mismo tiempo sintético. Una crítica democrática de la razón imperial no hace recurso al argumento mágico y autoritario de que una analítica democrática incluya su propia revelación de mundo, o de que tal revelación abra el carisma del mundo como si esto se hiciera por vez primera, inaugurando así otra historia y rompiendo el mundo en dos: los infieles y los creyentes. ¿Son los infieles los "deconstructores"? Muy posiblemente, aunque, o porque, los "deconstructores" en el sentido de Beverley no tienen apenas nada que ver con la deconstrucción: él usa la palabra como taquigrafía para otra cosa.

Yo prefiero buscar un grado cero de pensamiento poscolonial; de hecho, un pensamiento poscolonial radicalmente antiquiliástico. La poscolonialidad grado cero, esto es, crítica democrática de la razón imperial, crítica democrática del pensamiento poscolonial, o crítica democrática en cuanto pensamiento postcolonial, no abandona necesariamente la construcción de un programa. Por el contrario, prepara siempre un programa. Pero debe, por definición, renunciar activamente a la posibilidad de ofrecerse como ejemplo de organización y mando porque debe ceder toda posibilidad de autoconsagración carismática. El libro de Beverley está cruzado por una gran ansiedad respecto de su propia autoridad para hablar como latinoamericanista norteamericano, no desde sino sobre América Latina. Ésta es una preocupación sobre la falta, su propia falta, de autoconsagración carismática. Pero adolecer de ello es buena cosa, y puede ser su principal diferencia con los decoloniales (no es que los últimos no carezcan de ella también, para el observador desencantado, pero presumen que la tienen o hacen todo lo posible para hablar y actuar como si la tuvieran), excepto que el deseo de Beverley es encontrar la manera de agenciársela, lo cual es, a mi modo de ver, una mala cosa, y posiblemente el síntoma de una identificación denegada o reprimida con el éxito del pensamiento decolonial. Quizás eso sea lo que explica la extraña ausencia de lo último del índice temático del libro de Beverley, y por lo tanto de la crítica política general que el libro administra, lo que convierte al decolonialismo, por tanto, en una presencia patente, aunque de signo negativo.

Pero no hay ni autoridad particular ni falta de autoridad en el sujeto latinoamericanista norteamericano, en la misma medida en que tampoco la hay, ni una ni otra, en ningún sujeto puro y autóctono de la historia latinoamericana (este último no sería latinoamericano para los decoloniales en primer lugar, y quizás tampoco para Beverley). La discusión nace muerta por ese lado. Para volver al lacanianismo, todos deberíamos atravesar nuestra fantasía y renunciar a la pretensión de privilegio epistémico. Cada uno hace lo que puede en su situación. Si hay alguna posibilidad de vincular conocimiento y práctica democrática, esto es, una práctica consistente con las ideas de igualdad, de libertad, el conocimiento debe aprender a renunciar a su presunción de prestigio carismático. Y ¿no es, incidentalmente, eso, en cualquier caso, una posibilidad más cercana a aquellos de nosotros que debemos estudiar, por opción de campo, la peculiar modalidad histórica de razón imperial hispánica, que siempre ya ha abandonado el conocimiento por el poder?

Como premisa de la razón imperial moderna, o para decirlo con Karl Marx, como "pecado original" de la razón imperial moderna, su lugar de acumulación primitiva simbólica, la razón imperial hispánica es la que abandona de antemano su propia posibilidad crítica; la que no tiene que proceder a su exaltación como teología política; la que permanece crudamente vinculada a su inmunidad, su privilegio. En cuanto tal, guarda, quizás mejor que otras, la posibilidad de su inversión en crítica democrática. Si se puede invocar un pensamiento poscolonial en grado cero es porque la razón imperial hispánica es el grado cero de la razón imperial moderna; en rigor, la única modalidad de razón imperial que no alcanza su constitución mediante la auto-crítica. Pero ésto abre el camino, al fin de la modernidad, en el fin de la democracia, para el comienzo de una posible crítica democrática efectiva de la razón imperial, que anticipa la posibilidad –una posibilidad que no puede ser anunciada, sólo preparada– de la constitución de un intelecto general democrático en América Latina.[13] ¿Están los gobiernos de la marea rosada en camino hacia ello? ¿Son en sí ya reacción y cumplimiento de la presión social hacia ello? Uno sólo puede desear que sea así.

4. "Guillotinar al príncipe y sustituirle por el principio"

En el momento de su compromiso republicano, hacia 1923, José Ortega y Gasset se permitió comentarios prorevolucionarios que quizá hayan caído en la obsolescencia pero de los que todavía podemos aprender alguna cosa. Dijo, hablando de los revolucionarios de 1790: "El futuro ideal construido por el intelecto puro debe suplantar el pasado y el presente. Este es el temple que lleva a las revoluciones" (576). Pero encontraba tal actitud un poco petulante, y quiso templarla mediante una reflexión sobre lo que llamaba "razón vital". La razón vital orteguiana al mismo tiempo expande y limita el horizonte de la razón absoluta, y busca en la historia el fundamento del cambio revolucionario. Y entonces dice Ortega:

> Es inconsistente guillotinar al príncipe y sustituirle por el principio. Bajo éste, no menos que con aquél, queda la vida supeditada a un régimen absoluto. Y esto es precisamente lo que no puede ser: ni el absolutismo racionalista –que salva la razón y nulifica la vida– ni el relativismo, que salva la vida evaporando la razón. La sensibilidad de la época que ahora comienza se caracteriza por su insumisión a este dilema. No podemos satisfactoriamente instalarnos en ninguno de sus términos. (577)

Creo que John Beverley conoce el falso dilema, pero no estoy seguro de que haya aprendido a no sustituir príncipe por principio. Los decoloniales por supuesto que no. Aquí está la presentación que hace Beverley del posubalternismo:

> Este libro no es sólo "después del 11 de septiembre", [...] también es de alguna manera postsubalternista. Esto se indica particularmente por la atención aquí prestada a la cuestión del Estado. El paradigma implícito en los estudios subalternos (y la teoría social postmoderna en general) era sobre la separación del estado y los subalternos [...] Ahora nos confronta paradójicamente de varias maneras el éxito de una serie de iniciativas políticas en América Latina que, hablando muy en general, correspondieron a las preocupaciones de los estudios subalternos [...] una nueva manera de pensar la relación entre el estado y la sociedad se ha hecho necesaria. (8-9)

Y el capítulo 7, el último del libro, se abre con la quizás no tan sorprendente noticia de que "la cuestión del latinoamericanismo es, en última instancia, la cuestión de la identidad del Estado latinoamericano" (110). Aquí está el principio, otra vez, el pensamiento identitario principal que ha sido siempre el latiguillo del pensamiento hispánico, del cual el pensamiento decolonial es su último avatar y ejemplo paradigmático, desde su estructura hasta su estilo mismo, como si no nos pudiera ser dado pensar de otra manera. En fin, la cuestión de la identidad estatal sólo parece el suelo desde el que Beverley anuncia su "posubalternismo" en la denuncia abierta de un subalternismo, ahora muerto, que él ha venido a asociar con la "deconstrucción" y, a través de ella, con un movimiento entero de pensamiento teórico en estudios latinoamericanos que, desde un punto específico en el tiempo, digamos desde finales de los ochenta para algunos y principios de los noventa para otros, rehusó entregarse al pensamiento identitario principal en el intento de asegurar una posición crítica que la tradición latinoamericanista no pudo nunca ofrecer. El posubalternismo es una posición regresiva que nos devuelve a una colusión acrítica con el Estado poscolonial en nombre, una vez más, del pensamiento identitario. Por lo tanto, no es más que otro nombre para el pensamiento único de la tradición latinoamericanista, a pesar de las pocas excepciones que la tradición no cesa nunca de acosar y denunciar.

Tal como lo ve Beverley, la "afinidad electiva" entre estudios subalternos y deconstrucción se basaba en el pensamiento de que lo subalterno, por definición fuera del círculo hegemónico para cualquier sociedad dada, estaba por lo tanto también fuera del Estado y fuera de cualquier narrativa positiva a propósito de "la formación, la evolución y la perfección del Estado" (111). Lo que es algo paradójico aquí es que, por un lado, fue John Kraniauskas quien ofreció la definición del subalternismo como "crítica del aparato total de desarrollo" ("Gobernar es poblar" 364), y Kraniauskas preferiría que lo aspen a aceptar la etiqueta "deconstrucción" pegada a su nombre.[14] Y, por otro lado, la noción de que lo subalterno es el afuera constitutivo de cualquier articulación hegemónica —y de que, por lo tanto, lo subalterno no puede pretender pertenencia, no tiene acceso a identidad positiva: lo subalterno es el no-sujeto de lo político— fue drásticamente rechazada por la mayor parte de los que estaban en el grupo de estudios subalternos latinoamericanos, incluyendo en esa parte a la totalidad de los miembros fundadores y a los que luego, con el fluir de los tiempos, acabarían invocando un alineamiento "decolonial". Fue, sin embargo, aceptada, compartida, co-pensada, aunque no acríticamente, por muchos de aquellos cuyo continuo interés en la discusión teórica, si no hubiera sido interrumpido precisamente para que dejaran de hablar, para que callaran, podría haber conseguido que tal discusión teórica llegara a alguna parte: Gareth Williams en particular, pero también Jon Beasley-Murray en una perspectiva diferente (fue este último quien inventó el término "poshegemonía", no en vena deconstructiva sino negriana), Kate Jenckes, Horacio Legrás, Brett Levinson, Patrick Dove, Danny James, y otros, incluyendo a muchos que eran en esa época estudiantes de doctorado que comenzaban su itinerario profesional, y otros cuyo espacio vital no era el espacio institucional de las universidades norteamericanas. Lo que hace Beverley ahora, pero no hacía entonces, cuando más bien lo combatía furiosamente, es ceder el espacio al subalternismo "deconstructivo", obsoleto ahora en su opinión, como definidor fundamental del campo para continuar rechazándolo, aunque es cierto que no otra cosa podría esperarse: "la distinción [subalternidad/hegemonía] confunde la *forma* de la hegemonía [...] con su *contenido* (tanto el feminismo socialista como el fascismo son formas de articulación hegemónica, pero obviamente de consecuencias muy diferentes)" (112). Estamos acostumbrados a ese trivial argumento, pero lo que importa es: no es un argumento subalternista, puesto que para lo subalterno, en la medida en que permanece en su lugar, la forma de la articulación hegemónica es en efecto su contenido.

Es más bien el argumento de un agente de Estado, pues el agente de Estado debe siempre buscar y apoyar la lógica del mal menor (es decir, debe postular que una dominación más o menos graciosa es mejor que la dominación cruel; que la dominación por la mayoría es mejor que la dominación por la minoría; que siempre vamos a estar mejor si nuestros dueños son políticamente correctos). No voy a disputar eso, pues en realidad es la primera articulación, o articulación propiamente política, del subalternismo, aunque no la única. Pero a Beverley no le interesa ir más allá, ni moverse a parte alguna. Y ahora, explícitamente, lo que quiere es apoyar al Estado en nombre del posubalternismo. El chavismo, por ejemplo, queda justificado como lógica del mal menor, y lo siguiente no es cita alguna, sólo una glosa imaginaria: "Sí, sí, sabemos que es un poco terrible, muy populista-autoritario, corrupto en muchos niveles, no realmente socialista, un poco violento, pero bueno: no es la derecha, y hay interacciones entre el estado y sectores subalterno-populares que no habrían podido darse antes del Caracazo".[15]

Si esa es la lógica del posubalternismo, prefiero abstenerme. Al mismo tiempo, no rechazo el argumento político de que un mal menor es siempre preferible a un mal mayor; nunca lo he rechazado, ni política ni profesionalmente, y me remito a mi énfasis en un "primer registro" del subalternismo en el último capítulo de *Exhaustion of Difference* (2001). Ese primer registro es el registro de una posibilidad política. Beverley habla de él, registra el registro, pero sólo para decir: "él [Moreiras] no parece querer ni ser capaz de sostener tal demanda" (52). ¿No? ¿Quién lo dice? Ésta no es una alegación menor, dado que Beverley supone que la deconstrucción, y por extensión mi posición y la de mis llamados "asociados", "puede llevar totalmente fuera de la política" (51).

Es verdad, creo, que la deconstrucción implica un gesto "impolítico", aunque no es su único gesto; pero para mí tal gesto, que es la apertura misma del pensamiento más allá del principio del placer, hace posible el compromiso propiamente político, basado como está en una decisión siempre provisional y contingente, contextual en cada caso, nunca remitida a la aplicación mecánica de un programa. Aun así, la deconstrucción, si yo pudiera hablar por ella, lo cual no es en absoluto el caso, nunca ha pretendido asumir la totalidad del espacio político. La reducción (de todo) a lo político, a costa del trabajo conceptual, es quizás la verdadera salida de lo político hacia el reino de las proyecciones imaginarias, que tienen siempre la capacidad de tornarse catastróficas. Prefiero apoyar el derecho latinoamericanista a lo impolítico, y diré, para provocar, que lo impolítico es la condición *sine qua non* del pensamiento más allá del latinoamericanismo del yo, más allá de la toma de posiciones y las pontificaciones, más allá de los *slogans* y los *blips* y los ninguneos conceptuales que las opciones del latinoamericanismo del yo –la decolonialidad, el posubalternismo, y también el neo-arielismo– parecen limitarse a ofrecer. Pero también diré que un pensamiento impolítico más allá del principio del placer, deconstruccionista o no, no está ni puede estar nunca más allá de la política.¹⁶ De hecho, ése ha sido el problema y la razón de tanta hostilidad patente, más allá de Beverley. Es como si sólo algunas personas tuvieran permiso para hablar de política, y el resto sólo puede ser o perdonado u olvidado si no lo hace. O si lo hace.

Con toda probabilidad es inútil seguir con todo ello en lugar de tirar adelante, una vez se ha dicho lo suficiente o nos hayamos aburrido de decirlo. Así que voy a dar término a mis protestas ante el libro de Beverley. Lo que está en última instancia en juego son proyecciones imaginarias, es decir, impulsos carismático-narcisistas, que a mí me molestan y que son la razón por la que prefiero lo que llamo un latinoamericanismo más allá del principio del placer, sin recurso a deseos fáciles, a veces disfrazados de profecías, y a su expresión. En la medida en que rechazo tanto como Beverley las posiciones neoconservadoras o ultraizquierdistas en relación con el futuro de América Latina, lo que permanece por lo pronto importante es quizás la posibilidad de una nueva conversación, más allá de los diversos narcisismos (o, más bien, del narcisismo, que es siempre idéntico a sí mismo, y así siempre singular), sobre las bases históricas de nuestro trabajo. La naturaleza de la intelectualidad académica es también asunto político. Nuestro campo es deficiente y se ha mostrado irresponsable en los últimos años, que ya van siendo demasiados, a pesar de los buenos libros que se hayan podido publicar en ese período. Muchos estudiantes en particular han pagado un precio terrible. Yo puedo aceptar mi propia culpa, si le fuera a importar a alguien. Mi gesto de desdén, cuando pensé que tenía que largarme del campo, y de hecho lo hice durante cierto tiempo, fue un gesto arrogante cuyos efectos en mí se han dejado notar de maneras poco agradables. Aunque nunca me pondría a mí mismo en la posición de mi viejo héroe, Gary Cooper, en *High Noon*, como decía al principio de este ensayo, Will Kane sólo puede entenderse amargado y desolado más allá de las colinas. Fue un tonto, si no por querer hacerse el héroe, entonces lo fue por pensar que podía permitirse el lujo de dejar el pueblo en dignidad desdeñosa. Esa tontería es la que lo acerca a la posición del Edipo mortal. En cuanto al último, siempre es bueno sacarlo de su miseria y traerlo de vuelta para que ayude a conjurar desastres. Cuando lo tengamos con nosotros, y lejos del oscuro huerto de las Euménides, quizás pueda abrirse un nuevo camino hacia una liberación del deseo latinoamericanista más allá del principio del placer y de sus proyecciones yoicas. Hay mucho que hablar, precisamente porque el habla se ha hecho difícil. No presumo nada, pero es hora de un contramovimiento contra la reducción patente del pensamiento en nuestro campo de reflexión.

Notas

[1] Estoy agradecido a Teresa Vilarós, Sam Steinberg, Gareth Williams, John Kraniauskas, Benjamin Mayer, Bram Acosta, Federico Galende, Patrick Dove, José Luis Villacañas, Laurence Shine, David Johnson, Vincent Gugino, Justin Read, Alejandro Sánchez Lopera, y Juan Pablo Dabove por su lectura y comentarios a borradores de este ensayo.

[2] Dado que John tiene un interés especial en el testimonio, no objetará a la siguiente historia: en el otoño de 2005, a los pocos días de que yo le hubiera dado a la administración de mi universidad noticia de que iba a aceptar una posición al otro lado del Atlántico sin que hubiera habido, a petición de mis dos jefas de departamento, manifestación de interés por retenerme, cuando yo no podía creer lo que estaba pasando y tuve que confrontar, en nombre de mi propia dignidad, la pérdida de casi todo lo que me era importante (no todo, pero: mi casa, mis perros, mi jardín, mis hábitos, 20 años de trabajo latinoamericanista en los Estados Unidos), mientras aún esperaba desesperadamente que alguien, algún amigo, me despertara de un mal sueño, algunos de mis colegas de quince años comenzaron a conspirar con los necios decanos para contratar a John Beverley como mi reemplazo. Establecieron un pacto de silencio, y lo mantuvieron: pasara lo que pasara, todo tenía que ser a mis espaldas, sin que yo me enterara. Cuando, muchos meses más tarde, todo salió a la luz, intentaron disimular su actuación o justificarla. Como la mentira se hizo insostenible, me decían: "Tú te vas, nosotros tenemos que seguir aquí", o bien, "no tuvimos opción, el decano nos dijo que o decidíamos nosotros a quién traer, u otros decidirían", o bien, "yo no soy tu enemigo, no pienses en mí como enemigo". Supongo que habría que entenderlos desde algún punto de vista razonable. ¿Quién puede culparlos? Nadie, desde luego el *nemo* que decide la ética profesional. Y John me dijo: "Se podía cortar el follón con un cuchillo. No iba a aceptar". Y no lo hizo. De aquí en adelante, todas las citas de Lacan, Beverley y Mignolo son traducciones mías.

[3] O no tan secreta. Al final de su Capítulo 6 dice Beverley: "nuestra desilusión no ha sido lo suficientemente profunda. No ha atravesado plenamente la melancolía de la derrota. Como resultado, deja tras de sí, o busca imponer, una culpa residual que se matiza en una aceptación de, o identificación con, los poderes fácticos [...] De esa manera, el paradigma de la desilusión no nos ha preparado para aceptar que la posibilidad de un cambio radical se haya vuelto a abrir en las Américas, en el Norte y en el Sur" (109). Esta es una extraña lógica. Dado que su generación, dice Beverley, fue derrotada en sus aspiraciones revolucionarias, ahora es incapaz, hablando en general, de entender que la posibilidad de un cambio revolucionario debe ser refrendada una vez más. Entender tal cosa pasa para Beverley por una radicalización del desencanto que le permitiría atravesar fijaciones melancólicas, para que su deseo encuentre canales abiertos otra vez. Confieso que no consigo seguir a John aquí, quizás porque no tengo nada que ver con su generación, contra la que la mía sin duda reaccionó, y siempre he estado opuesto a la lucha armada como sustituto de la política. Pero me permito ofrecer una contralectura de la situación: Beverley no está tratando de librarse de la melancolía atravesándola. Está meramente buscando un objeto parcial que pueda actuar como formación de sustitución, como ha hecho en el pasado con los movimientos revolucionarios en América Central, con ETA y los vascos, con la guerrilla colombiana (pero ver la nota 7), y con los estudios subalternos. En otras palabras, su deseo latinoamericanista

La fatalidad de (mi) subalternismo • 167

siempre ha sido una formación de sustitución al nivel de la identificación narcisista. Esto es lo que llamo latinoamericanismo del yo, del que Beverley es personaje ejemplar.

4   La mayor parte de los lectores no tendrá motivo alguno para saber con ninguna precisión que la ruptura y la disolución *de facto* del Grupo de Estudios Subalternos Latinoamericanos tomó lugar en y al final de una conferencia, "Cross-Genealogies and Subaltern Knowledges", organizada por Walter Mignolo y por mí en la Universidad de Duke en el otoño de 1998. Mignolo inició temprano en la conferencia un movimiento o una serie de movimientos (más tarde confirmados por la nota introductoria a algunas de las ponencias que fueron publicadas en el primer número de *Nepantla* [ver Mignolo, "Introduction"]) orientados a romper, analítica y políticamente, el grupo de subalternistas latinoamericanistas en tres grupos diferentes, a saber, los "miembros fundadores", entre los que John Beverley e Ileana Rodríguez parecieron conformar un grupúsculo privado; los auto-llamados pensadores propiamente poscoloniales, que incluirían a Mignolo y sus aliados, entre los cuales Enrique Dussel y Aníbal Quijano estaban presentes (en la medida de mis luces, esa conferencia marcó el comienzo de la constitución de la tendencia decolonial en el campo); y una turba abigarrada e indefinida pero grande de llamados (por Mignolo) "posmodernistas" que por su parte estaban empezando a usar una nueva noción, "poshegemonía" (con apreciación o distancia, éso depende), y que fueron más o menos gentilmente (también depende de quién lee) acusados de ser ingenuos o tramposos vendidos al eurocentrismo. La situación (de división y ruptura, a la que los miembros fundadores reaccionaron con paranoia equivocada) no recibió particular ayuda objetiva del hecho de la presencia allí de un grupo numeroso y extraordinario de estudiantes graduados de Duke, cuyas simpatías estaban claramente del lado de los convictos posmodernos. En la mesa redonda final, que rompió definitivamente el grupo y el proyecto, Beverley y Rodríguez cometieron la torpeza de colapsar toda diferencia entre los dos grupos que no eran el suyo y acusarlos de tratar subrepticiamente de raptar el proyecto (¡suyo!) al servicio de un proyecto institucional para Duke. La empresa del subalternismo latinoamericanista encontró su muerte institucional allí mismo, una vez que se hizo meridianamente obvio que los tres miembros con más antigüedad en el campo profesional, y desde ese punto de vista los líderes naturales del proceso, se las habían arreglado para crear una pesadilla hostil y laberíntica que no sólo asustó a todos los demás sino que además nos alertó sobre lo que vendría; esto es, sobre catástrofes profesionales de varios tipos que pronto empezaron a ocurrir. Cuando, un par de años más tarde, en la conferencia "Subaltern Studies at Large", organizada por Gayatri Spivak en la Universidad de Columbia, y a la que John Kraniauskas y yo habíamos sido invitados como participantes, cuando ya era claro para los más recalcitrantes que el proyecto latinoamericanista estaba muerto, y que Mignolo y sus aliados habían tirado por su camino *sui generis*, desde nuestro punto de vista sin retorno, Beverley y Rodríguez me pidieron, en presencia de John Kraniauskas, a quien, basado en Londres, se le presumía concebiblemente incapaz de hacerlo con eficiencia, que asumiera la reconstitución y dirección de un grupo renovado. Tuve que declinar el honor, pues sabía que la idea era inviable: el daño ya causado era demasiado profundo. Algún tiempo después Rodríguez hizo la misma oferta a Gareth Williams, quien también declinó. Retrospectivamente, para mí y para mis amigos y estudiantes "poshegemónicos", y éramos quizás demasiado jóvenes todos, y yo además ingenuo, la experiencia fue finalmente una experiencia de amarga censura intelectual. Nuestro compromiso con el grupo, que había creado todo tipo de dificultades para nosotros en el campo profesional abierto (a uno de nosotros se le había negado la permanencia en su universidad, y ese es simplemente el ejemplo más egregio; por aquellos años el subalternismo era temido y odiado, absurdamente, como si fuera olor de Satanás), nos había dejado bien pringados. Yo mismo me fui de Duke unos años más tarde, y no fueron años fáciles, en la estela de una cadena de acontecimientos cuya causa indirecta fue mi diferencia con Mignolo. Todavía estamos viviendo las consecuencias de ese conflicto en el silencio teórico que ha pesado sobre el campo en los últimos diez años

(por fortuna ya llegando a su fin), que dañaron no sólo a nosotros sino a muchos estudiantes y jóvenes profesionales que vinieron tras nosotros y encontraron tierra quemada. *Solitudinem faciunt*, sin duda, pero no lo llamamos paz. Muchos lo hicieron, por otro lado, en ese otro campo profesional que no estoy analizando aquí, pues me limito al sector comprometido con intereses teóricos y políticos en el campo latinoamericanista vinculado con estudios culturales y poscoloniales. Ver Williams (2008) para más reflexiones sobre las implicaciones del proceso comentado.

5   De forma inconsecuente para mí, pero no para él, Beverley dedica una nota al pie a preguntarse por qué yo nunca he sido capaz de reflexionar sobre mi origen gallego, y por qué nunca he hablado de Galicia en términos de "regionalismo crítico". Dice: "en lo que sé, Moreiras no ha escrito sobre el 'regionalismo crítico' que es pertinente a su identidad gallega" (134 n13). En fin, de entrada se le pasó por alto el capítulo que le dedico en *Tercer espacio* (1999) (341-52) a estudiar proyecciones revolucionarias en Galicia a través de la literatura de Xosé Luis Méndez Ferrín, mi primo, que es además nacionalista y marxista-leninista. No necesita uno leer mucho de *Tercer espacio* para darse cuenta de que ese texto marca el principio de la madeja de la totalidad del libro, si uno continúa, por ejemplo, con el Exergo Primero. Pero no importa. A John se le ocurrió decir que yo debería examinar mi propia identidad, y piensa que no lo he hecho y no puedo hacerlo. No como él, claro: "En el extenso menú de identidades postmodernas he descubierto la mía: como niño nacido y criado en América Latina durante mis primeros doce años por padres WASP de los Estados Unidos, soy un 'niño de la tercera (o trans-)cultura, es decir, un NTC'" (136 n9). Continúa su insólita explicación contándonos que eso lo hace semejante a Roberto Bolaño o Barack Obama, lo cual es sin duda mejor referencia que la que nos daba hace apenas unos años, cuando dijo que se sentía una mezcla de Bill Clinton y Mao Ze Dong. Pero todos tenemos nuestras fantasías. La mía, ahora que soy jefe de departamento, está a caballo entre Wile E. Coyote y el personaje actuado por Do-yeon Jeon en *The Housemaid* (2010) de Sang-soo Im.

6   Una de las preguntas que nadie parece querer preguntar es si tus creencias culturales o históricas o religiosas u ontológicas te proveen de una identidad, o si más bien la identidad, usada la noción en su sentido ideológico y militante, no será ya el nombre de tu fallo de creencias, tu imposibilidad de creer en nada y tu intento de compensar por ello. Es un problema común en los tiempos que corren, lejos de estar confinado al mundo occidental. Los creyentes sinceros, en mi experiencia, raramente apelan a identidad alguna: no necesitan hacerlo. Considero todos los sistemas de creencia fascinantes, y tengo y declaro absoluto respeto por ellos, incluyendo algunos que me han confundido considerablemente. La razón de mi crítica no es disputar el derecho de nadie a creer lo que quiera que crean. Al contrario, me parece. Los falsos creyentes destruyen la creencia y la profunda riqueza imaginativa e histórica que va tantas veces con ella. Los falsos creyentes representan un estadio caído de vida ética, y esa es la razón por la que opino que no es función académica el promover el negocio identitario. Por definición, las identidades sólo pueden ser respetadas, no promocionadas (en esa medida, valoro los sistemas políticos orientados a respetar sistemas de creencias, y a la gente que los sostiene). La promoción de identidades públicas por el Estado o por agentes del Estado, o por agentes políticos que quieren ser parte del Estado, me es fuertemente sospechosa, y considero que no tiene nada que ver con la democracia, excepto en cuanto modo de controlarla y, así, limitarla. Conozco las tendencias recientes en la antropología que hacen lo que pueden para sugerir que los sistemas indígenas de creencias, por ejemplo en los Andes, pueden "forzar la pluralización ontológica de la política y así la reconfiguración de la política" (Cadena 360), pero no creo que sea una consecuencia necesaria de tales teorías que la política deba ser regida por nuevas ontologías, o incluso por una aceptación de principio de múltiples ontologías o múltiples mundos, lo que sea que éso signifique. Aunque entiendo el poder político de la ontología, todavía prefiero rehusar la ontologización de lo político, incluso, o principalmente, en nombre de lo subalterno. Si esos antropólogos buscan

criticar la división occidental-imperialista del mundo entre naturaleza y cultura, como modo ontológico dominante que ha sido usado históricamente para subalternizar los sistemas de creencias no occidentales, me parece poco persuasivo que se proponga que sean las nuevas, o redescubiertas, ontologías las que deben tener espacio para reconfigurar lo político, en lugar de proponer una reconfiguración del poder político en términos democráticos e igualitarios, ya sea en América Latina o en cualquier otra parte. Para resumir: en mi opinión, no es la ontología sino la práctica democrática la que debe privilegiarse para reconfigurar lo político hacia lo que puede o debe ser. Si importa la diferencia entre una concepción "de la política como disputas de poder en un mundo singular" y una concepción "que incluya la posibilidad de relaciones adversarias entre mundos, una política pluriversal" (360), sólo importa porque, presumiblemente, lo último puede amparar o promover la causa de la igualdad universal, y en la medida en que no haga justamente lo opuesto.

[7] Tengo un recuerdo distinto, quizás falso, de la expresión de apoyo a la guerrilla colombiana hecha por Beverley hace unos años, pues causó impresión en mí. Pero me dice en una comunicación privada que no recuerda haberlos apoyado nunca, y que ciertamente no los apoya ahora.

[8] Si recuerdo bien, la primera versión de este ensayo fue presentada en la conferencia sobre "Marx and Marxisms in Latin America" que organizó Bruno Bosteels en la Universidad de Cornell en el otoño de 2006.

[9] Ver el por otra parte brillante ensayo de Arturo Escobar, "Latin America at the Crossroads" (2010), en el que la idea principal es orientar a los gobiernos de la marea rosada hacia la doctrina correcta. La doctrina es, por supuesto, controvertible, pero el ensayo constituye quizás el mejor y más coherente intento de formulación de un proyecto de Estado decolonial hasta el momento.

[10] Sobre el carácter, en el mejor de los casos preparatorios, del trabajo intelectual en la política, la pregunta de Beverley es: "¿Cómo debemos juzgar esa pretensión hoy?" (51). Mi respuesta es: igual que ayer. No tengo pretensiones, como escritor, de ser actor político, y tiendo a pensar que cualquier vertido del trabajo disciplinario en la esfera política se basa en general en malentendidos. Supongo que a veces los malentendidos son productivos, pero me parece que éso ocurre raramente.

[11] La acusación de saqueo que Mark Driscoll le soltó a Michael Hardt y Antonio Negri, aparentemente tras larga consulta con los decolonialistas, basada en la idea de que Hardt y Negri usaron el mantra "colonialidad del poder" sin atribución precisa, inmediata, y bien documentada, dio lugar a una considerable cantidad de episodios de ridiculez académica. Ver Driscoll.

[12] Sobre ésto, no se puede creer el curioso baile de citas de cumplido —citas musicales, podríamos decir— que cruza muchas de las contribuciones del libro de Moraña, Dussel, y Jáuregui, *Coloniality at Large* (2008). Hay una estructuración circular del argumento que oculta un agujero por otra parte más que patente: todos hablan de un gran descubrimiento en la raíz de su modalidad de pensamiento, un descubrimiento epocal, pero el descubrimiento, modestia aparte, siempre es del otro, al que hay que ir a leer sólo para descubrir que el otro también dice lo mismo. El descubrimiento, al fin del día y del esfuerzo, es sólo que hay una aseveración de descubrimiento hecha por todos y consignada a la consagración del consenso mutuo. Este es el mecanismo de la recepción carismática. Se anuncia la palabra, y la palabra es el anuncio.

[13] En sentido general, por supuesto, la razón imperial hispana es romana, ajustada a idiosincrasias territoriales a través de la Iglesia y los muchos siglos de curialismo y vida cotidiana. En cuanto derivada de Roma, es ya crítica de la razón imperial romana. Pero en otro sentido los españoles desarrollaron sus propias formas premodernas de razón imperial, todavía en estado naciente, en el contacto cotidiano con formas de vida no cristianas y mediante operaciones de ocupación y colonización de tierras, en Andalucía en particular. En cualquier caso, la

determinación categorial precisa de la razón imperial hispana debe ser llevada a cabo con tanto cuidado como sea posible, y requiere especificidad y complejidad historiográficas. Es una labor generacional que está pendiente.

[14] Como indiqué antes, para mí la crítica del aparato total de desarrollo en América Latina es el punto inicial de los estudios subalternos poscoloniales latinoamericanistas, y centra la posibilidad misma de una configuración democrática, aprincipial, y antiimperial de la reflexión. Ver Kraniauskas, "Gobernar es poblar", para su definición, y ver también la crítica del desarrollo que hace Kraniauskas en "Difference Against Development".

[15] Estoy glosando, repito, paródicamente, lo que Beverley dice y no dice. No he estado en Venezuela, y no puedo pasar juicio sobre el régimen de Chávez, sobre si constituye una mejora absoluta en términos venezolanos, o sobre si es mejor forma de gobierno que cualquiera de las alternativas posibles dentro de la vida política venezolana. Sospecho que la situación es mucho más complicada de lo que uno lee en los periódicos, y por lo tanto no facilita la toma de posiciones desde el sillón remoto.

[16] Ver Esposito y Bosteels (75-128).

Bibliografía

Beverley, John. *Latinamericanism After 9/11*. Durham: Duke UP, 2011.

Bosteels, Bruno. *The Actuality of Communism*. Londres: Verso, 2011.

Cadena, Marisol de la. "Indigenous Cosmopolitics in the Andes: Conceptual Reflections Beyond 'Politics.'" *Cultural Anthropology* 25/2 (2010): 334-70.

Driscoll, Mark. "Looting the Theory Commons: Hardt and Negri's *Commonwealth*." *Postmodern Culture* 21/1 (2010): s/p.

Escobar, Arturo. "Latin America at the Crossroads." *Cultural Studies* 24/1 (2010): 1-65.

Esposito, Roberto. *Categorie dell'impolitico*. Bologna: Il Mulino, 1999.

High Noon. Fred Zinnermann, dir. Lionsgate, 1952.

Kraniauskas, John. "Difference Against Development: Spiritual Accumulation and the Politics of Freedom." *Boundary 2* 32/2 (2005): 53-80.

_____. "'Gobernar es repoblar': sobre la acumulación originaria neoliberal". *Revista Iberoamericana* 69/203 (2003): 361-66.

Lacan, Jacques. *The Seminar of Jacques Lacan. Book II. The Ego in Freud's Theory and the Technique of Psychoanalysis 1954-1955*. Jacques-Alain Miller, ed. Sylvana Tomaselli, trad. Con notas de John Forrester. Nueva York: Norton, 1991.

Mignolo, Walter D. "Introduction: From Cross-Genealogies and Subaltern Knowledges to *Nepantla*". *Nepantla. Views from South* 1/1 (2000): 1-8.

_____ "Preamble: The Historical Foundation of Modernity/Coloniality and the Emergence of Decolonial Thinking." *A Companion to Latin American Literature and Culture.* Sara Castro-Klarén, ed. Oxford: Blackwell, 2008. 12-32.

Moraña, Mabel, Enrique Dussel y Carlos A. Jáuregui, eds. *Coloniality at Large. Latin America and the Postcolonial Debate.* Durham: Duke UP, 2008.

Moreiras, Alberto. *Tercer espacio: duelo y literatura en América Latina.* Santiago: ARCIS-LOM, 1999.

Ortega y Gasset, José. "El tema de nuestro tiempo". *Obras completas. Tomo III. 1917-1925.* Madrid: Taurus, 2005. 557-662.

Sófocles. "Oedipus at Colonus". *The Complete Sophocles. Vol. 1. The Theban Plays.* Peter Burian y Alan Shapiro eds. Oxford: Oxford UP, 2010. 301-404.

The Man Who Shot Liberty Valance. John Ford, dir. Paramount, 1962.

Williams, Gareth. "Deconstruction and Subaltern Studies, or, a Wrench in the Latin Americanist Assembly Line." *Treinta años de estudios literarios/culturales latinoamericanistas en Estados Unidos.* Hernán Vidal, ed. Pittsburgh: Instituto Internacional de Literatura Iberoamericana, 2008.

Genealogía de la palabra páramo *entendida como* bienes y servicios

MÓNICA ZULETA PARDO[1]
Investigadora independiente

1. Introducción

Este ensayo se arriesga a utilizar un método hermenéutico, sustentado en una interpretación de Nietzsche, para analizar los valores de la definición en boga del término *páramo*. Mientras arma operaciones metodológicas, va desnudando los valores que gobiernan la palabra. Lo guía una hipótesis que sostiene que cuando la relación entre naturaleza y cultura está animada por fuerzas trasnacionales, priman las finalidades de alcanzar beneficios económicos. Descubre aspectos del término característicos de ímpetus nacionalistas, como *paisaje cultural*, y de impulsos internacionalistas, como *pobreza* y *subdesarrollo*.

Para hacer este análisis se aplica una perspectiva hermenéutica basada en la filosofía de Nietzsche.[2] Con ella se examinan los valores más populares contenidos en el término *páramo*, identificando las fuerzas que los animan, sus orígenes, los personajes en que encarnan y los papeles que cumplen.

Rastreamos fuerzas *reactivas*, aquellas que según Nietzsche reinan en el mundo del *ideal ascético*. El mundo del ideal ascético nace cuando aparece el sinsentido, enfermedad epidémica que va sustrayendo las fuerzas a la vida humana hasta ponerla en peligro de muerte; para no morir, la vida hace un pacto divino y promete a los dioses desear ilusiones: orientada hacia un horizonte de ilusiones, le entrega las llaves del gobierno a sentimientos de tristeza y odio mediados por la compasión, por la renuncia o por el impulso a actuar para ganar beneficios. Los nativos de ese mundo son los rebaños, descendientes de la culpa y del resentimiento. En uno de sus extremos, lo gobiernan cínicos: falsos sacerdotes y jueces que fingen alcanzar los ideales pero que en realidad buscan dinero, fama o placer; y en el otro, lo mandan piadosos: sacerdotes y jueces verdaderos que cambian el deseo de vivir en la tierra por la ilusión de la vida eterna. Nietzsche observa que desde el cristianismo hasta la actualidad ese mundo es el único que ha existido.

Esta hermenéutica sostiene que el significado vigente de la palabra en cuestión está sustentado en fuerzas reactivas que se balancean entre el cinismo y la piedad. Para demostrar su argumento: 1) extrae la definición del término considerando el uso más contemporáneo: el que inspira la iniciativa ambientalista *Proyecto Páramo Andino*, cuya implementación se inicia en el país en el año 2006. 2) Analiza sus antecedentes más inmediatos: el *Primer Congreso Mundial de Páramos*, realizado en Colombia en el año 2002. Y, 3) rastrea los orígenes más remotos de la definición en tres acontecimientos de la historia reciente: el movimiento anticolonial de la Nueva Granada de 1848; la VII Conferencia Panamericana, celebrada en Colombia en 1938, y la segunda conferencia mundial de la Organización de Naciones Unidas, sobre Medio Ambiente y Desarrollo, realizada en 1992 en Río de Janeiro.

2. Valores contenidos en la definición

Nietzsche le sugiere al hermeneuta que para descubrir los valores vaya al encuentro de los significados actuales, puesto que, al seguir movimientos pendulares y al estar empujados por la acción que resulta de distintas combinaciones entre sentimientos débiles, en el mundo del ideal ascético los valores varían sin cesar. Aunque permanezcan reactivos, sus elementos cambian de composición, dependiendo de la zona en la que el péndulo se mueva, y trastocan los órdenes de los que surge la verdad que manifiestan.

Seguir esa sugerencia supone identificar los procedimientos que cada época adopta para definir las cosas, así como determinar los mecanismos de sugestión que configuran para que las definiciones se incorporen en las prácticas cotidianas y puedan transmitirse: por ejemplo, descubrir los "grandes" eventos o las políticas explícitas, comunicadas desde escalones superiores hacia inferiores, y extraer de éstas los procedimientos mediante los cuales se fabrican las definiciones en vigencia y se implementan los métodos de persuasión de la verdad; o, al revés, encontrar pequeñas prácticas y procesos multitudinarios de construcción, aprobación y difusión de las definiciones que estén en la base de la implementación de las grandes políticas. También requiere el desciframiento de los personajes tipo y de los papeles que cumplen en la propagación de los valores.

La iniciativa conocida como *Proyecto Páramo Andino* comienza la fase de implementación en Colombia en el año 2006, bajo auspicios del Programa de Naciones Unidas para el Medio Ambiente y la financiación del Banco Mundial.[3] Su propósito es proteger un conjunto de páramos diagnosticados como vulnerables, en América del Sur. La ejecución está a cargo de instituciones gubernamentales especializadas en cuestiones de medio ambiente y biodiversidad de Venezuela, Perú, Ecuador y Colombia, países andinos donde hay páramos. En Colombia, está en manos del Instituto de Investigación de Recursos Biológicos Alexander von Humboldt, y tiene como meta promover acciones de investigación, intervención y educación que contribuyan a proteger un grupo de páramos diagnosticados como en grave peligro.[4] Así justifica su hacer:

> Desde hace cinco millones de años [...], se dio inicio al proceso para la creación definitiva de los bosques andinos y, en la parte superior de estos, de los ecosistemas de páramo. Las condiciones de clima, flora y suelos determinan su presencia en el norte de los Andes, desde el norte del Perú hasta Ecuador, Colombia y Venezuela, y aisladamente en Panamá y Costa Rica [...]. En Colombia, los páramos ofrecen diversos servicios ambientales como la biodiversidad única que albergan y los paisajes y los suelos, en particular por su capacidad de fijar el carbono atmosférico. Además de estos cabe destacar de manera especial los recursos hídricos de los que se beneficia la población del país [...]. Como estos ecosistemas brindan un recurso ambiental indispensable para la vida humana –el agua– su estudio, protección y conocimiento cobran notoria importancia, sobre todo desde una perspectiva de futuro. (*Proyecto Páramo Andino*)

Apoyado en el saber científico, el proyecto juzga los páramos como "ecosistemas únicos" que, al poseer "características particulares de biodiversidad", benefician la vida humana.[5] Basado en índices y escalas que evalúan niveles de desarrollo socioeconómico, los aprecia como "ecosistemas útiles" para la humanidad, el país y las comunidades que los circundan.[6] Sostenido en supuestos morales, los considera lugares "buenos" que están en peligro y que es necesario proteger y enseñar a cuidar. Entonces, a simple vista, los valores englobados en la definición están gobernados por la dirección que promueve que las personas se relacionen con la naturaleza en aras de obtener "bienes" y "servicios" económicos: el término *biodiversidad* se determina en referencia a los beneficios que los páramos brindan a la vida humana; el de *utilidad* se precisa en función de los beneficios para los ciudadanos del país; el de *buen uso* se mide en relación con los servicios ambientales que ofrecen a las comunidades que los circundan.

La definición contiene tres clases de verdades: la verdad científica que tiende a explicar lo natural como ámbito separado de la sociedad; considera el espacio como una suerte de forma extensa, producto de fuerzas más visibles que invisibles cuyos efectos pueden cuantificarse de acuerdo con límites prefijados, por ejemplo, geográficos, atmosféricos o geológicos; de otro lado, el tiempo es considerado como una especie de sustancia intensa, producto de fuerzas más invisibles que visibles, cuya función es llenar los espacios de cosas siguiendo códigos inalterables y prefigurados. La verdad utilitarista, que atribuye finalidades socioeconómicas a esas formas y sustancias, y las convierte en recursos útiles para los seres humanos de acuerdo con proyectos políticos, económicos y sociales particulares. Y la verdad moral, que supone la acción de la naturaleza y de la humanidad como buena o como mala, y destina usos buenos y malos a los recursos que la naturaleza ofrece de acuerdo con creencias y prejuicios en vigencia.

Tales verdades, sus superposiciones y variantes, y la relación que estimulan entre humanos y naturaleza, han prevalecido desde el siglo XVIII, y desde entonces hasta hoy han sido aceptadas por quienes se aprecian como "civilizados". Contienen valores antropocéntricos en cuanto suponen que el fin de la naturaleza es agradar al humano; capitalistas porque sostienen que el fin de los humanos es obtener beneficios; y teocéntricos porque asumen que ambos fines están predeterminados. ¿Cómo particularizarlas para que al ir develando sus componentes revelen cuestiones específicas respecto de nosotros y de nuestros prejuicios?

3. Antecedentes inmediatos de la definición

Intervenciones como el *Proyecto Páramo Andino* son bastante conocidas, aceptadas y rechazadas. Patrocinadas por agencias trasnacionales y ejecutadas por instituciones técnicas, entidades gubernamentales u organizaciones no gubernamentales locales, estimulan finalidades utilitarias en la relación entre seres humanos y naturaleza. Bien miradas, aparentan promover relaciones de beneficio mutuo, como aumentar niveles de calidad de vida de poblaciones, países o el mundo, al tiempo que aumentan niveles de calidad de vida de lo que entienden como naturaleza. Mal miradas, estas iniciativas parecen mantener el estado de cosas, entre otros asuntos, porque responsabilizan a los más débiles de los daños causados a la naturaleza o, como dicen sus consignas, de las pérdidas de utilidad, y los convencen de protegerla bajo sus parámetros, mientras sentimientos cínicos las enceguecen frente a los abusos evidentes que patrocinan los más fuertes.

¿Cómo funciona en Colombia esta combinación de verdades que atribuye fines de beneficios a las relaciones entre naturaleza y cultura, al mismo tiempo que establece lo útil como condición del conocimiento y la moral? ¿Cómo se constituye una verdad relativa a la relación naturaleza-cultura mediante la cual se juzga como normal, uno, que el cuidado de la naturaleza esté subordinado a la obtención de prebendas y, dos, que gracias a la obtención de prebendas puedan aumentar niveles de calidad de vida tanto de grupos sociales como de lo natural?

Nietzsche sugiere hallar las fuentes inmediatas y concretas de la definición discriminando su sentido, como ruta para responder tales preguntas. O sea que lo que aparece como obvio, es decir, el deterioro evidente de los páramos, no puede apreciarse como origen inmediato de la preocupación, en cuanto esta última se guía por valores utilitarios que anteponen a la toma de conciencia del deterioro el estar al tanto de que se están perdiendo beneficios. Para atender al sentido del significado, entonces, hay más bien que averiguar por los orígenes de la valoración de la naturaleza como "bien" que ofrece beneficios económicos.

Como camino para encontrar los orígenes del mundo del ideal ascético, Nietzsche formula preguntas relativas a los porqués de las cosas, siguiendo la práctica que es tan común en los niños: cada pregunta motiva una respuesta que a su vez genera otra pregunta. Diferencia entre el dominio de los *síntomas*, que evalúa como propio de las cosas y sus manifestaciones empíricas, y el de los significados, que estima como perteneciente al orden de las *creencias* que sostienen la verdad.

El *Primer Congreso Mundial de Páramos* efectuado en Colombia, en el municipio de Paipa (Boyacá), en el año 2002, es el antecedente inmediato de la definición. A diferencia del *Proyecto Páramo Andino*, los organizadores lo presentan como una propuesta local de carácter regional en la que participan los distintos gobiernos de los países americanos donde hay páramos. Está a cargo de instituciones gubernamentales cuya misión es estudiar, regular y reglamentar las relaciones entre naturaleza y cultura en Colombia, como el Ministerio del Medio Ambiente, las Corporaciones Autónomas Regionales, y el Instituto de Hidrología, Metereología y Estudios Ambientales. Convoca, además, organizaciones, instituciones y personas vecinas de los páramos, e investigadores y ecologistas. Destaca como sus logros lo siguiente:

> Revisar, de forma muy pormenorizada, temas relacionados –no solo con el clima– sino también con las características fundamentales de la apropiación humana; los mecanismos adaptativos; los bienes y servicios ambientales que se derivan de la base natural del páramo, su contabilidad como patrimonio económico, ecológico y social; y finalmente, los requerimientos de conservación y protección actual y porvenir. (Castaño y Durán I:13)

La iniciativa exhibe de forma abierta la relación entre naturaleza y cultura que el gobierno colombiano promueve: las montañas son apreciadas como recursos que brindan "bienes" y "servicios" económicos; o como "patrimonio" que puede contabilizarse. El tipo de instituciones, organizaciones y personas participantes descubre la cara de los personajes o las fuerzas encargados de plasmar esa relación: de un lado, técnicos, científicos y políticos que se posicionan como directores; del otro, miembros de comunidades vecinas a los páramos, integrantes de organizaciones sociales interesadas en el medio ambiente e investigadores, que se posicionan como usuarios.

Las *Memorias* (Castaño y Durán) publicadas exteriorizan distintas expresiones de esos valores, tales como bien, servicio, patrimonio y clima; y también muestran los tipos de fuerzas que los dinamizan: las conferencias magistrales, a cargo de directores de los institutos

Genealogía de la palabra páramo *entendida como* bienes y servicios • 179

gubernamentales, tienen como tema central la evaluación del efecto del deterioro de los páramos en el "cambio climático global"; y la formulación de programas y normativas destinadas a estimular prácticas restauradoras. Aparecen entonces nociones como "cambio climático global" y "restauración", que dan nuevas pistas para entender la relación naturaleza-cultura privilegiada.

El evento cuantifica los costos a invertir para promocionar acciones de protección, pone cifras al deterioro y tasa en dinero los atributos de la montaña.[7] Una de sus conclusiones sostiene, por ejemplo, que "la conservación de los páramos y todas las acciones de manejo que se requieren para ello, necesitan recursos", y que "es urgente la definición rigurosa y responsable de distribución equitativa de cargas y beneficios, en el cumplimiento de los diferentes objetivos de conservación" (647). Se estima que la protección es una tarea que debe generar beneficios para los que se encarguen de ejecutarla. Para cuantificar el costo de ejecutar la tarea, recomienda partir "de la base de que el objetivo de las tasas retributivas" debe ser "la renovabilidad, conservación del recurso y el uso racional del mismo, lo cual resultará en una eficiencia en la prestación del servicio y en el uso del recurso" (Castaño y Durán II: 731). Se estipulan las acciones de cuidado en términos de rentabilidad y eficiencia económica.

Los informes diagnósticos, uno regional y el otro nacional, son elaborados por una misma organización, llamada Grupo Páramos, que tiene sede en varios países.[8] Si bien el autor del informe regional, el director del Proyecto Páramos del Ecuador, declara que la organización aglutina "varios centenares de personas, organizaciones, instituciones y gobiernos de muy diferente índole", los coordinadores del Grupo son los mismos expertos que en cada país andino y en Costa Rica se encargan de dirigir instituciones gubernamentales o mixtas y organizaciones no gubernamentales dedicadas a cuidar el medio ambiente (731).

Los diagnósticos describen los páramos en función de los beneficios que prestan para la vida humana. El informe regional define los "servicios y bienes ambientales", como "continua provisión de agua en calidad y cantidad" y como "almacenamiento de carbono atmosférico" (1074). Responsabiliza a lo que entiende como "subdesarrollo" por su deterioro, es decir, a las actividades económicas que realizan comunidades campesinas circundantes, como agricultura, ganadería, deforestación y reforestación, minería y, en menor medida, cacería, de pan coger y turismo (1078-81). El informe nacional introduce en sus análisis de riesgo un nuevo actor, "el cambio climático global"; advierte que el deterioro de los páramos no es causa sino consecuencia de ese cambio; que las altas montañas son ecosistemas "muy vulnerables", y agrega que "no se necesitaría una drástica alteración de las condiciones climáticas para que cambien sustancialmente e inclusive desaparezcan", asunto que "conllevaría a la pérdida de una oferta importante de bienes y servicios ambientales representados principalmente por la oferta hídrica del país" (1122).

Aparte de que los diagnósticos son elaborados por instancias parecidas, o incluso las mismas, en éstos se identifican sucesos semejantes como sus antecedentes inmediatos: el informe regional se reconoce en intervenciones ejecutadas en distintos países latinoamericanos, implementadas y financiadas por las mismas instituciones gubernamentales y agencias multilaterales o fondos privados: por ejemplo, el Grupo Páramos está a cargo de la implementación de proyectos en Ecuador, Venezuela, Perú y Costa Rica, y el Instituto Alexander von Humboldt está a cargo de los proyectos en Colombia. Las agencias que los financian son instituciones como El Banco Mundial, el Banco Interamericano de Desarrollo y el Fondo Ambiental Global, además de que cuentan con la cofinanciación de los distintos países (1086).[9]

El informe nacional lista una serie de sucesos que aprecia como sus antecedentes, a los que denomina con pomposidad "escenarios internacionales relativos a la gestión de la Alta Montaña y especialmente a la de los páramos" (1138). El primero es la *Conferencia de las Naciones Unidas sobre el Medio Ambiente y Desarrollo* que tuvo lugar en Río de Janeiro en 1992, conocida como "La Cumbre por la Tierra", y el último es la declaración que hacen las Naciones Unidas del 2002 como "Año Internacional de las Montañas" (1139).

Entonces, las intervenciones que resultan de la preocupación actual por el deterioro de los páramos, por lo menos en América Latina, están sometidas a una única agenda que procede replicándose: 1) se encargan de financiarlas organismos como las Naciones Unidas, fondos internacionales de carácter privado, y agencias multilaterales como el Banco Mundial y el Banco Interamericano de Desarrollo.

2) Las ejecutan instituciones estatales y fundaciones globales. 3) Las trasmiten jerarquías fijas ocupadas en los puestos de arriba por tecnócratas llamados de "alto nivel" o "expertos" como, por ejemplo, políticos, economistas y especialistas que dirigen instituciones, agencias y fundaciones locales; y en los puestos de abajo por personas apreciadas como lugareñas y consideradas de poca importancia como, por ejemplo, líderes de organizaciones políticas, voceros de comunidades campesinas e indígenas circundantes, investigadores y ecologistas. 4) Se implementan porque producen beneficios económicos a los que hacen parte de éstas. 5) Persisten en cuanto generan la misma clase de conocimiento como, por ejemplo, inventarios de flora y fauna, estudios físico-químicos atmosféricos, climáticos y biológicos, valoraciones de suelos y capas geológicas, análisis hídricos y acuíferos; diagnósticos socioeconómicos de las comunidades circundantes y de sus prácticas, entre otros. Y, 6) Se reproducen porque estimulan resultados similares como, por ejemplo, proyectos de agricultura "verde", de extracción "limpia" de minerales, de montaje de viveros, de elaboración artesanal de inventarios de flora y fauna, de recopilaciones de mitos ancestrales en forma de cuentos para niños, de formulación de recetarios caseros sobre efectos medicinales y nutricionales de las plantas lugareñas, de reforestación, de ecoturismo, entre otros.

En suma, tales intervenciones tienen como orígenes inmediatos y concretos un conjunto de lineamientos transnacionales. Se replican de forma jerárquica, y desde arriba hacia abajo van abarcando más agentes. Mientras fuerzas internacionales tienen la responsabilidad de iniciar los grandes proyectos, las nacionales tienen la función de implementarlos en cada lugar; a medida en que van descendiendo, las intervenciones involucran actores cada vez más locales hasta abarcar las comunidades vecinas, que tienen la tarea de elaborar los productos que se espera del proyecto los cuales, a propósito, deben ser insignificantes, provocar poco impacto y, sobre todo, costar poco dinero.

4. Orígenes de la definición

Nietzsche advierte que la indagación sobre antecedentes cae en círculos viciosos puesto que es posible encontrar una causa de la causa, hasta el infinito. Para escapar de la trampa del empirismo, desplaza la búsqueda desde el orden de las cosas hacia el de las razones, modo como propone revelar las causas más recónditas del mundo del ideal ascético. Al descubrir que ese mundo florece cuando hay brotes epidémicos de nihilismo, inquiere por las condiciones que hacen factible que emerja el nihilismo. Para encontrar respuestas a sus inquietudes, hurga en el conocimiento universal: filosofía, filología, psicología, evolucionismo, física, teología, o historia. Halla una razón en la teoría evolutiva: poco a poco, desde hace millones de años, el animal humano forjó una memoria que le permitió hacer promesas; encuentra otra en la historiografía: también de modo lento, desde hace miles de años, las deudas culturales se volvieron impagables; y descubre la tercera en la psicología: hace un par de miles de años que el hombre dejó de soportar el dolor. Desnuda entonces las razones del ascetismo: Al no haber manera de pagar las deudas culturales, la vida humana se vuelve sinsentido; el sinsentido causa un dolor insoportable; para escapar de la tortura de la vida, los hombres inventan los dioses y les prometen pagarles en la eternidad.

Seguir esa operación supone formular preguntas que lleven a descubrir causas escondidas en las que se sustenta la relación naturaleza-cultura que predomina hoy. De los análisis anteriores, se concluye que esa relación se acompaña por la preponderancia de fuerzas transnacionales. Cabe bosquejar entonces la siguiente hipótesis: cuando las fuerzas transnacionales actúan a través de la subordinación de las locales, la relación entre naturaleza y cultura tiende a ser de provecho. Bosquejada la hipótesis, es necesario verificarla, tarea que se hace a continuación.

4.1 La naturaleza entendida como paisaje cultural

Desde 1848 y durante dos décadas, más o menos, junto a las guerras de rigor, ocurre en la Nueva Granada, hoy Colombia, un acontecimiento conocido como *revolución anticolonial*, caracterizado por la historiografía tradicional como el inicio del Estado-nación moderno, propio de la acción de fuerzas locales empujadas por la idea romántica de construir un país autónomo (ver Colmenares).[10] Durante estos años, el conocimiento de las ciencias naturales, de la mano de la política, elabora herramientas nuevas tendientes a volver realidad ese proyecto.

La Comisión Corográfica es una iniciativa producto de este movimiento. Inicia labores en 1850, durante el gobierno de José Hilario López, en cabeza del ingeniero y militar italiano Agustín Codazzi, quien la lidera hasta su muerte, ocurrida en 1859 (Mosquera, *Compendio* 1-12).[11] Su primera fase consta de diez expediciones a las distintas provincias de la Nueva Granada, la última de las cuales tuvo lugar en 1859 (1-12). A diferencia de la Expedición Botánica, cuyo propósito explícito es el conocimiento científico, ésta es planeada por Tomás Cipriano de Mosquera con la intención explícita de encontrar medios valederos de modernizar la economía, de localizar fuentes de riqueza, de trazar caminos y vías de comunicación, de sugerir cultivos para la exportación, además de levantar la carta geográfica y el atlas cultural de la república (1-12).

En el intento por materializar la idea ilustrada de proyecto nacional, se va develando el país: el trazado de los límites y los accidentes geográficos, y la evaluación de posibilidades económicas del progreso, va haciendo que los expedicionarios desnuden la realidad de los itinerarios, dibujen las paradojas entre civilización y atraso que descubren en los caminos que van andados, y retiren los velos de los contrastes entre servidumbre indígena, negra y campesina, y el punto de vista particular de la elite colonialista.[12] Al mismo tiempo que levantan los mapas y dibujan las rutas que según sus evaluaciones debe transitar el progreso, y a pesar de sí mismos, estos expedicionarios revelan en sus diarios de campo y en sus acuarelas el "paisaje cultural" colonial.

La noción de paisaje cultural desnuda la ambivalencia entre el deseo de la elite liberal de copiar el proyecto de progreso europeo y la realidad de servidumbre colonial en la que vive el país.

Las ambivalencias son expresadas en el arte: "Colombia se descubre a sí misma", dice Marta Traba al referirse a la obra que deja la Comisión Corográfica, que en la inmensidad panorámica desnuda la crueldad de la servidumbre colonial (Barney 79). Varias de las acuarelas muestran un detalle colonial; por ejemplo, *Camino de Novita en la montaña de Tamana* de Manuel María Paz (1843) retrata un hombre negro atravesando un vacío de cientos de metros, sobre una catarata, valiéndose de un pequeño tronco, cargando a sus espaldas una silla de mano en la que un hombre blanco lee con aparente tranquilidad (Paz 43). Los retratos de los científicos artistas del *Álbum de la Comisión Corográfica*, Carmelo Fernández, Enrique Price y Manuel María Paz, presentan estas paradojas, a pesar de los prejuicios de los mismos autores, como si la inmensidad del paisaje le sustrajera en sus dibujos, por instantes, los valores que usan para juzgar la realidad en sus observaciones científicas consignadas en los diarios de campo.[13]

Las ambivalencias también son exteriorizadas en la actividad política: el papel jugado, por ejemplo, por el general Mosquera, cuatro veces presidente, expresa esa confluencia de ímpetus contrarios. En su primer gobierno, en 1849, e influenciado por ambos, el espíritu revolucionario y el afán económico de modernizar el país, planea la Comisión Corográfica para determinar el nuevo paisaje de la Nueva Granada y localizar sus riquezas; durante su segundo mandato, en 1862, empujado por fuerzas nacionalistas, pretende dar forma política y administrativa al paisaje, y encarga al sucesor de Codazzi, el geógrafo colombiano Felipe Pérez, que redacte la *Geografía física y política de los Estados Unidos de Colombia*; durante su cuarta presidencia, vuelto dictador y con el ánimo de pasar a la historia como gran científico, en 1866, prohíbe la circulación de esa geografía y, en cambio, publica su propio *Compendio de geografía general, política, física y especial de los Estados Unidos de Colombia*, donde rectifica los trabajos de Pérez, que considera inexactos y con estadísticas inventadas (ver Mosquera *Compendio*; *El odio*).[14]

Esas ambivalencias las muestra también la producción científica *La peregrinación del Alpha por las provincias del norte de la Nueva Granada en 1850-1851* (1853). Esta obra, considerada fundacional de la sociología colombiana, recoge los apuntes del periodista y escritor Manuel Ancízar, encargado durante los primeros dos años, en la Comisión Corográfica, de estudiar las conductas, tradiciones y costumbres de la sociedad neogranadina.[15] El autor analiza los objetos que observa como resultado de condiciones sociales, políticas, culturales y económicas específicas del colonialismo, pero muestra admiración por el paisaje colonial y a la vez manifiesta deseos revolucionarios de que la Nueva Granada cambie de rumbo hacia la Ilustración.

El movimiento anticolonial es valorado por la historiografía como "momento cuando por primera vez en Colombia se pensó que la realidad podía ser producto de circunstancias históricas y políticas modificables" (Nieto Arteta 133); como "era de descubrimientos de nuestra sociedad, de nuestra población y de nuestra geografía" (García 78); y como origen del capitalismo americano criollo (ver Colmenares). Igual que en otros, en éste coexisten fuerzas tradicionalistas que sienten admiración por la servidumbre colonial y su conservación, ímpetus democráticos y populares deseosos de expulsar el colonialismo y de construir otro paisaje, para las élites ojalá europeas e ilustradas, e impulsos del liberalismo radical que aprecian el paisaje cultural en función de los beneficios comerciales que puedan sonsacarle. En palabras de Eric Hobsbawm, "entre 1848 y 1870, fue el período en que el mundo se hizo capitalista" (41).

En suma, en el período anticolonial gobierna un significado de la relación entre naturaleza y cultura en el que se integran las tres verdades de las que se ha hablado –la científica, la utilitaria y la moral–, pero de su combinación, más que del predominio utilitarista, resultan ambivalencias que se cristalizan en la noción de *paisaje cultural*. Al lado de fuerzas autónomas ilustradas coexisten furores conservadores que usan la noción de paisaje para mantener valores heredados del colonialismo, y arrebatos trasnacionales que la emplean para lucrarse. En fin, conviven en ella valores del colonialismo y el modernismo, de la democracia y el elitismo, del naturalismo y el fatalismo.

4.2 La naturaleza entendida como patrimonio cultural

Sólo unas décadas más tarde, en los finales del siglo XIX, los impulsos transnacionales se imponen sobre los demás ímpetus: fuerzas conservadoras, liberales y revolucionarias se dejan convencer de la urgencia de alcanzar el capitalismo a como dé lugar y sin que importen los costos que haya que pagar. Todos los países de América Latina se alinean para hacer realidad la modernización: cambian la perspectiva, abandonan el sueño de llegar poco a poco al "progreso", y se dejan persuadir por las promesas estadounidenses de llegar ya.

La VIII Conferencia Panamericana, celebrada en Lima en el mes de diciembre de 1938, plasma dicha promesa. El deseo del proyecto panamericano de Bolívar consignado en *La Carta de Jamaica*, escrita en 1815, se concretó sólo en 1889, pero no bajo lineamientos libertarios, como él lo quería, sino imperialistas.[16] Los propósitos, en apariencia libertarios, de la Unión Panamericana, como servir de arbitraje para la solución pacífica de los conflictos, incentivar el comercio y el conocimiento entre las distintas repúblicas, promover la democracia y mantener la soberanía, mediante mecanismos de cooperación internacional, fueron consolidando a Estados Unidos como único líder regional.[17]

En Lima, en la VIII Reunión Panamericana, bajo la tutela del gobierno estadounidense, y de grandes empresarios, financistas y economistas provenientes de ese país, la naturaleza se convierte para el continente en objeto de estudio, vigilancia, regulación y cuidado. Los artículos XXVII y XXVIII del Informe de la Conferencia, y la sección siete de los anexos, delimitan los tres ámbitos naturales que van a ser desde entonces objeto de "protección y conservación": los valores apreciados como "positivos" de la cultura de los pueblos indígenas, las "bellezas escénicas naturales y de la flora y de la fauna", y el "suelo y las fuentes de agua" (Rowe, *Conferencias Internacionales Americanas, primer* 48-49; 170). Para ejecutar el plan, la Unión Panamericana sugiere, entre otras acciones, llevar a cabo estudios comparativos "de las medidas y disposiciones legales existentes en las Repúblicas Americanas relativas a la protección y [la] conservación de sus regiones naturales y lugares y monumentos históricos"; formular medidas y disposiciones jurídicas en los países donde no existan; y realizar exploraciones científicas "coordinadas entre los diversos centros de estudios americanistas, que pongan en mayor evidencia y valoración, las riquezas arqueológicas del Continente" (48, 49);[18] con la excepción de tres naciones de América Central, los demás países que conforman la Unión firman el acuerdo para hacer realidad tales medidas, en diciembre de 1938. En la Reunión se conformó una Comisión de Expertos compuesta en su mayoría por científicos estadounidenses, a la que se le encargó formular "el proyecto de convención sobre flora, fauna y bellezas escénicas naturales al Comité Especial del Consejo Directivo de la Unión" para su aprobación en mayo de 1940 (386).

Tal política determina una misma agenda para estimular, supervisar, reglamentar y producir conocimiento respecto a la relación naturaleza-cultura en los distintos países, y establece una comunicación directa entre éstos y los Estados Unidos, e indirecta entre las demás naciones del continente; consolida a los Estados Unidos como líder político, comercial, científico, tecnológico, cultural y militar de América Latina.[19] Los nuevos valores desplazan el aspecto vivo contenido en la noción de paisaje cultural y valiéndose de una vieja palabra, patrimonio, empleada para conservar restos de lo apreciado como muerto, convierten la naturaleza en escenario para contemplar y tasar, y a los pueblos nativos americanos en piezas para observar y clasificar. Los políticos, los empresarios y los ciudadanos de América, que se aprecian como "desarrollados", pactan la destrucción de la naturaleza para que por encima de esos restos se construyan las vías que traerán a la modernización. Prometen guardar vestigios en museos antropológicos, etnológicos y arqueológicos, en monumentos junto a las piezas paleontológicas, y en resguardos y parques naturales, como pruebas del origen remoto y superado del hombre desarrollado. Le extraen a la vieja noción de paisaje su vitalidad y la convierten en la sabia de la modernización.

4.3 La naturaleza entendida como pobreza y desafuero

A finales del siglo XX, el péndulo que determina la combinación a predominar entre fuerzas reactivas se detiene en el dominio del exceso, acompañado de la amenaza del renacer de los restos que la modernización creyó que había enterrado bien: el aborigen se desprende de sus moldes de piedra y barro, en los que fue tallado y apresado, y se escapa de museos y resguardos; la naturaleza estalla los muros de contención en los que fue domesticada, y se desborda de represas, jaulas y jardines. El sonido agudo y rítmico del despertar nativo acompasando el alarido grave y caótico de la tierra herida se oye por todas partes. Irrumpen signos que anuncian sacudidas, arremetidas y desastres.

Al sentirse amenazado, el "desarrollo" instaura una nueva agenda, esta vez más poderosa, suscrita por los delegados de los gobiernos de la mayoría de los países del mundo, que asistieron en Río de Janeiro, en 1992, a la segunda reunión convocada por la Conferencia de las Naciones Unidas sobre el Medio Ambiente y el Desarrollo, denominada *La cumbre por la tierra*.

La conferencia lista los objetivos que se deben cumplir en un corto plazo, diez años, para evitar, dice, la catástrofe climática resultado del *calentamiento global* por el abuso a la naturaleza, y determina los procedimientos para alcanzarlos. En su llamado "Programa 21", 1) reconoce la importancia del "medio montano para la supervivencia del ecosistema mundial", y le dedica todo un capítulo, "Ordenación de los ecosistemas frágiles: desarrollo sostenible de las zonas de montaña"; 2) le atribuye funciones básicas para la vida humana como, por ejemplo, ser "fuente importante de agua, energía y diversidad biológica" y "de recursos vitales como minerales, productos forestales y agrícolas, y medios de esparcimiento" (13.1); 3) determina sus amenazas: "susceptibles de erosión acelerada de los suelos, desprendimientos de tierras y un rápido empobrecimiento de la diversidad genética y del hábitat"; y 4) imputa a la pobreza la responsabilidad de su deterioro: "la pobreza generalizada entre los habitantes de las montañas" que lleva "a que se estén perdiendo los conocimientos autóctonos" (13.1).

El "ecosistema" de la montaña no fue considerado en la *Conferencia de las Naciones Unidas sobre el Medio Ambiente Humano*, primera reunión mundial celebrada en 1972 en Estocolmo, ni en las numerosas reuniones a las que dio lugar la Conferencia, realizadas en los veinte años siguientes en varias partes del mundo.[20] Una vez explicadas las razones para incluirlo en el temario, y recalcado el hecho de que en las montañas habita la población *más pobre* de América, África y Asia, que está poniendo en peligro fuentes de agua, alimento y energía, el "Programa 21" traza dos metas: "Generación y consolidación de conocimientos sobre la ecología y el desarrollo sostenible de los ecosistemas de montaña" y "Promoción del aprovechamiento integrado de las cuencas hidrográficas y de otros medios de vida" (13.3). Además, especifica las estrategias que se deben adoptar para alcanzarlas y sugiere, a los respectivos gobiernos donde hay montaña, entre otras medidas, apoyarse en organizaciones internacionales y regionales para: 1) desarrollar "estudios de suelo, bosques, aprovechamiento de las aguas y de los recursos vegetales y animales"; 2) "crear y mantener bases de datos y sistemas de información"; 3) conformar instituciones especializadas en el medio ambiente; 4) "crear una base multidisciplinaria de conocimientos ecológicos sobre las tierras y las aguas de los ecosistemas de montaña"; 5) promover políticas nacionales que incentiven "buenas prácticas de manejo" en los pobladores locales; y 6) establecer reservas naturales y zonas protegidas (13.4-13.8). La agenda también calcula el costo de ejecutar tales medidas por año. Dice así:

> La secretaría de la Conferencia ha estimado que el costo total medio por año (1993-2000) de ejecución de las actividades de este programa ascenderá a unos 50 millones de dólares, que la comunidad internacional suministrará a título de donación o en condiciones de favor. (13.9)

Se desnuda, pues, el significado buscado: una agenda mundial que define la naturaleza como "bienes" y "servicios", en la que se cuantifican costos, inversiones e inventarios; se pone precio a los daños causados por los más pobres por vivir "en la pobreza"; se calculan las inversiones que tienen que hacer los más ricos en forma de limosnas y donaciones, para supuestamente cambiar la dirección desde el subdesarrollo hacia la sustentabilidad. La agenda, voraz, promete piedad siempre y cuando en las montañas sea sofocado el renacer nativo, y contenidas las amenazas de la tierra. Propugna por un mundo en el que, al pie de la letra, *todo vale*. Las montañas son los nuevos muros de contención del nativo, territorios para arrasar donde sus pobladores no valen nada.

La agenda insiste en la estandarización de iniciativas para la protección de la montaña a través de la difusión de mecanismos de participación que siguen los mismos procedimientos jerárquicos, prefijados y estandarizados. La novedad es que culpa a los más pobres de ser los causantes de su deterioro y releva de la responsabilidad a los más ricos, y apreciando la montaña como un depósito autoriza el despliegue de actividades extractivas, con el beneficio del lucro individual.

Mientras la agenda aprueba un presente de voracidad y derroche para los más ricos, y de domesticación, emprendimiento y sostenibilidad para los más pobres, engaña con la ilusión de un futuro protector, resultado de un pacto mundial siempre pospuesto por los países más poderosos.

5. Conclusiones

Participar de la proclama mundial para proteger y cuidar la naturaleza, en especial las altas montañas –que es el caso que nos ocupa–, es un asunto indiscutible. No obstante, dicha proclama hace parte de la agenda de desarrollo global que está encaminada a otra cosa. Esa agenda establece los significados predominantes de la relación naturaleza-cultura hoy en boga, que se manifiestan en tanto cuidado piadoso pero se concretan en usufructo cínico, para que empresarios y comerciantes, tecnócratas y políticos, e individuos de países ricos y pobres alcancen beneficios de lucro.

El recorrido realizado pretendió cuestionar la idea de que los países más poderosos imponen a los más débiles sus intereses y, por el contrario, muestra cómo esos intereses se propagan a través de mecanismos de persuasión construidos en colaboración. Las mayorías del mundo desean formar parte de la "agenda mundial" y para lograr sus aspiraciones se someten contentas a esos lineamientos, implementan confiadas los procedimientos, replican sumisas las jerarquías y, sobre todo, aprueban los valores colonialistas que están contenidos en ella, que aprecian como verdades incuestionables.

La preocupación colombiana que valora el deterioro de la naturaleza mediante cálculos de costo-beneficio, e inventarios de bienes y servicios, corre paralela al proyecto de construcción nacional: surge dentro del movimiento político llamado anticolonial, de mediados del siglo XIX, que inventa la categoría *paisaje cultural* como instrumento para erigir a la Nueva Granada como nación autónoma, dirigida por fuerzas locales libertarias y populares, empujadas por fuerzas transnacionales y conservadoras. Se fortalece gracias al brío del panamericanismo, constituido en 1889, acuerdo entre gobiernos, diplomáticos y empresarios del continente para seguir lineamientos comerciales estadounidenses en aras de alcanzar la modernización a como dé lugar. Se internacionaliza en 1938, en la VII Conferencia Panamericana, celebrada en Lima, cuando los plenipotenciarios de las repúblicas americanas pactan convertir la naturaleza y la cultura nativas en patrimonio y en fuente de riqueza, empujados por la avidez de políticos, negociantes, comerciantes y científicos. Se establece definitivamente en 1992, en la segunda reunión sobre Medio Ambiente, de la Organización de las Naciones Unidas, circunstancia que convierte a la montaña en objeto de mira de los más ricos del mundo, que aprecian ahora que su "bien", la naturaleza, es agotable, está descontrolado y posee arrebatos de exceso; que tienen que voltear los ojos hacia la montaña y tasar sus cualidades para la producción de oxígeno, agua, vida y energía; que no todos los recursos han sido extraídos sino que

Genealogía de la palabra páramo *entendida como* bienes y servicios • 191

quedan todavía muchos por extraerle; y que las costumbres vitales, apreciadas como "subdesarrolladas", de los más pobres, la cuarta parte de los habitantes del planeta, los amenazan.

NOTAS

[1] Es un resultado de la investigación *Pobladores de Páramo*, proyecto del Instituto de Estudios Sociales Contemporáneos de la Universidad Central de Bogotá, realizado entre 2009 y 2013, y cofinanciado por Colciencias.

[2] Esta interpretación de Nietzsche está sustentada sobre todo en *La genealogía de la moral* (1887), y contiene elementos de *La ciencia jovial* (1882), *Aurora* (1881), *Así habló Zaratustra* (1883) y *Ecce Homo* (1888). No tiene pretensiones de realizar una exégesis ilustrada sino de extraer herramientas metodológicas. Se basa así mismo en análisis sobre Nietzsche elaborados por Gilles Deleuze, listados en la bibliografía; y en algunos estudios sobre el mismo asunto elaborados por la autora también en la bibliografía.

[3] En la publicidad, el *Proyecto Páramo Andino* se presenta como: "Una iniciativa financiada por el Fondo Mundial para el Ambiente (GEF/FMAM) e implementada a través del Programa de Naciones Unidas para el Medio Ambiente. Pretende la conservación integral de este ecosistema en los cuatro países sudamericanos que lo poseen: Venezuela, Colombia, Ecuador y Perú [...] en noviembre 2004 finaliza su fase de diseño (llamada PDF-B), en la cual se establecieron los contactos, se hicieron las alianzas y se recopiló la información necesaria para planificar la fase de implementación. En marzo del 2006 arrancó esta segunda fase que durará 6 años, es decir hasta diciembre del 2011" (*Proyecto Páramo Andino*).

[4] El páramo de Rabanal, situado entre los departamentos de Boyacá y Cundinamarca; el de Chiles localizado en Nariño, en la frontera colombo-ecuatoriana; el Duende, entre Valle del Cauca y Chocó; y el páramo de Belmira, situado en el departamento de Antioquia (*Proyecto Páramo Andino*).

[5] Estimula experiencias de "buen uso" de los páramos, mediante las cuales asume que si la comunidad percibe "beneficios" elevará su calidad de vida y mejorará "las condiciones ecológicas del ecosistema de páramo" (*Proyecto Páramo Andino*).

[6] Los resultados son similares a los del mismo proyecto en otros países; sus documentos e informes tratan, por ejemplo, de los siguientes asuntos: estudios de ecosistemas "que desempeñan un papel importante en la regulación climática", análisis de emisiones de dióxido de carbono, "historia naturales" de especies nativas en vía de extinción, inventarios de flora y fauna, estudios geológicos, reuniones y eventos sobre el tema patrocinados por el Proyecto, como el primero y el segundo congresos mundiales de los páramos, celebrados respectivamente en los años 2002 y 2009, encuentros regionales, declaratorias de vecinos de los páramos, planes de manejo, diagnósticos socioculturales, etcétera. Ver, por ejemplo, Urdaneta (2008), Moreno (2008), Borda (2008), Jiménez (2008), Flórez (2008) y Ponce de León y otros (2004).

[7] Estos temas se tratan especialmente en los simposios "Manejo, conservación y protección" y "Contabilidad y servicios ambientales", pero están presentes en las demás intervenciones. Ver Castaño y otros (2002), Tomo I.

[8] Los informes se llaman, respectivamente, *Los páramos andinos; su diversidad, sus habitantes, sus problemas y sus perspectivas. Un breve diagnóstico regional del estado de conservación de los páramos* e *Informe del estado y gestión de los páramos en Colombia* (Castaño y Durán II: 1062, 1094). Fueron elaborados por el Grupo Internacional de Trabajo en Páramos (Grupo Páramos) en un evento realizado en Venezuela, en la ciudad de Mérida, en el año 1999, bajo el nombre de "Primer Simposio Internacional de Desarrollo Sostenible en los Andes".

[9] El Fondo Global Ambiental (GEF) se presenta como sigue: "Establecido en 1990, invierte en negocios alrededor del mundo que provean soluciones costo-beneficio a los retos ambientales y energéticos. Administra capital privado dedicado a tecnología "limpia", a mercados emergentes, y la silvicultura sostenible, con aproximadamente $ 1 mil millones en capital" (s/p; la traducción es mía).

[10] Dice Colmenares, refiriéndose a este momento: "Desde 1848 se insinúan en el país una serie de fenómenos cuya complejidad e intensidad son desconocidos hasta entonces en nuestra historia. Un despertar súbito de todas las tendencias sociales, su necesario conflicto exacerbado y, en un intento para dominar este conflicto, la voluntad de afirmación de una clase compuesta por burócratas y comerciantes, que pretende encarar el pasado y eliminar sus residuos en beneficio propio, imprimen un ritmo acelerado y casi febril a los acontecimientos. En el lapso muy corto de siete años, de 1848 a 1854, ocurre una serie de acontecimientos y se introduce una variedad tan grande de reformas que las oscilaciones políticas apenas sirven para subrayar el alcance efectivo de los hechos sociales. Estas oscilaciones están netamente marcadas por el acceso del partido liberal al poder, después de doce años de un régimen más o menos autoritario; por la revolución conservadora de 1851, que se calificaba como una reacción contra los 'excesos' del partido 'rojo'; por el golpe militar del 17 de abril de 1854 y el gobierno provisional del general Melo, aparentemente una reacción también contra las reformas radicales introducidas en la Constitución del 21 de mayo de 1853; finalmente, por la guerra de 1854, destinada a restablecer la legitimidad, y que tuvo como consecuencia secundaria la recuperación del poder por parte de los conservadores" (56).

[11] Hubieron varias iniciativas precursoras: por ejemplo, las expediciones del científico alemán Alexander Von Humboldt, quien hizo el recorrido entre el Orinoco y el Amazonas en el año 1801, y fue el primero en cruzar la cordillera de los Andes (Ver Humboldt); la empresa que Codazzi había hecho en Venezuela con el mismo nombre y para los mismos fines, entre 1830 y 1838. Al respecto de la obra venezolana, Codazzi escribe: "La geografía física es toda obra del autor: solamente para la clasificación de los vegetales ha consultado la estimable obra del D. Ramos de la Sagra [...] En la geografía política se ha auxiliado con la obra de Humboldt y Depons, para lo antiguo, con la de Balbi, para la etnografía, y con los documentos oficiales para la organización actual" (Codazzi, *Resumen* Advertencia). Y, por supuesto, la Expedición Botánica. Mosquera reconoce como precursores de la Comisión a los científicos criollos de la expedición botánica, a los que trata con más reverencia que a Codazzi y a Pérez; sostiene al respecto: "Sin duda debemos encabezar esta pequeña lista por el célebre D. José Celestino Mutis [...] Andando los tiempos despertó en el país el amor a las ciencias y obtuvo en 1782 la protección de Carlos III para nombrarlo director de la expedición botánica [...] En 1794 había jóvenes recomendables por su afición a las ciencias, y perseguidos algunos por sus ideas liberales, fueron llevados a Europa. Allá se distinguieron D. Francisco A. Zea y D. José María Cabal [...] En el país brillaba el célebre Caldas, geógrafo, astrónomo y botánico [...] Tomás Quijano como químico y mineralista, D. Manuel María Arboleda como físico [...] (Mosquera, *Compendio* 300-01).

[12] La manera como Ancízar se refiere al Cocuy devela las intenciones económicas de la Comisión: "Atesora el cantón Cocuy, en una extensión de 47 leguas cuadradas, todas las producciones vegetales, tanto cultivadas como silvestres, de un suelo singularmente fértil, cuyas sinuosidades lo levantan por grados, desde la temperatura en que prosperan la caña de azúcar y el plátano, hasta la de las nieves eternas donde ningún ser orgánico subsiste. Por tanto, no hay fruto de los conocidos en ambos hemisferios que una agricultura ilustrada y cuidadosa no pueda obtener para sustento y regalo del hombre; no hay maderas, plantas preciosas ni flores para las cuales no se halle en él lugar apropiado; y al mismo tiempo que el reino mineral ofrece con abundancia el hierro, el carbón y la sal, bases de toda civilización, acompañados de ricas minas de cobre, galena (plomo sulfurado), cinabrio, alumbre, azufre y óxidos diversos, entre ellos el de cromo, tan apreciado por los pintores. Preténdase que

Genealogía de la palabra páramo *entendida como* bienes y servicios • 193

hay además oro y plata, y es verosímil que así suceda, puesto que no son raras las secciones de terreno de aluvión o diluviano y que la galena suele tomar el color gris claro indicativo de plata en combinación. Las quiebras repentinas de las serranías y las direcciones diversas que toman, determinan una multitud de accidentes y variedades favorables en el clima y por consiguiente en la vegetación; de tal manera que suelen verse grupos de frailejón creciendo al lado de sementeras lozanas, y las papas, cebada y habas prosperando a 3.669 metros de altura sobre el mar, merced a las cuencas abrigadas que el diligente agricultor sabe aprovechar en mitad de páramos al parecer improductivos. El temperamento por extremo benigno, las aguas cristalinas que copiosamente bajan de todos los cerros batiendo a saltos las peñas, y por último, la profusión y baratura de los mantenimientos, concurren a sostener una población fuerte y sana, que aumenta con rapidez y deriva del trabajo continuo de los campos, la moralidad que la distingue y hace tan raros allí los delitos. Lástima es que la instrucción pública sea todavía tan escasa que cueste trabajo encontrar vestigios de ella en medio de la ignorancia general" (s/p).

13 Ver Codazzi, "Álbum".

14 Mosquera, en su *Compendio de geografía*, aclara las razones que lo llevaron a recoger la edición de Pérez: "Por desgracia estaban llenas de errores los materiales entregados al Sr. Pérez, pues el Sr. Codazzi había reunido sin exámenes cuantas relaciones le hacían las gentes" (*Compendio* 3). Concluye la Geografía con estas palabras. "Si nuestros conciudadanos olvidando las pasiones políticas que destruyen a las repúblicas [...] consagran sus esfuerzos y los ayudan a dar impulsos a la apertura de caminos y navegación interior de los ríos, ese país será de los más felices del mundo (302). El siguiente es un aparte del discurso de defensa de Mosquera ante el Congreso, el 3 de Mayo de 1867, luego de ser apresado por un movimiento de congresistas cuando en su cuarta presidencia cerró el Congreso y se volvió dictador, en el que señala entre sus logros "haber modernizado al país": "Que así sea; pero no esperéis que con vuestro fallo quede manchado o envilecido mi nombre, ni ante mis conciudadanos ni ante América, ni ante la historia. Para eso sería necesario que se lograra borrar de la memoria del pueblo colombiano más de cincuenta años de continuados servicios, que gracias a la Providencia, me ha sido dado prestar a mi patria; servicios en mérito de los cuales mi país ha ceñido, por cuatro veces, mi pecho, con la banda que veis en mis manos; banda de honor que he llevado con legítimo orgullo y de la que hoy, con el corazón ulcerado por la ingratitud, pisoteado por la injusticia y escarnecido por la iniquidad de este proceso, me desprendo sin dolor arrojándola a vuestros pies en señal de protesta contra el fallo que vais a proferir; fallo que proferirán mis enemigos y no jueces justos, rectos e imparciales; y fallo que nos será estad seguros de ello, confirmado, ni por los contemporáneos, ni por la historia". Ver Mosquera *Compendio; El odio*.

15 Los trabajos de Humboldt, base del análisis de Ancízar, se conocen como "naturalistas" u "organicistas", puesto que involucran lo teórico como mediación entre la observación y lo observado, e integran de esta manera lo "natural" con lo social y lo económico. Define los páramos de esta forma: "La voz páramos de que tantas veces hago uso, se aplica en las colonias españolas a todas las regiones montuosas de 3508 a 4288 metros de elevación sobre el mar, y en las cuales bajo un cielo nebuloso, reina un clima duro e inhospitalario [...] No hay abundancia de vapor acuoso [...] Son los árboles de los páramos pequeños y se despliegan en forma de parasol [...] (49).

16 Dice Bolívar en La Carta de Jamaica: "Yo deseo más que otro alguno ver formar en América la más grande nación del mundo, menos por su extensión y riquezas que por su libertad y gloria" (s/p). Más adelante, el 7 de diciembre de 1824 en Lima, en la carta de invitación al Congreso de Panamá celebrado entre el 22 de junio y el 13 de julio de 1826, sostiene: "Es tiempo ya de que los intereses y las relaciones que unen entre sí a las repúblicas americanas [...] tengan una base fundamental que eternice, si es posible, la duración de estos gobiernos [...]" ("Invitación" s/p). Invita a todos los gobiernos "para que formemos una confederación

y reuniésemos en el istmo de Panamá [...] una asamblea de plenipotenciarios de cada estado que nos sirviese consejo en los grandes conflictos, de punto de contacto en los peligros comunes, de fiel intérprete en los tratados públicos cuando ocurran dificultades, y de conciliador en fin de nuestras diferencias" (Rowe, *Conferencias Internacionales Americanas, 1889* XXIII).

[17] La Ley del Congreso de Estados Unidos de 1888 funda la Unión Panamericana: en ésta, el Senado y la Cámara de representantes autorizan al presidente de los Estados Unidos para que celebre en el próximo año una conferencia en Washington con los delegados de todos los países americanos, "con el objetivo de discutir y recomendar a los respectivos gobiernos un plan de arbitraje para el arreglo de los desacuerdos y cuestiones que puedan en el futuro suscribirse entre ellos, de tratar de asuntos relacionados con el incremento de tráfico comercial [...], de asegurar mercados más amplios", entre otros. (citado en Rowe *Conferencias Internacionales Americanas, 1889* 3).

[18] Textualmente el informe dice: "Que América antes de su contacto con la civilización occidental fue el asiento de diversas culturas de cuyo estado evolutivo nos percatamos por la observación de los restos arqueológicos que existen en el Continente [...]; que el estudio de tales culturas, a través de sus restos tiene un interés científico indiscutible y una importancia enorme para la definición del mundo americano pre-europeo; Que la conquista y colonización de América por los pueblos europeos determinó la iniciación de una nueva etapa cultural en que empezaron a formarse las nacionalidades de este Continente [...]; Que por último, la protección y conservación de las regiones naturales es tanto o más urgente que la de los lugares y monumentos arqueológicos e históricos por la significación económica que tiene para la vida de los pueblos" (Rowe 48-49). Adicionalmente, sobre el suelo y el agua, propone: "urgir a los gobiernos la consideración de programas para la conservación del suelo como medida de defensa continental, mantener el intercambio libre de información sobre tales programas, establecer un intercambio de personal técnico para la realización de dichos objetivos y publicar informes dedicados a promover esas iniciativas" (Rowe 386).

[19] La consolidación oficial de los Estados Unidos como líder del panamericanismo tuvo ocasión en 1948, en la IX Conferencia, realizada en Bogotá. En esta conferencia, y a pesar del Bogotazo, los delegados de las veintiún repúblicas de América Latina pactaron, entre otros, tres asuntos que vale la pena resaltar: el Acuerdo Económico de Bogotá, convenio entre los Estados Unidos y los otros veinte países, gracias al cual el primero se convierte en el líder comercial de la región mediante tratados unilaterales entre éste y cada uno de los demás países (Cuevas 532). La aceptación de los veintiún países del peligro que la acción del comunismo internacional representa para la región y, en consecuencia, la disposición de medidas democráticas para la persecución de las tácticas totalitarias contrarias a la democracia vigiladas por Estados Unidos (533). Finalmente, el pacto contra el colonialismo ejercido por Europa, y de su lucha pacífica para terminar cualquier rezago colonial en el continente, bajo lineamientos estadounidenses (533).

[20] Dice así el comienzo de la Declaración de Estocolmo: "La Conferencia de las Naciones Unidas sobre el Medio Ambiente Humano, Reunida en Estocolmo del 5 al 16 de junio de 1972 [...] Atenta a la necesidad de un criterio y principios comunes que ofrezcan a los pueblos del mundo inspiración y guía para preservar y mejorar el medio ambiente humano [...] Proclama que: [...] 1. El hombre es a la vez obra y artífice del medio que lo rodea, el cual le da el sustento material y le brinda la oportunidad de desarrollarse intelectual, moral, social y espiritualmente [...] En la larga y tortuosa evolución de la raza humana en este planeta se ha llegado a una etapa en que, gracias a la rápida aceleración de la ciencia y la tecnología, el hombre ha adquirido el poder de transformar, de innumerables maneras y en una escala sin precedentes, cuanto lo rodea [...] Los dos aspectos del medio ambiente humano, el natural y el artificial, son esenciales para el bienestar del hombre y para el goce de los derechos humanos fundamentales, incluso el derecho a la vida misma" (s/p).

Bibliografía

Ancízar, Manual. *La peregrinación de Alpha: por las provincias del norte de la Nueva Granada en 1850-1851*. 1853. Bogotá: Empresa Nacional de Publicaciones, 1956.

Barney Cabrera, Eugenio. "Reseña del arte en Colombia durante el siglo XIX". *Anuario Colombiano de Historia Social y de la Cultura* 2/3 (1965): 71-118.

Bolívar, Simón. "Carta de Jamaica". 1815. *Analítica*.

_____ "Invitación de Bolívar a los gobiernos de Colombia, México, América Central, las Provincias Unidas de Buenos Aires y Chile y el Brasil". 1824. *Conferencias Internacionales Americanas, 1889-1936*. Leo S. Rowe, comp. Macario Ortíz y Ernesto Morales, eds. *Biblioteca Digital Daniel Cosío Villegas, Colegio de México*. <http://biblio2.colmex.mx/coinam/coinam_1889_1936/base2.htm>. 2 dic. 2011.

Borda, Carlos Andrés. *Formulación de un instrumento económico cuyo diseño participativo esté dirigido a convertir prácticas agropecuarias convencionales en sistemas productivos sostenibles, menos perjudiciales al medio ambiente y más rentables desde una visión financiera*. Bogotá: Instituto de Investigación de Recursos Biológicos Alexander von Humboldt, 2008.

Castaño, Carlos y Claudia Durán, eds. *Primer Congreso Mundial de Páramos. Memorias*. Tomos I y II. Bogotá: Ministerio del Medio Ambiente, Ideam, CAR, CIC, 2002.

Codazzi, Agustín. *Resumen de la geografía venezolana*, París: Imprenta de H. Fournier y Comp., 1841.

_____ "Álbum de la Comisión Corográfica". *Hojas de Cultura Popular Colombiana* 26 (1956).

Colmenares, Germán. *Partidos políticos y clases sociales*. Bogotá: Universidad de Los Andes, 1968.

Congreso de los Estados Unidos. "Ley de 1888". 1938. *Conferencias Internacionales Americanas, 1889-1936*. Leo S. Rowe, comp. Macario Ortíz y Ernesto Morales, eds. *Biblioteca Digital Daniel Cosío Villegas, Colegio de México*. <http://biblio2.colmex.mx>. 2 dic 2011.

Cuevas, Francisco. "The Bogotá Conference and Recent Developments in Pan-American Relations: a Mexican Point of View." *International Affairs* 24/4 (1948): 524-33.

Cumbre para la tierra. "Comisión sobre el Desarrollo Sostenible de las Naciones Unidas". 1992. *Programa 21*. <http://www.fao.org>. 8 nov 2011.

"Declaración de la Conferencia de las Naciones Unidas sobre el Medio Ambiente Humano". *Medioambiente.gov.ar*. Estocolmo, 5 al 16 de jun. 1972. <http://www2.medioambiente.gov.ar/acuerdos/convenciones/estocolmo/estoc_declar.htm>. 2 dic. 2011.

Deleuze, Gilles. "Entrevista sobre Mil Mesetas". *Conversaciones*. Valencia: Pre-Textos, 1996.

_____ *Nietzsche y la filosofía*. Anagrama: Madrid, 1986.

_____ "Pensamiento Nómada". *La isla desierta y otros textos*. Valencia: Pre-Textos, 2005.

_____ "Sobre Nietzsche y la imagen del pensamiento". *La isla desierta y otros textos*. Valencia: Pre-Textos, 2005.

_____ y Claire Parnet. *Diálogos*. Valencia: Pre-Textos, 1980.

_____ y Félix Guattari. *Mil Mesetas*. Valencia: Pre-Textos, 1988.

Flórez, Daniel. "Desarrollo y articulación de los instrumentos de planificación intersectorial regional y local, para prevenir y mitigar el impacto causado por el desarrollo de actividades mineras u obras de infraestructura vial sobre la biodiversidad en el páramo de Rabanal". *Proyecto Páramo Andino*. Bogotá: Instituto de investigación de Recursos Biológicos Alexander von Humboldt, 2008.

García, Antonio. *Gaitán y el problema de la revolución colombiana*. Bogotá: Artes Gráficas, 1955.

Global Environment Fund. 2011. <http://www.globalenvironmentfund.com>. 4 dic 2011.

Hobsbawm, Eric. *La era del capital, 1848-1875*. Barcelona: Crítica, 1998.

Humboldt, Alexander von. *Cuadros de la Naturaleza*. Madrid: Librería de Gaspar, 1876.

Jiménez, Marcela. "Marco jurídico aplicable a la protección del páramo en Colombia y desafíos políticos y administrativos para su efectividad". *Proyecto Páramo Andino*. Bogotá: Instituto de investigación de Recursos Biológicos Alexander von Humboldt, 2008.

Moreno Díaz, Carlos Alberto. "Estudio sobre el estado actual del macizo del páramo de Rabanal". *MAVDT*. Bogotá: Instituto de investigación de Recursos Biológicos Alexander von Humboldt, Corporación Autónoma Regional de Cundinamarca, Corporación Autónoma Regional de Boyacá y Corporación Autónoma de Chivor, 2008.

Mosquera, Tomás Cipriano. *Compendio de geografía general, política, física y especial de los Estados Unidos de Colombia*. Londres: Imprenta Inglesa y Extranjera de H.C. Panzer, 1866.

_____ (1867) "El odio, la envidia, la ignorancia, hacen olvidar los intereses nacionales". 1998. *Grandes oradores colombianos*. Antonio Cruz Cárdenas, comp. <http:// banrep.org.co>. 6 dic 2011.

Nieto Arteta, Luis Eduardo. *Economía y cultura en la historia de Colombia*. Bogotá: Ediciones Librería Siglo XX, 1941.

Nietzsche, Friedrich. *Así habló Zaratustra*. Madrid: Alianza, 2005.

_____ *Aurora*. Madrid: Alianza, 1975.

_____ *La ciencia jovial*. Germán Cano, trad. Madrid: Biblioteca Nueva, 2009.

_____ *Ecce Homo*. Madrid: Alianza, 1971.

_____ *La genealogía de la moral. Un escrito polémico*. Andrés Sánchez Pascual, trad. Madrid: Alianza. 1992.

Paz, Manuel María. "Lámina No. 43". *Láminas de la Comisión Corográfica*. 1853. <http://www.mincultura.gov.co/>. 7 dic 2011.

Ponce de León, Eugenia y otros. "Proyecto conservación de la biodiversidad en los páramos del norte y centro de los Andes". *Proyecto Páramo Andino*. Lima, 2004.

Proyecto Páramo Andino. Colombia (2006). *Humboldt.org* <http// www.humboldt.org.co>. 3 nov 2011.

Proyecto Páramo Andino. Ecuador (2006). *Ecociencia.org* <http://www.ecociencia.org>. 17 nov 2011.

Rowe, Leo S., comp. *Conferencias Internacionales Americanas, 1889-1936*. Macario Ortíz y Ernesto Morales, eds. *Biblioteca Digital Daniel Cosío Villegas, Colegio de México*. <http://biblio2.colmex.mx/coinam/coinam_1_suplemento_1938_1942/base2.htm>. 2 dic 2011.

_____ Conferencias Internacionales Americanas, primer Suplemento 1938-1942. Macario Ortíz y Ernesto Morales, ed. *Biblioteca Digital Daniel Cosío Villegas, Colegio de México.* <http://biblio2.colmex.mx>. 2 dic 2011.

Urdaneta, María Fernanda. "Propuesta cartográfica para la declaratoria de un área protegida del páramo de Rabanal". *Proyecto Páramo Andino.* Bogotá: Instituto de Investigación de Recursos Biológicos Alexander Von Humboldt, 2008.

Zuleta, Mónica. *La voluntad de verdad en Colombia: una genealogía de las ciencias sociales profesionales.* Bogotá: Universidad Central, 2011.

_____ "La moral de la crueldad". *Nómadas* 33 (2010): 13-30.

_____ "El mundo enigmático de la moral: una hermenéutica sobre el saber producido alrededor de la guerra en Colombia". *Nómadas* 31 (2009): 27-47.

José Revueltas. El deshielo de la moral

ALEJANDRO SÁNCHEZ LOPERA
Universidad El Bosque

José Revueltas Sánchez (1914-1976) fue un escritor polémico y prolífico. Fue expulsado del partido Comunista Mexicano dos veces (en 1943 y 1960) y del Consejo Nacional de Huelga de los estudiantes de octubre del 68 en México. Murió en 1976 en libertad bajo palabra. Al lado de escritores como Octavio Paz, Carlos Fuentes o Juan Rulfo, por décadas la obra literaria de Revueltas fue ubicada en un lugar marginal en el panorama literario mexicano y latinoamericano. Si bien su novela *El luto humano* (1943) le había merecido el Premio Nacional de Literatura en México, es solo a raíz de su encarcelamiento en Lecumberri en 1968, tras ser acusado de ser el líder intelectual e instigador del movimiento estudiantil del 68 y de la compilación de sus textos escritos hasta el momento en 1967 por la editorial ERA de México, que su obra y práctica política adquieren otra recepción.

Encarcelado dos veces en Islas Marías, muere en 1976 con libertad bajo palabra por lo sucedido en 1968 en México. Días antes de ser encerrado en la Penitenciaria de Lecumberri, en el 68, en plena clandestinidad, escribió: soy libre.

> Amargo el encuentro del mal, de su gente, de su espacio. Evidentemente uno nació para otra cosa, fuera de tiempo y sin sentido. Uno hubiese querido amar, sollozar, bailar, en otro tiempo y otro planeta (aunque se hubiese tratado de este mismo). Pero todo te está prohibido, el cielo, la tierra. No quieren que seamos habitantes. Somos sospechosos de ser intrusos del planeta. Nos persiguen por eso; por ir, por amar, por desplazarnos sin órdenes ni cadenas. Quieren capturar nuestras voces, que no quede nada de nuestras manos, de los besos, de todo aquello que nuestro cuerpo ama. Está prohibido que nos vean. Ellos persiguen toda dicha. Ellos están muertos

> y nos matan. Nos matan los muertos. Por eso viviremos. (Revueltas, "Por una literatura" 64)

Vivir, entonces. De una manera determinada. Muchos, sin embargo, por vivir así, fueron perseguidos, torturados, desaparecidos. Hoy se dice que esa fue una generación *idealista*. Época de una generación violenta: "Unos cuantos, los más afectados en sus ideales o los más violentos, tres o cuatro años después eligen la vía armada" (18), comenta Carlos Monsiváis, participante de lo sucedido en el 68 en México, sobre esta juventud ansiosa. Acto seguido, dictamina: "'insubordinarse' es un gesto de la edad juvenil, que si se prolonga culmina en frustraciones, y que si se cancela produce un ascenso político y / o burocrático condenado por la renuncia explícita a los ideales" (21). Y entonces se decepciona y sanciona:

> Aquí están los hechos: la pobreza, la miseria, la rapacidad del capitalismo salvaje, los asesinatos políticos, la prisión a los oposicionistas, los despidos injustos, el aplastamiento de las huelgas... Y sin embargo, no hay modo de adelantar el combate a la desigualdad... Y un resultado del desánimo es la aceptación del estado de cosas. (21)

Militante, escritor de novelas, ensayos, guiones y cuentos, y de diversos escritos filosóficos, el texto de Revueltas, su vida, recorre otro camino. Elude la decepción retrospectiva; la amarga clasificación de los hechos. Desde ese otro camino, el punto es si lo que ha cambiado es lo sucedido en el 68, o nuestra valoración de lo que sucedió. El 68 emerge casi siempre como lección, fantasma o simulacro, pero casi nunca como experiencia. No habría que preguntar, entonces, ¿por qué si lo sucedido en el 68 era sólo un grupúsculo de jóvenes utópicos, sin asidero real ni efecto contundente –idealistas–, la respuesta militar fue tan violenta? Revueltas traza otro 68: en su diario, escrito en plena clandestinidad a raíz de los hechos que desencadenan la masacre de octubre en Tlatelolco, escribe:

> Los demás, *los otros*, son mi sueño, no mi realidad. Esta se encuentra tan cerca y tan viva –y tan real, tan real como la presencia de aquel borriquillo joven que sorprendía a Goethe hasta lo indecible, hasta saltársele las lágrimas (pues aún no era consejero en Weimar y un viviente borriquillo podía mostrarle la vida en toda su plenitud)–, una realidad tan viva y tan inmersa en uno

mismo que no se le puede ver, como cuando se está en el centro de una montaña, en su seno, cuando se forma parte de ella. ("Gris", 80)

Hay algo enorme, inmenso, del tamaño de una montaña, que no estamos siendo capaces de experimentar, de *ver*: quizás nuestra propia moral. La moral la entiendo como el conjunto de consecuencias de las operaciones que realizan nuestros prejuicios, esto es, los sedimentos que no son objetivados en la conciencia. Las operaciones morales, entonces, obedecen más bien a hábitos y compulsiones corporales (y no al juicio que realiza la conciencia entre el bien y el mal): "lo esencial e inestimable en toda moral consiste en que es una coacción prolongada" (Nietzsche, *Más Allá* 146). Si problematizar la moral implica, entonces, no un discernimiento sino un anti-sistema del juicio, el problema quizás no es sólo el acontecimiento del 68 sino cómo lo *valoramos* hoy; esto es, la disposición subjetiva frente a él. La confusión de ambas cosas (el acontecimiento y su valor, lo sucedido y quien lo valora) es lo que, a mi juicio, está en la raíz de la decepción. Ésto es olvidar que el acontecimiento es visible en sí mismo: la luz está en las cosas, no en el ojo. El que la valoración sobre el acontecimiento cambie, no quiere decir que el acontecimiento también lo haga. Es decir, es distinto el acontecimiento, a la fidelidad (o infidelidad) que se tiene hacia él. No debe, entonces, confundirse el acontecimiento con su efectuación espacio-temporal en un estado de cosas (Deleuze, *Lógica* 22); por eso el carácter impersonal del acontecimiento es irreductible a la opinión o valoración del sujeto. Lo cual tampoco significa homologar al acontecimiento con algo "bueno": es algo que simplemente sucede, por eso es inocente. Por eso, la apropiación del acontecimiento por parte del sujeto equivale así a suplantar la perspectiva por el ojo: la variación infinita de las cosas por el dictamen del sujeto. Igual sucede con lo acontecido en el siglo que se fue: no es simplemente que lo sucedido fue un horror, es que se debilitó nuestra fidelidad a lo acontecido. Puede ser que lo que se entumeció entonces no sea la deriva revolucionaria sino nosotros mismos. Así, la valoración del pasado no es tanto una pregunta para la historia, o los tribunales, sino para nuestra valoración moral. Es nuestro tribunal del juicio el que prima a la hora de juzgar la vida. Ah, juzgar, ¡cómo fascina!: en *La matanza de los locos*, que gravita sobre lo sucedido en octubre del 68 en México, Revueltas habla de que el castigo contra esos locos "será ejemplar e inmisericorde". Tanto, "que hasta los mismos sacerdotes, magistrados, jueces, y los jerarcas todos de la más diversa condición, acuden también a las armas para no perderse nadie la honra de haber participado en el sacrosanto aniquilamiento de los réprobos" (29). Quizás nosotros mismos nos hemos convertido en los sacerdotes, magistrados, jueces, y los jerarcas. Así, nuestros nervios y nuestros instintos se han congelado, para dar su dictamen sobre el siglo XX: fracaso y dogma. A ello Revueltas opone, y es lo que sostengo en este artículo: a) un pensamiento sin finalidad ni juicio, y b) una imagen cinematográfica del mundo.

Al dirigirse en todas direcciones, sin prefijos ni destinos dados de antemano, buscando derretir el hielo que atrapó y disecó las fibras de la experiencia, Revueltas se desprende de ese gran bloque de hielo, de ese continente enfermo que tasa la vida desde el bien y el mal. Nos invita a recorrer las mil mesetas del tiempo y el espacio. La vida de Revueltas es un navío que regresa de la prisión de las Islas Marías para embarcarse en el extravío de la imaginación, en medio de tantas ciencias sociales desarrollistas, tanto complejo colonial y tanta literatura nacional. En su travesía revolucionaria, Revueltas imagina un método. Embarca en ese navío a la razón, la moral y los instintos, y los expone a la deriva del exterior.

> Ejemplo: un escritor compone una novela sobre la vida de un pintor, digamos. Su *crítica*, es decir su modo de componer, ordenar artísticamente la realidad de aquella vida, ha sido tan exacta que en un cierto número de sus lectores logra que éstos descubran su escondida vocación y decidan convertirse en pintores. Este último hecho es la *autocrítica*. El acto crítico de modificar, componer una realidad en el arte, dio por resultado que esa realidad se modificara en la vida. ("Por una literatura" 95)

La crítica como composición fue lo que ejerció Revueltas. Un *modo de componer* que radicaliza lo hecho y sugerido por José Carlos Mariátegui, dando el paso al análisis de la moral que con tanta dificultad se da en América Latina: no la experiencia del lamento porque el mundo no es lo que quisiéramos; la nostalgia por la unidad perdida, o por el extravío del ser sepultado por el colonialismo. No. Lo erróneo entonces no son el siglo y sus horrores. Hay algo más, algo distinto: una vida sin dirección única. Sin juicio: "Aquí juega en forma inevitable la subjetividad colectiva: para los gobernantes, para los jefes, para los sacerdotes, para los moralistas, de igual modo que para las masas, los países y las naciones, los malos son *los otros*" (Revueltas, "Mi posición" 239). Es, por el contrario, la ceguera de la vida misma la que permite una moral que atraviese el bien y el mal, una moral que se auto-valore por no tener dirección prefijada (la culpa o el resentimiento). El cómodo mecanismo de transferir la culpa a los demás (el europeo, el explotador) es revertido en Revueltas: se disuelve en esa moral sin meta. Esta clausura de la finalidad es la que le permite a Revueltas *hacer lo múltiple*, y no sólo pensarlo o describirlo. Así es posible abrirnos a una voluntad de mundo, "tan sólo una extrahumana voluntad" (*El luto* 61). A otra imagen de América Latina, en últimas; o, en otras palabras, a captar América Latina como imagen y no como idea.[1] Como isla y no como continente. Latinoamérica como una isla que se desprende del continente luego del deshielo. Como aquello que incendia el glacial moral que apandó nuestra experiencia.

1. Imágenes del mundo

La imagen de este método de composición es delgada como un cabello. Esta imagen trastoca la representación del mundo, entiende el mundo como desajuste, desde el desajuste, lo que implica asumir en plenitud la posible sacudida que alberga un cabello en su materialidad. Jacobo Ponce, personaje de *Los errores* (1964), novela en la cual Revueltas realiza una evaluación del siglo XX, lee estas líneas:

> El hombre es un ser erróneo –comenzó a leer con la mirada, en silencio–; un ser que nunca terminará por establecerse en ninguna parte: aquí radica precisamente su condición revolucionaria y trágica, inapacible. No aspira a realizarse en otro punto –y es decir, en esto encuentra ya su realización suprema–, en otro punto –se repitió– que pueda tener una magnitud mayor al grueso de un cabello, o sea, ese espacio que para la eterna eternidad, y sin que exista poder alguno capaz de remediarlo, dejará siempre sin cubrir la coincidencia máxima del concepto con lo concebido, de la idea con su objeto. (67)

Los errores es precisamente un intento de evaluar el siglo XX en interioridad, esto es, captar los errores del siglo desde los errores mismos y no desde el acierto o lo correcto.[2] El mundo, entonces, no es la idea, el objeto no es como lo pienso: no hay, pues, coincidencia de la idea con su objeto. Mi verdad no es la verdad. El ser erróneo (no defectuoso) habita en un mundo que se construye punto por punto. Cada punto, entonces, es inconmensurable, y un punto es todo: el espesor de una hebra de cabello se revela entonces como infinito; ningún poder es capaz de mensurar esa vastedad; ningún poder es capaz de esa verdad.

> Sin embargo, el punto que ocupa en el espacio y en el tiempo, en el cosmos, la delgadez de un cabello, es un abismo sin medida, más profundo, más extenso, más tangible, menos reducido, aunque quizás más solitario, que la galaxia a que pertenece el planeta donde habita esta extraña y alucinante conciencia que somos los seres humanos. (67)

Es el paso de la idea a la imagen: de la trascendencia de las cosas superiores a la gente, a la consistencia del espesor de un cabello; antes que la idea de la mente o el bien, la materia del cabello. Cada punto del mundo expresa entonces el mundo mismo. Ésa es una bella definición tentativa de lo que muchos llaman universal: lo universal no es el todo respecto a una parte. La cuestión es que cada parte contiene en sí misma el universo entero. Es decir, el universo no es lo que me trasciende y está allá fuera. Es lo que se esconde en mí, en cada cosa, por pequeña que sea; es lo que alberga un cabello en su extraordinaria delgadez: "hay mundos en los mínimos cuerpos", dice Deleuze en su trabajo sobre el barroco, antes de atravesar la noción misma de universal: "no hay universalidad, sino ubicuidad de lo viviente" (*El pliegue* 19). Así, el universo no difiere de la cosa en que se expresa: el pez son las líneas del mar que son él, la gota es la lluvia; la gota es el mar y toda el agua. Las similitudes que pueden hallarse entre Revueltas y Walter Benjamin[3] adquieren otra dirección. En este punto es posible cambiar de superficie: de la tierra al vidrio, del territorio al cristal, al punto que es todo:

> La primera etapa de este camino será retomar para la historia el principio del montaje. Esto es, levantar las grandes construcciones con los elementos constructivos más pequeños, confeccionados con un perfil neto y cortante. Descubrir entonces en el análisis del pequeño momento singular, el cristal del acontecer total. (Benjamin 463)

Nos abrimos entonces a una vida que experimenta la vida como tal, en sus propios términos. Una vida que se pregunta no por cuánto vale la vida o a qué equivale sino por cómo operan los valores que la informan; vida que se autogobierna, que se da sus propias reglas. Gregorio, en *Los días terrenales* (1949), describe su forma de conducirse en la vida atada a un destino, pero "'el destino no significa –se dijo– sino la consumación de la propia vida de acuerdo con algo a lo que uno desea llegar, aunque las formas de esa consumación resulten inesperadas y sorprendentes no sólo para los otros, sino para uno mismo en primer término'" (169). Ese destino debe ser hallado, debe experimentarse desde lo imprevisto: "esa ambición no tiene la misma esencia en todos. En cierta forma es un asunto privado, personal, de temperamento, y cada quien debe encontrarlo. Porque el problema consiste en soportar, resistir la verdad interna de uno mismo, aunque esa verdad sea mentira" (169). Verdad sin verdad, que cada quien puede encontrar, pero es un camino que no se mide por el éxito o el fracaso. Hallar ese destino implica que se pasa, para Olegario Chávez en *Los errores*, de la verdad del poder al *poder de la verdad*: "Entretanto la verdad histórica, al margen del poder, se halla desvalidada, sin amparo, y no posee otro recurso que no sea el *poder de la verdad*, en oposición a todo lo que representa como fuerza compulsiva, instrumentos represivos, medios de propaganda y demás, la verdad del poder" (223-24; énfasis en el original).

En ese desplazamiento hacia el poder de la verdad Revueltas se desmarca de la moral convencional que nos invade. La moral convencional es aquella que se tiñe de moralismo. En *Esto también era el mundo...* Gabriel Mendoza es juzgado por su hermana de ser "de los que han visto en la revolución un recurso para consuelo de sus vidas en derrota. Eso es resentimiento, sólo resentimiento y amargura..." (69). Las personas, replica Gabriel, ocultan el dolor, y vivían engañando a los demás, "fingiendo, cubriéndose de alegría con adornos de carnaval, querían realizar el único y supremo engaño, el que realmente les importaba por encima de todos los demás: el de sí mismas. No, confesarse este dolor no podía ser cualidad de fracasados" (69). No es entonces que las personas no sepan lo que sucede; quizás la cuestión es que se finge que se sabe, se hace creer como si se supiera. Pero en el fondo no se quiere saber, hay un deseo de no conocer, de simular. Por eso Revueltas se instala en una perspectiva capaz de alterar y derrumbar prejuicios que la experiencia humana, por motivos de utilidad, provecho o comodidad, da por sentados y mantiene fijos.

Así, antes que un simple pesimismo, una angustia vana ante el fin del Uno, Revueltas ofrece un sujeto disociado, pero no sólo en su interior sino con respecto al encierro de la sociedad: Revueltas prisionero, entre más encerrado más abierto al mundo. Fue encerrado dos veces en una isla, las Islas Marías, teniendo en cuenta que la isla en su deriva se desprende del continente. De Revueltas puede decirse lo que Foucault observa sobre el loco: "se lo ha puesto en el interior del exterior, e inversamente... prisionero en medio del más libre, del más abierto de los caminos, sólidamente encadenado a la infinita encrucijada, es el Pasajero por excelencia, es decir, el prisionero de la travesía" (*Historia* 26). Así como el navío es un pliegue del mar, ese individuo "entregado al río de mil brazos, al mar de mil caminos, a esa gran incertidumbre exterior a todo", es un pliegue del afuera (26). Existencia errática, entonces, en dirección opuesta al continente de la moral que contiene el cauce vital:

> *Contra la moral*
> Aspirar a un ejercicio pleno, consciente, doloroso y responsable de la soberanía en el bien y en el mal. No practicar ninguno de ellos bajo la presión de circunstancias morales; no hacer el bien a los enemigos justamente porque lo sean; no hacer el mal por venganza o resentimiento: sentirse un hombre verdadero, es decir, el ser desinteresado por excelencia, el único ser consciente de su abandono dentro del universo (poseyéndolo no obstante, adivinándolo, precisándolo –política, poesía, ciencia– a través de esos actos) el ser entregado con plena conciencia a la incertidumbre, a la perplejidad.
> (Revueltas, *Las evocaciones* 275)

2. Contra la voluntad de sufrir

Esa moral convencional, moral continente, la defino como una *voluntad de sufrir*. Esta voluntad la entiendo como un prejuicio anclado en el desprecio por el mundo, y no sólo en el desprecio en contra de una figura de dominio o supremacía (el amo, el propietario, el conquistador). Este prejuicio moral hace de la falta y la carencia algo valioso; simula mundos inexistentes, al tiempo que desprecia el único mundo que tienen las personas, precisamente porque a ese mundo, supuestamente, le falta algo o carece de algo. Consignas como "civilización o barbarie" o "progreso versus atraso", denuncias sobre la imitación y la falta de originalidad o de perfección en las sociedades latinoamericanas, constituyen los emblemas más llamativos de esta *voluntad de sufrir*. Atrapados en la verdad del poder, nuestra existencia se convirtió en una deuda: material, por el desigual intercambio capitalista; moral, por el confiscamiento que acatamos al repetir: mi esencia está perdida, me han robado al ser. Debo progresar, o regresar a mis raíces incólumes... ¿dónde está mi mundo?

La forma en que opera esta voluntad es inquietante.

> Ni más ni menos. El dolor de conocer. El sufrimiento de la sabiduría. Un hombre heroico, alegremente desesperado, irremediablemente solo. Ninguna creencia en absolutos. ¡A la chingada cualquier creencia en absolutos! Los hombres se inventan absolutos, Dios, Justicia, Libertad, Amor, etcétera, etcétera, porque necesitan un asidero para desprenderse del infinito, porque tienen miedo de descubrir la inutilidad intrínseca del hombre. Sí, lo asombroso no es la inexistencia de verdades absolutas, sino que el hombre las busque y las invente con ese afán febril, desmesurado, de jugador tramposo, de ratero a la alta escuela. (Revueltas, *Los días* 131)

Los hombres se inventan absolutos, se inventan horrores. Y persisten en ello. Gregorio, el personaje de *Los días terrenales*, los describe como "esa horrible máquina de creer, esa horrible máquina sin dudas" (129). La invención de ese tipo de absolutos, ubicados más allá del mundo, es justamente lo que caracteriza el resentimiento y la fábrica del ideal. Esa ficción, como rasgo del resentimiento, apunta a inventarse otro mundo, algo que trasciende al mundo mismo y es superior a la vida, al mundo con sus horrores y alegrías. El pensar desde el padecimiento expresa ese cuerpo atormentado en su escritura, esa pasión identitaria oscurecida por el martirio, fascinada por la carencia. Son dos tendencias, la que observa déficits a corregir y la que contempla víctimas por sanar, aparentemente contradictorias, que terminan por converger a la luz de la idea de *voluntad de sufrir*. Frente a la voluntad de sufrir, o el simple anuncio del fin de la verdad, con Revueltas se asoma algo distinto, *otra voluntad*.

La imagen del pensamiento que emerge en Revueltas es el pensar sin fin, la "voluntad extrahumana"; allí radica lo que lo desmarca de las convenciones del pensamiento latinoamericano, por más crítico que este sea. Y éso es lo que le permite hacer la disección moral de la sociedad, y no su juicio. Al reflexionar sobre lo que llama la *materia dramática*, Revueltas comenta cómo "se invertían los términos del problema":

> El arte no reflejaba el contenido estético de la realidad, sino aquello que se le señalaba desde fuera de la realidad como lo que en ésta debía de considerarse "bello", "sublime", "positivo", como si en efecto atribuyéramos a la realidad exterior una cierta finalidad consciente y sensible, extrahumana, teleológica, venida del más allá, a la manera en que lo requieren los filósofos idealistas y espiritualistas más reaccionarios, quienes reconociendo la belleza "objetiva", la atribuyen a Dios u otras entidades extra materiales. ("Problemas del conocimiento" 163)

Este tipo de composición, refractaria a imponer valores desde fuera, es lo que Revueltas llamará "un realismo materialista y dialéctico", pero no el realismo "de quienes se someten servilmente a los hechos como cosa sagrada", "ni el realismo pletórico de vitaminas, suavizado con talco, entusiasta profesional, gazmoño y adocenado, de los que a sí mismos se consideran 'realistas socialistas'" (*Los muros* 20). En este realismo se instalan "escritores que al mismo tiempo sean dialéctico-materialistas" (20). ¿Es posible construir una ciencia práctica de la realidad?, ¿otro tipo de realismo que se acerque al mundo sin juzgarlo? La pregunta, entonces, es si se puede pasar de la crítica del idealismo, como en los comentarios de Monsiváis, a la crítica del ideal. El procedimiento de composición de Revueltas va en esa dirección:

> Con esto quiero decir que un realismo mal entendido, que un realismo espontáneo, sin dirección (el simple ser un espejo de la realidad), nos desvía hacia el reportaje *terriblista, documental*. La realidad necesariamente debe ser ordenada, discriminada, armonizada dentro de una composición sometida a determinados requisitos. Pero estos requisitos tampoco son arbitrarios; existen fuera de nosotros: son, digámoslo así, el *modo* que tiene la realidad de dejarse que la seleccionemos. (18-19)

¿Y la conciencia? Está desligada en Revueltas de las ilusiones que el individuo fabrica para sí:

> La mente es algo curioso y casi inverosímil [...] Tiene una extraordinaria semejanza con un escenario de esos muy profundos –tanto que se sentiría vértigo– que tuviese una serie sucesiva de decoraciones imprevistas. Primero una, después otra y otra, sin acabar jamás, porque la mente, en el fondo, es insondable. (64)

La mente es insondable porque está desfondada; es abismal porque, al igual que la mónada, no es un haz de claridad sino un fondo sombrío. "También", prosigue Revueltas en contra de cualquier hermenéutica o pre-visión sacerdotal,

> [...] se parece a dos grandes y descomunales espejos encontrados, que se reprodujeran a sí mismos sin cansancio y de una manera tan infinita como en las pesadillas, con la diferencia que a medida en que apareciesen nuevos espejos –espejos y espejos como una torre de Babel– las figuras reproducidas fueran siendo otras o, con mayor exactitud, las mismas, pero vistas en aspectos desconocidos, como si a cada nueva aparición se descompusieran en sus elementos integrantes creando la falsa idea de que, después de algún tiempo, en el más lejano y último de los espejos, acabaría por encontrárselas, simples ya, y como quien dice "monocelulares", poniendo al descubierto su origen y con ello el origen de todas las cosas, el secreto del universo y el principio de todo lo que existe. (64)

Abrirse a las decoraciones imprevistas antes que congelarse en la imagen final, que sería la primera, el reflejo primigenio del Yo (¿quién soy? ¿de dónde vengo? ¿cuál es la verdad de mi ser?). Por supuesto, ese espejo al final de la fatigada búsqueda no deja de ser un autoengaño. Ni siquiera la más persistente de las ilusiones, la del yo pensante, es capaz de reflejarse allí:

> Pero ya se ha dicho que, en todo caso –y aun dejándose llevar por ilusiones ópticas–, se trata de una falsa idea o si se quiere, de un "espejismo". La mente, no obstante, es así. Nosotros somos un pensamiento, una emoción, un instinto. Mas todos ellos –y cada uno en lo particular– se pueden descomponer en mil pedazos y no encontraremos jamás el camino, no encontraremos jamás lo simple ni lo primario. (65)

3. Resonancias

Henri Lefebvre, en el prólogo al texto final de Revueltas, *Dialéctica de la conciencia* (1982), diagnosticó sintonías entre la obra de Revueltas y la de T. W. Adorno. Señaló cómo "Revueltas muestra 'en acto' las contradicciones; las muestra actuando en la conciencia" (13), fundamentando la dialéctica en el sujeto y no en el objeto.[4] Recientemente, Bruno Bosteels ha señalado similitudes de Revueltas con respecto a Walter Benjamin y Alain Badiou.[5] Si escuchamos las palabras de Ejel en "Hegel y yo", de Revueltas ("la memoria no es lo que se recuerda sino lo que olvidamos, la memoria es lo que uno hace y nadie ha visto, lo que no tiene recuerdo. Añade luego: 'no somos sino pura memoria y nada más'" [*El apando* 129]), podría incluso añadirse el Foucault-Bergson de Deleuze: "Pero el tiempo como sujeto, o más bien subjetivación, se llama memoria. No esa corta memoria que viene después, y que se opone al olvido, sino la 'absoluta memoria' que dobla el presente, que redobla el afuera y que se identifica con el olvido" (*Foucault* 141). En fin, el sobrevuelo de un pensamiento libre se intersecta con sus afinidades despegado de la tierra, en un plano de intensidades. Es un animal cósmico que, como bestia que es, revienta la cadena de las causas y las influencias. No se trata de saber si Revueltas leyó a Nietzsche, o a Bergson. O si su pensamiento es equiparable –todo lo contrario, el diferencial del pensamiento busca poner en relación cantidades no comparables, busca navegar sobre el diferencial de potencias–. Pero sí que, en momentos y perspectivas distintos, se instalaron en series de problemas similares, en combates morales que resuenan entre sí.

Revueltas, por supuesto, no es un adelantado ni una anticipación. Es simplemente la historia de otro tipo de práctica vital. Una forma de vida disímil. Un temperamento vital que desbarata las jerarquías tan afectas a nosotros: nuestra avidez, nuestro placer de dominio sobre los demás y las cosas. Nuestro afán de reconocimiento. En contra de la sustitución de "lo real por lo absoluto" operada por el realismo socialista como modo de "superar todas las contradicciones", algo que ve "inalcanzable", Revueltas postula como problema una "racionalidad no antropomórfica" distante del "'provincialismo' terrestre" ("Notas" 348 nota 30). Al respecto Jacobo Ponce, personaje de *Los errores*, nos dice:

> El principio de este ser radicaría en que, a su modo, es decir, al modo de una actitud cósmica esencialmente característica ('antiprovinciano' por excelencia, enemigo a muerte de cualquier clase de particularismo y de estrechamiento, para él la más inconcebible degradación a que se pudiera llegar), habría resumido toda la acción del ser. (74)

En cierta medida, las cosas son iguales, hay una cierta paridad una vez vibramos en esta *actitud cósmica*. En últimas, lo que hay que cuidar es el mundo exterior. Éste es una especie de realismo abierto a lo imprevisto donde el mundo, los objetos y el sujeto son formas azarosas y transitorias, sin ser. Donde el humano es un particularismo entre otros. Un realismo donde sujeto y objeto están uno en otro, separados por una distancia que une: una distancia que mide el grosor de un cabello. Ese es el tamaño del desfase: la medida de un cabello que conmociona por completo la experiencia del mundo.

Revueltas, como ya mencionamos, habla de *otra* voluntad, "tan sólo una extrahumana voluntad hacia el ser, la más vehemente, la más ardiente voluntad de la historia, la voluntad, la vocación de la piedra: sin armas, como ella, sin pensamiento, inmóvil" (*El luto* 61). Esa es quizás la voluntad de una verdad sin verdad que busca Gregorio en su último día en *Los días terrenales*: "Soportar la verdad –se le ocurrió de pronto– pero también la carencia de cualquier verdad" (170). Soportar esta carencia, por supuesto, sin recurrir a la *meta*, al *para qué*.

> El hombre se martiriza buscando verdades absolutas. Pero lo importante no es que tales verdades no existan, sino que exista esa propensión del hombre a buscarlas. ¿Qué significa esa propensión? Que el hombre necesita un asidero para defenderse del infinito. Cuando descubre esas falsas verdades absolutas que son el amor, la justicia, la libertad, etcétera, respira descansadamente y con el placer de un cerdo que ha terminado de hozar en el lodo. ¿Por qué? Porque ya tiene una esperanza y una razón de vida; porque ha dejado de ser un hombre verdadero. El hombre debe vivir sin esperanza. Debe saber vivir sin esperanza alguna, de ninguna especie. (Revueltas, *Las evocaciones* 270-71)

Nietzsche, por su parte, en su fulminante diagnóstico de la moral débil, recuerda que "esa voluntad *necesita una meta* - y prefiere querer la nada a no querer", esto es, se regocija en decir que "algún sentido es mejor que ningún sentido", y por éso prefiere la nada a la vida (*La genealogía* 128, 204). Así, colma el vacío, calma el "horror al vacío", brindando un sentido que lo libere del sufrimiento de sentir que "algo faltaba" (204). Es la idea de que *todo es vano* una vez el mundo pierde dirección teológica o antropocéntrica. El desplazamiento de Revueltas, sin embargo, está en no padecer esa ausencia de verdad, esa falta, ni en colmarla con la voluntad de sufrir. Ser capaz de *soportar* un mundo sin verdad implica poder guiarse sin finalidad: soportar, aquí, no es padecer o aguantar lo que nos toca vivir sino justamente llevar, transportar, ser medio para algo. Ser medio para el mundo, ser el medio expresivo, el medio por el que el mundo se expresa y sin el cual deja de ser mundo.

Ser, entonces, la ola del mar. Ser el pez para el agua y el agua para el pez. Valorarse en otra medida: Nietzsche lo formula en su estilo en *Ecce homo* (1888), que indaga precisamente por *cómo se llega ser lo que se es*: "¿Cuánta verdad *soporta*, cuánta verdad *osa* un espíritu? Esto fue convirtiéndose cada vez más, para mí, en la auténtica unidad de medida" (23). Se trata, entonces, de desconectar la voluntad del sufrimiento: no es no sufrir o no sentir dolor, esos son afectos (tristes) que pueblan la vida, y no somos santos. Implica no suplicar por el bálsamo que proveen los sacerdotes o los filósofos. Gregorio, en *Los días terrenales*, realiza un diagnóstico provocador de ese hombre que busca "asideros, esperanzas", y le opone otro camino: "En cuanto cree haber descubierto esas verdades, respira tranquilamente. Ha hecho el gran negocio. Ha encontrado una razón de vivir. ¡Bah! Hay que decirlo a voz en cuello: el hombre no tiene ninguna finalidad, ninguna 'razón' de vivir" (131). Desesperanzados pero alegres, ¿es ésto posible?

4. América Latina como imagen

> *Volver a darnos creencia en el mundo, ése es el poder del cine moderno (cuando deja de ser malo).*
> Gilles Deleuze, *La imagen-tiempo*

Antes que un sismógrafo que detecta peligros y fallas, ¿se puede decir que América Latina no carece de nada, no le falta nada? Tal vez, si somos capaces de afirmar una composición distinta: no habría una verdad que secuestraron, o una verdad por venir en el continente. En América Latina somos tan perfectos como podemos ser, potencia plena de fuerzas afirmativas y erráticas. Somos capaces de verdad, y de no verdad; pero, ¿somos capaces de vivir sin verdad, sin encumbrar subrepticiamente el veneno del ideal, del otro mundo? La pregunta, entonces, antes que la censura de la verdad, sería qué parte del afuera somos capaces de plegar sobre nosotros. Qué fuerzas del mundo hacemos que intervengan sobre nuestras propias fuerzas. La pulsión del encierro consiste en confinar el afuera, en plegarlo y reducirlo. No sólo la sociedad entera es *el apando*: nosotros mismos somos *el apando*. Por eso la mente no es una especie de mecanismo que se repliega sobre sí para descifrarse, pues así se encarcela cada vez más; más bien, es un pliegue del mundo que se vuelca hacia afuera, multiplicando sus orificios y los caminos de su laberinto. Un caleidoscopio que, en cada giro, cambia de forma. Nunca la figura es la misma. Por eso el todo es imposible, no por las limitaciones cognitivas del sujeto sino por el enriquecimiento incansable de la vida. Ya Mariátegui, maestro de Revueltas, según su testimonio, lo decía con extraordinaria lucidez en *La escena contemporánea* (1925), al referirse al estado del mundo:

> Pienso que no es posible aprehender en una teoría el entero panorama del mundo contemporáneo. Que no es posible, sobre todo, fijar en una teoría su movimiento. Tenemos que explorarlo y conocerlo, episodio por episodio, faceta por faceta. Nuestro juicio y nuestra imaginación se sentirán siempre en retardo respecto de la totalidad del fenómeno. Por consiguiente, el mejor método para explicar y traducir nuestro tiempo es, tal vez, un método un poco periodístico y un poco cinematográfico. (11)

Un método a partir del cine y el periodismo, igual a lo que Revueltas quería de su realismo ("el realismo de un buen reportero, digamos, aquí sí exigencia necesaria del oficio, y yo he sido reportero durante largos años" [*Los muros* 20]). O el derivado de su concepción del cine, plasmado en su escritura de novelas, adaptaciones de guiones cinematográficos y cuentos: "la síntesis que el arte [cinematográfico] conjunta jamás puede concebirse como un puro proceso de comprensión o como una suma aritmética de cantidades homogéneas" (*El conocimiento* 9). Revueltas entiende el cine como pensamiento: plano sobre plano, fondo sobre fondo en una composición voluble, la mente es "naturaleza que se piensa", pero de todos modos naturaleza ciega, al igual que el mundo ("Problemas del conocimiento" 163). El humano no tiene finalidad, igual que el mundo; es más bien un cúmulo de experiencias regadas en un mundo sin teleología: un *algo* simplemente genérico e impersonal pues "el pensamiento no tiene finalidad alguna, del mismo modo que el mundo exterior, en sí mismo, no tiene finalidad alguna" ("Esquema" 43). Lo que habría que retratar son las operaciones y no las esencias, pues el origen o el ser son sólo una falsa ilusión, un abismo de horror. Bloquear entonces el proceso de comprensión, declararlo caduco.

Años después de lo escrito por Revueltas, en sus libros sobre cine *La imagen-movimiento* (1983) y *La imagen-tiempo* (1985), Gilles Deleuze dirá que lo que es luminoso es la materia, y que el supuesto centro de comprensión, la conciencia, es un lugar más entre otros: "mi cuerpo es una imagen, y por lo tanto un conjunto de acciones y reacciones. Mi ojo, mi cerebro, son imágenes, partes de mi cuerpo. ¿Cómo podría contener mi cerebro las imágenes, si él es una entre las demás?" (*La imagen-movimiento* 90). Y puntualiza: "Decid que mi cuerpo es materia, o decid que es imagen..." (91). En el reino de la imagen, sujeto y acontecimiento son inconmensurables, pues están ubicados de forma simultánea en el mismo plano móvil, cada uno valiendo por sí mismo, así como en sus contaminaciones y cruces recíprocos. Al igual que la mente, el sujeto es una imagen entre otras: "Existo y me lo comunican mi cuerpo y mi espíritu, que van a dejar de existir; he participado del milagro indecible he pertenecido. Fui parte y factor, y el vivir me otorgó una dignidad inmaculada, semejante a la que puede(n) tener la estrella, la mar o la nebulosa" (Revueltas, *El luto* 91). Revueltas es capaz de crear imágenes, pero son imágenes que no representan el mundo: no se corresponden con un objeto, ni tampoco son realidades psicológicas alojadas en la conciencia. Estas imágenes sin semejanza, más verdaderas que el objeto, pura imagen según Deleuze (*El saber* 183), se expresan en la forma en que Ezequiel recuerda lo sucedido en la masacre de Tlatelolco en el 68:

> Las cosas, en su derredor, se le daban a Ezequiel desnudas de toda significación, en su naturaleza concreta y pura, bajo una única, desolada e incompatible denominación monolítica a la cual habían llegado mediante un proceso minucioso de autodestilación en que se despojaban, una a una, de todas las mediaciones que las encubrieran a lo largo del tiempo y de la historia, como serpientes que abandonasen una sucesión infinita de epidermis o un fruto que se fuese desprendiendo de las cáscaras a la búsqueda de lo que eran como tales cosas que no se sabían. (Revueltas, "Ezequiel" 32)

En ese momento, entonces, para Ezequiel el recuerdo aparece como recuerdo, no recuerdo de o sobre algo sino recuerdo en tanto recuerdo. Imagen inmediata y sin raíz que la evoque, imagen sin concepto, "memoria sin lenguaje" (134), como afirma Revueltas en "Hegel y yo".

> Un proceso del recuerdo en el que éste se desdoblaba, siempre hacia atrás, en una encarnizada unilateralidad de repetidas transparencias, hasta convertirse en la acción absoluta de recordar, desprovista ya de la cosa recordada, y ésta quedaba reducida a no ser ninguna otra noción o simple actitud por fuera del recuerdo puro de sí, a salvo de cualquier peligro, incitación, impulso o deseo de compartirse con nadie como cosa genérica, universal. ("Ezequiel" 32)

En contra de la representación universal, la imagen como singularidad pura, pensamiento en sobrevuelo desligado del significante, recuerdo como inmanencia radical sostenido por una evaluación interna al recuerdo mismo. El cuerpo como imagen, el texto como imagen. Revueltas trabajó en la adaptación de treinta y cinco guiones cinematográficos, y dictó cursos de cine en el Instituto Cubano de Arte e Industria Cinematográfica de Cuba (1961) y en el Centro Universitario de Estudios Cinematográficos (CUEC) de la UNAM (1963-1965) (Arévalo 40). Si el método imaginado por Revueltas es la *composición*, en este punto se adiciona la cualidad que lleva esa composición a desplegar toda su fuerza: composición *cinematográfica*. En su lectura de *Los días terrenales*, titulada "Ángeles en el abismo". *Las imágenes dialécticas de Walter Benjamin y José Revueltas*, Rogelio Espinoza muestra cómo Revueltas captura las "imágenes dialécticas, policronías espaciales que conjugan en un solo espacio/tiempo las eras imaginarias del México prehispánico, colonial y moderno" (231). Dice Revueltas:

> México trastoca, subvierte los puntos cardinales, y al mezclar el pan y el vino del tiempo y el espacio se transustancia en una unidad extraña que hace posible la convivencia de sucesos ocurridos hace cuatro siglos con cosas existentes hoy; piedras que ya existían en el año de Ce-Ácatl con campanas y fábricas y estaciones y ferrocarriles. Escuchó con atención de ciego, tenazmente, igual que un avaro, con una especie de sed. Voces que venían desde Tlatelolco, donde Zumárraga edificó el Colegio de los Indios Nobles, se escuchaban a más de dos o tres kilómetros, en la plaza donde los acróbatas de Moctezuma hacían el juego de El Volador; lamentos y silbatos provenientes de Popotla, de Azcapotzalco. (*Los días* 43)

Todos los tiempos al tiempo en espacios conjugados, en una operación que desbarajusta los puntos cardinales. El punto cardinal está fijado por el movimiento de los astros, del Sol. Son puntos fijos que intentan mapear el mundo a partir del movimiento. Precisamente el tiempo es la dimensión fundamental de la imagen, y la imagen en movimiento es la que subvierte los puntos cardinales (el espacio). Es la imagen del cine. Las peculiares relaciones entre tiempo e imagen son la gran invención del cine moderno. El plano móvil está lleno de imágenes, y ese plano es anti-representativo o, más precisamente, es no-representativo: no es un mapa del espacio, es una imagen del tiempo. Así, la mencionada cercanía de Revueltas con distintos filósofos europeos (Benjamin, Adorno, Badiou, Bergson, Foucault), se transforma no en un problema de influencias e intertextualidades, o de nivelación pos/de-colonial (como diciendo "aquí en América Latina también hay *pensamiento*"). Es un problema de ubicación. Es decir, la escritura de Revueltas, su método, se ubica en el plano del cine moderno. Y el cine moderno abre otro camino para el pensamiento, provee una nueva imagen del pensamiento, dice Gilles Deleuze. La idea en su soberanía reparte dádivas: la trascendencia es la fuente del bálsamo para aguantar el hecho de estar vivos. La imagen, a su vez, es inmanencia pura, como soporte del mundo.

> Pues no es en nombre de un mundo mejor o más verdadero como el pensamiento capta lo intolerable de éste; al contrario, es porque este mundo es intolerable por lo que él ya no puede pensar un mundo ni pensarse a sí mismo. Lo intolerable ya no es una injusticia suprema, sino el estado permanente de una banalidad cotidiana. El hombre "no es él mismo" un mundo distinto de aquel en el cual experimenta lo intolerable, y donde se experimenta atrapado. (Deleuze, *La imagen-tiempo* 227)

Ésto, por supuesto, explicaría mucho mejor el sentido de muchos de los personajes de Revueltas: se acusa a sus personajes (y a Revueltas mismo) por desdichados o desesperanzados.[6] Sin embargo, lo que es intolerable es el mundo, no quien lo observa. Pablo Neruda y Octavio Paz, entre tantos otros, se quejaron de Revueltas. Neruda, luego de sentenciar que "de hoy en adelante el apellido Revueltas no es uno. Silvestre, el músico, es el Revueltas del pueblo, que el pueblo recordará como uno de los defensores y amigos"; lo llamará "Pepe, el escritor; es el Revueltas de la parte más corrompida de la sociedad. La odia, pero en el fondo intenta desarmarla contra ella, pero en el fondo es su avergonzado apóstol" (Zea XVII). Octavio Paz, por su parte, escribió que "Revueltas siente una especie de asco religioso, de amor hecho de horror y repulsión, hacia México" ("Cristianismo" 12). Paz, a su vez, en la autocrítica que realiza muchos años después a su propio juicio sobre la primera novela de Revueltas, *El luto humano*, afirmó: "mi disculpa es que esos defectos son frecuentes entre los jóvenes. Al final le reprocho a Revueltas su juventud y esa censura es perfectamente aplicable a mis opiniones de entonces" (13). El juicio sobre la juventud es recurrente: nada lejos de lo que afirma Monsiváis sobre los jóvenes idealistas del 68, postura de la que no escapa el mismo Paz ("Postdata" 286). Lo intolerable para muchos de estos escritores es el "idealismo" de los jóvenes. Sin embargo, aquel que dictamina que esos jóvenes a la larga no lograron nada –"a la Generación del 68 la despolitización le llega pronto vía la amenaza de la pérdida del empleo. El idealismo está bien hasta cierta edad" (21), dice Monsiváis–, ¿no está acaso esperando que lo hubieran logrado, borrando así el matiz utópico e idealista que al mismo tiempo les adjudica? Ahora bien, con Revueltas podemos atravesar esa convención, la comodidad de criticar el idealismo y no *el ideal*: quien ha juzgado el acontecimiento del 68 como fracaso o idealismo frustrado lo hace atrapado en el espacio de la representación, en el que el sujeto es superior a lo sucedido. Ese es el reino del tribunal del juicio. Para humanizar al individuo no hay que olvidarlo, la representación necesita sujetarlo, requiere "disolver una imagen en un concepto" (Nietzsche, *Sobre verdad* 194). Salgamos del espacio de la representación que habita la crítica de Monsiváis o de Paz. Entremos al movimiento del tiempo. Pensemos en la imagen del tiempo que contiene todos los tiempos: *Ejel*, en "Hegel y yo", habla de la memoria de lo no ocurrido como un *acto profundo*, involuntario y al alcance de cualquiera, de la memoria como acto que se comete en cualquier momento. Podríamos así hablar del 68 *como acto* y no como recuerdo que se puede simplemente olvidar o juzgar. El acto, continúa el *Ejel* de Revueltas, "está simplemente fuera de toda calificación moral. El calificarlo queda para quienes lo anotan y lo datan, o sea los periodistas y los historiadores, que lo han de ajustar entonces, necesariamente a una determinada norma crítica vigente, con lo que no hacen sino borrar sus huellas y falsificarlo" (134). Agotada la opción de la calificación, ¿qué imágenes, no qué juicios o sanciones, podemos extraer del 68?

> En realidad había comenzado a tomar notas desde principios de mayo, antes del movimiento. Un día u otro las reconstruiré, a la luz siempre nueva –nueva a cada minuto, a cada hora– de esta vida vertiginosa, cambiante, inasible, donde algo que tuvo una enorme importancia en su momento, después nos parece irreal, ensoñado, inverosímilmente vivido. (Revueltas, "Gris" 65)

Es como si el 68 pareciera oscurecido, irreal, ensoñado, inverosímilmente vivido. En abierta oposición a ésto, Revueltas recuerda que la luz nueva del mundo se renueva sin cesar. La luz, como dijimos, viene del mundo, no del cansancio lúgubre del sujeto que juzga las fuerzas del día. Luz que cambia con el mundo y no envejece en el atrio del tribunal. Luz, entonces, para ver las imágenes y no para guiar las conciencias o domesticarlas. Luminosidad del mundo para concebir Latinoamérica como *algo* afirmativo e incierto y no como tierra del porvenir o escena del origen perdido. Luz para suspender la obsesión por América Latina como *continente*, como algo que contiene. Así como la escritura pasa del carácter a la imagen, América Latina puede pasar del mapa al plano (o la pantalla). La pregunta con Revueltas ya no es *qué son las cosas*, qué es el mundo, qué es América Latina, qué es la identidad o el ser, qué son los objetos:

> Entonces aquí descubriría Ezequiel el hecho insólito y sobrecogedor de que si se interrogara a sí mismo acerca de lo que es la madera, esa abismal y compenetrada madera terrestre, si acertara a preguntarse lo que significa, qué es lo que la decide madera y aquello en que se asume, su olor o su ruido o sus sueños oceánicos o su sordera unánime de pez ciego o el mundo y la nada o la sombre de lo que proyecta la sombra, qué es, qué es, no sabría contestarse y la palabra madera se iría convirtiendo en una mancha loca y aterrada, la sustancia universal de que está hecha la muerte de ese espacio que se extiende como un aceite de silencio de un planeta a otro, el infinito de madera. ("Ezequiel" 32)

La pregunta, entonces, es otra. Nietzsche nos recuerda siempre el preguntar por *quién* quiere éso, quién quiere que busquemos el qué de las cosas. El reino de la imagen opera en medio de singularidades que desquician el significante, mancha loca y aterrada. A su vez, define las cosas desde su interior: no opera como aquel que señala las cosas, les da un nombre y así les otorga su función o su ser. Se trataría, pues, de definir las cosas en interioridad, no desde el mecanismo lingüístico que se posa desde afuera sobre las cosas. Definir en interioridad a América Latina... abrirnos a otra imagen del pensamiento produciría otra imagen de América Latina, y viceversa. La pregunta es: ¿somos entonces capaces de concebir a América Latina como imagen, y no como idea o discurso? Como cuerpo, que es imagen y no representación. Con Revueltas es posible embarcar a América Latina en un navío arrancado de cualquier raíz o igualdad identitaria. Su técnica de escritura es la composición cinematográfica: así como el cine no representa el mundo, la literatura de Revueltas impide la metáfora de la representación (ésto es aquello; ésto remite a lo otro): América Latina no está incrustada en el espacio de la representación, ya que ese espacio en Revueltas, como en el cine, se convierte en un plano móvil. Un plano que cambia a cada instante.

5. AMÉRICA LATINA COMO ISLA

El espacio de la representación, y su juego de ideas, es el espacio del continente, tieso y compacto: América Latina como continente o espacio seco en busca de una esencia que conjure el ataque imperial, o restaure el daño colonial. El plano móvil, por el contrario, América Latina como imagen, es una isla en su deriva desprendida del continente: "El cine, luego, puede tomarse como esta 'estabilidad de la inestabilidad' de que nos habla Heráclito, la estabilidad móvil, el reposo en movimiento" (Revueltas, *El conocimiento* 11). Es el movimiento estático, el cine como instantánea de "la dirección del movimiento", algo sobre lo que años después escribirá Gilles Deleuze.

De alguna manera, la imagen se descongela. Y la heterogeneidad del movimiento (la isla) se vuelve irreductible a la homogeneidad del espacio (el continente). Cada parte, como microcosmos, "está abierto a un mundo, y el mundo, el universo, es él mismo lo Abierto", dice Deleuze (*La imagen-movimiento* 24). Isla abierta, multiplicación creciente de densidades heterogéneas, el movimiento de la imagen siempre cambia *el todo*, no lo deja ser: "si el todo no se puede dar, es porque es lo Abierto, y le corresponde cambiar sin cesar o hacer surgir algo nuevo" (24). El todo cambia su naturaleza en cada movimiento. Así, América Latina sería una isla en movimiento, y no un continente en el espacio. Cúmulo de imágenes, no idea. ¿Podemos captar una visión de América Latina como mundo material de "variación universal"?:

> Los objetos, los cuerpos, son múltiples, infernalmente variados. Pero eso es *allá*, en el otro tiempo, en el otro mundo, el de los vivos. Esta circunstancia –su diabólica multiplicidad– influye directamente en la propia, rotunda, e inimaginable naturaleza de los objetos. Son tan plurales, *allá*, que dejan súbitamente de existir. (Revueltas, "Esto también era el mundo" 66)

Es la materia, entonces, la que es iluminada, es el mundo el que es indiferente a nosotros en su variación infernal. La luz, como dijimos, proviene del mundo, no del ojo. Estamos frente a "un mundo que vibra al propio nivel de la materia, poblado por imágenes previas al sujeto" (Álvarez Asiáin, "De Bergson a Deleuze" 110). Los procedimientos de Revueltas recuerdan que la imagen en movimiento es la máquina de hacer ver afectos y sensaciones que el discurso oscurece; el discurso opera ordenando y conteniendo lo múltiple. Máquina para ver la inmensa montaña oscurecida para que por fin nos salgan lágrimas:

> "Los grandes escritores" –ha dicho Maurois, y habría que extender el concepto a todos los artistas–, "emplean palabras no para bosquejar mundos imposibles, sino para evocar y establecer el mundo verdadero". Este mundo verdadero que el arte revela según Maurois, es ese que, sin decirlo, sin pronunciarlo, sin oírlo, se escucha con los puros sentidos del corazón, porque el arte usa las cosas visibles y audibles para mostrar las cosas invisibles e inaudibles. (Revueltas, *El conocimiento* 12-13)

Hacer visible el mundo real, pero visibilizarlo en su riqueza y complejidad. Volver al mundo. Atacar la fábrica del ideal, el taller de mundos ilusorios de espaldas a la experiencia. Habitar no el mundo verdadero sino el mundo como tal. Ése es el pálpito de José Revueltas. Éso sería construir una imagen cinematográfica del pensamiento; hacer que el pensamiento sea imagen. Así, el proyector a partir del cual se generan las imágenes no sería la conciencia, sería el mundo mismo, siempre en vías de hacerse. La crítica vendría a ser la artesanía de componer imágenes, como invitación a "creer, no en otro mundo sino en el vínculo del hombre con el mundo" (Deleuze, *La imagen-tiempo* 227).[7] La imagen como pensamiento, el pensamiento como imagen: ese es el sutil arte de volver al mundo.

> A su vez, la estructura interna del montaje, por lo que a ella respecta, consiste en la combinación, yuxtaposición e interpenetración de valores diversos, a efectos de obtener un todo armónico que represente *algo más* que sus partes, es decir, un todo que sea un resultado cualitativo general diferente al valor cuantitativo particular de los elementos que lo integran. (Revueltas, *El conocimiento* 20-21)

Ese *algo* más no es un líder, una doctrina o un Dios: es simplemente ese exceso que se alberga en la fragilidad de un cabello. Revueltas cita aquí a Rilke: "Una mano que se posa sobre la espalda o el muslo de otro cuerpo no pertenece ya a aquél del que proviene: ella y el objeto que toca o agarra forman juntos una nueva cosa, una cosa más que no tiene nombre y no pertenece a nadie" (*El conocimiento* 21). Entonces señala: "Esa cosa 'que no tiene nombre' es, ni más ni menos, el resultado de un montaje, es decir, el resultado de una combinación, de una yuxtaposición de valores diferentes que, unidos, arrojan un valor nuevo" (21). Ese algo más, *algo impersonal*, ese valor nuevo efecto de una suma que no totaliza, es el todo como imagen, una imagen descongelándose y saliendo de su letargo. Es la isla-imagen abierta a lo común, anónima, NN. Es la valoración renovada: la posibilidad de una invención moral. Es el acontecimiento.

Pensamiento sin finalidad, verdad anti-moralista, imágenes cinematográficas, son entonces los resortes del mundo de José Revueltas. ¿Podremos nosotros habitar ese mundo? ¿Podemos contagiarnos de esa *actitud cósmica*? Revueltas nos propone una voluntad de mundo precisamente contra la pérdida del mundo. Una voluntad de isla frente al iceberg continental, aquella costra que, como continente, contiene las fuerzas y las doma, sancionándolas en vez de valorándolas. ¿Podemos dejar de querer ser los sacerdotes, magistrados, jueces, y los jerarcas de *La matanza de los locos*? ¿Podremos, más bien, embarcarnos en la *nave de los locos* de Foucault, que "no se sabe en qué tierra desembarcará; tampoco se sabe cuándo desembarca, de qué tierra viene. Sólo tiene verdad y patria en esa extensión infecunda, entre dos tierras que no pueden pertenecerle"? (*Historia* 26). Revueltas se embarcó en esa nave hace mucho tiempo, en el ir y venir del apando al espacio abierto, del continente a las Islas Marías, del individuo al mundo: "así que es imperioso" –dice Gregorio en *Los días terrenales*– "buscar algo parecido a una forma, digamos, de solidaridad inversa, que nos destruya, que nos anule, que nos liquide, que nos despersonalice como individuos, y esa forma no puede ser sino la responsabilidad común en lo malo y lo bueno" (146). En lo malo y en lo bueno, en el mundo tal cual es, como amor al mundo, amor a todo lo que acontece. El otro pasajero de esa embarcación, Gregorio, sigue entrando en el mundo al entrar de nuevo en la sala de tortura: "Esa era su verdad. Estaba bien" (170).

La dirección del navío de Revueltas es este mundo, descongelado y ardiente.

NOTAS

1. Aquí me distancio de la tradición de historia de las ideas, y de la filosofía de la historia en América Latina, tal como ha sido desarrollada por José Gaos, Leopoldo Zea, Enrique Dussel, y más recientemente por Walter Mignolo en su libro titulado, precisamente, *La idea de América Latina* (2005) 15-16.
2. Me refiero a una lectura inmanente de sucesos que aturden y horrorizan, como los Juicios de Moscú, sin compararlos inmediatamente con el anhelo de lo que quisiéramos que hubiera sido el siglo XX.
3. Ver Bosteels, "Una arqueología"; Espinoza.
4. Al respecto escribe Bosteels en *Marx and Freud in Latin America* (2010): "What I do know is that *Los errores* already asks, forty years earlier, some of the same questions that drive Badiou's project in *The Century*. In particular, Revueltas's novel gives us important insights into the potential destiny of a whole jargon of finitude when it is combined with an antitotalitarian, antidogmatic, left-wing revisionism" (78).
5. Ver además, para la relación con Benjamin, el bello ensayo de Bruno Bosteels titulado "Una arqueología del porvenir: Acto, memoria, dialéctica".
6. Es el crítico norteamericano James Irby, en su tesis de maestría –a la que Revueltas responderá– quien en 1956 instala el tono de lo que será la literatura crítica sobre Revueltas, al escribir: "La filosofía de Revueltas se caracteriza más bien por un materialismo estático y muerto y un fatalismo atroz que anulan acción y movimiento y crean personajes unilaterales, sin desarrollo interno, meras figuras" (citado en Torres, 259). Comentando específicamente *El luto humano*, Edith Negrín se refiere a "la atmósfera de impotencia y desencanto que impregna el relato" (96), y José Ortega arguye que la "falta de progresión, de historia, que permea el relato se pone de relieve desde las primeras páginas. La repetición al principio y al fin del párrafo, así como en el centro, sirve para enfatizar un monótono y fatídico pendular" (103). Para lo que es el último desarrollo de la tesis negativa sobre las "fallas" de Revueltas, especialmente en términos de la disonancia entre sus proyectos políticos y literarios, ver Sánchez Prado. En décadas pasadas ha surgido, sin embargo, una posición afirmativa sobre Revueltas, minoritaria de todos modos, donde el nombre clave es Evodio Escalante. En esa misma dirección, los recientes trabajos de Bruno Bosteels han profundizado esa lectura afirmativa de Revueltas. Es en ese estilo de análisis donde inscribo este capítulo. Dirección afirmativa que fue expresada ya por Escalante hace unos años: "A la eficacia represiva de una sociedad confinatoria, que pone a su servicio las fuerzas invencibles de una geometría enajenada, José Revueltas opone la naturaleza libertaria de un acto inmemorial, que surge de lo profundo, sin razón aparente. Me gustaría que el nombre de Revueltas se asociara siempre, entre otras cosas, a ese acto inmemorial intrínsecamente afirmativo" (162).
7. Ver Álvarez Asiáin, "La cuestión ética".

Bibliografía

Álvarez Asiáin, Enrique. "De Bergson a Deleuze: la ontología de la imagen cinematográfica". *Eikasia Revista de Filosofía* 41 (2011): 32-112.

_____ "La cuestión ética de la creencia en el mundo a través del cinematógrafo". *Cuaderno de Materiales* 23 (2011): 5-23.

Arévalo Z, Javier. "Revueltas y el cine". *La Brújula en el bolsillo*, número especial *José Revueltas* 8 (abril 1983).

Badiou, Alain. *Lógicas de los mundos. El ser y el acontecimiento, 2*. Buenos Aires: Bordes Manantial, 2008.

Bosteels, Bruno. "Una arqueología del porvenir: Acto, memoria, dialéctica". *La Palabra y el Hombre: Revista de la Universidad Veracruzana* 134 (2005): 161-71.

_____ *Marx and Freud in Latin America: Politics, Psychoanalysis, and Religion in Times of Terror*. Nueva York: Verso, 2010.

Benjamin, Walter. *Libro de los pasajes*. Madrid: Akal, 2005.

Deleuze, Gilles. *Crítica y clínica*. Barcelona: Anagrama, 1996.

_____ *Foucault*. Barcelona: Paidós, 1987.

_____ *La imagen-movimiento. Estudios sobre cine 1*. Barcelona: Paidós, 1984.

_____ *La imagen-tiempo. Estudios sobre cine 2*. Barcelona: Paidós, 1987.

_____ *Lógica del sentido*. Barcelona: Paidós, 1994.

_____ *Nietzsche y la filosofía*. Barcelona: Anagrama, 2002.

_____ *El pliegue. Leibniz y el Barroco*. Barcelona: Paidós, 2008.

_____ *El saber. Curso sobre Foucault*. Tomo I. Buenos Aires: Cactus, 2013.

_____ *Spinoza: filosofía práctica*. Barcelona: Tusquets Fábula, 2001.

Escalante, Evodio. "Preposteración y alienación generalizada en *El Apando* de José Revueltas". *Nocturno en que todo se oye. José Revueltas ante la crítica*. Edith Negrín, ed. México: ERA, 1999. 153-62.

Espinoza, Rogelio. "Ángeles en el abismo. Las imágenes dialécticas de Walter Benjamin y José Revueltas". *Acta Poetica* 28 (1-2) (2007): 223-39.

Foucault, Michel. *Historia de la locura en la época clásica*. Tomo I. México, FCE, 2000.

_____ *Lecciones sobre la voluntad de saber*. Buenos Aires: FCE, 2013.

Lefebvre, Henri. "Prólogo". *Dialéctica de la conciencia. Obras completas tomo 20*. José Revueltas. México DF: ERA, 1986.

Mariátegui, Jose Carlos. *La escena contemporánea*. Lima: Biblioteca Amauta, 1959.

Marx, Carlos. *La ideología alemana*. Buenos Aires: Pueblos Unidos, 1985.

Mignolo, Walter D. *La idea de América Latina. La herida colonial y la opción decolonial*. Barcelona: Gedisa, 2007.

Monsiváis, Carlos. "1968: la herencia en busca de herederos (primera de dos partes)". *Revista de la Universidad de México* 56 (2008): 18-26.

Negrín, Edith. "*El luto humano* y la narrativa mexicana que lo precede". *Literatura mexicana* 3/1 (1992): 93-122.

_____ *Nocturno que todo se oye. José Revueltas ante la crítica*. México: ERA, 1999.

Nietzsche, Friedrich. *La ciencia jovial. Nietzsche I*. Madrid: Gredos, 2009.

_____ *Ecce homo. Cómo se llega a ser lo que se es*. Madrid: Alianza, 2003.

_____ *La genealogía de la moral. Un escrito polémico*. Madrid: Alianza, 1997.

_____ *Más allá del bien y del mal*. Madrid: Alianza Editorial, 2012.

_____ *Sobre verdad y mentira en sentido extra-moral. Nietzsche I*. Madrid: Gredos, 2009.

Ortega, José. "José Revueltas: dos aproximaciones". *Nocturno en que todo se oye. José Revueltas ante la crítica*. Edith Negrín, ed. México: ERA, 1999. 98-109.

Paz, Octavio. "Cristianismo y revolución: José Revueltas". *El Apando y otros relatos*. José Revueltas. Madrid: Alianza, 1985. 9-21.

_____ "Postdata", *El laberinto de la soledad. Postdata. Vuelta a "El Laberinto de la Soledad"*. México: FCE, 2009.

Ramírez, Francisco y Martín Oyata, eds. *El terreno de los días. Homenaje a José Revueltas*. Puebla: Benemérita Universidad Autónoma de Puebla, 2007.

Ramírez y Ramírez, Enrique. "Una literatura de extravío". *Los días terrenales*. Edición crítica de Evodio Escalante, coord. Madrid: Colección Archivos ALLCA XX, 1991. 376-82.

Revueltas, Andrea y Philippe Cheron, comps. *José Revueltas y el 68*. México: UNAM/ERA, 1998.

Revueltas, José. "El apando". *José Revueltas. La palabra sagrada*. México: ERA, 1999.

____ *El conocimiento cinematográfico y sus problemas*. México: UNAM, Dirección General de Difusión Cultural, Departamento de Actividades Cinematográficas, 1965.

____ *Los días terrenales*. Edición crítica de Evodio Escalante, coord. Madrid: Colección Archivos ALLCA XX, 1991.

____ *Ensayos sobre México*. Prólogo, recopilación y notas de Andrea Revueltas y Philippe Cheron. México: ERA, 1985.

____ *Los errores*. México: ERA, 2001.

____ "Esquema sobre las cuestiones del materialismo dialéctico y la estética a propósito de *Los días terrenales*". *Cuestionamientos e intenciones [Ensayos]*. México: Ediciones ERA, 1978.

____ "Esto también era el mundo...". *Las cenizas. Obras completas tomo 11*. México: ERA, 1981.

____ *Las evocaciones requeridas I*. México: ERA, 1987.

____ "Ezequiel o la matanza de los inocentes". *José Revueltas y el 68*. Andrea Revueltas y Philippe Cheron, comps. México: UNAM ERA, 1998.

____ "Gris es toda teoría (I). Diario". *Revueltas y el 68*. Philipe Cheron y Andrea Revueltas, comps. México: UNAM, 1998.

____ "Hegel *y yo*". *El apando y otros relatos*. Madrid: Alianza Editorial, 1985.

____ *El luto humano*. México: Ediciones ERA, 1989.

____ "La matanza de los locos". *José Revueltas y el 68*. Andrea Revueltas y Philippe Cheron, comps. México: UNAM ERA, 1998.

____ "Mensaje a la Generación 1965-70 de egresados de la Facultad de Filosofía, letras y psicología de la Universidad Autónoma de Nuevo León". *Dialéctica de la Conciencia. Obras completas tomo 20*. México: ERA, 1986.

_____ "Mi posición esencial". *Cuestionamientos e intenciones [Ensayos]*. México: ERA, 1978.

_____ *Los muros de Agua*. México: ERA, 2001.

_____ "Notas. Primera Parte. Cuestiones de estética". *Cuestionamientos e intenciones [Ensayos]*. México: ERA, 1978.

_____ "Por una literatura nacional (mesa redonda)". *Cuestionamientos e intenciones [Ensayos]*. México: ERA, 1978.

_____ "Problemas del conocimiento estético". *Cuestionamientos e intenciones [Ensayos]*. México: ERA, 1978.

_____ "Si luchas por la libertad tienes que estar preso, si luchas por alimentos, tienes que sentir hambre". Entrevista con Elena Poniatowska. *La cultura en México*, suplemento de ¡Siempre!. México D.F. No. 1193, mayo de 1976.

Sánchez Prado, Ignacio. "'Bienaventurados los marginados porque ellos recibirán la redención': José Revueltas y el vaciamiento literario del marxismo". *El terreno de los días. Homenaje a José Revueltas*, Francisco Ramírez y Martín Oyata, eds. Puebla: Benemérita Universidad Autónoma de Puebla, 2007. 147-73.

Zea, Leopoldo. "Revueltas, el endemoniado". *Los días terrenales*. Evodio Escalante, coord. Madrid: Colección Archivos ALLCA, 1991. XXIII-XXVII.

¿Olvidar el latinoamericanismo?: John Beverley y la política de los estudios culturales latinoamericanos

NICK MORGAN
Newcastle University

> *El análisis de la locación objetiva de la variedad de protagonistas en la arena de fuerzas que operan dentro y sobre la universidad, incluyendo la ubicación y (el) punto de vista del analista (en cuanto perspectiva asumida desde un punto en ese espacio), es un requisito para cualquier sociología rigurosa de los intelectuales.*
>
> Loïc Wacquant

En su último libro, *El latinoamericanismo después de 9-11*, el reconocido crítico estadounidense John Beverley reúne y reorganiza una serie de argumentos que en su criterio han definido el campo de los estudios culturales latinoamericanos durante una generación. Ampliando un ensayo anterior, busca actualizar estos debates centrales y promete entablar un diálogo con las corrientes críticas asociadas con la teoría de la poshegemonía, la crítica cultural y lo que desde hace algunos años ha denominado de manera despectiva el neo-arielismo. Enmarca el debate dentro de un análisis coyuntural que sugiere que la elección de gobiernos de izquierda en gran parte de la región hace inevitable un aumento en las tensiones entre América Latina y un Estados Unidos autoritario, incluso paranoico, embarcado en su guerra contra el terror. Estas nuevas circunstancias, insinúa el autor, tendrán un impacto particular sobre los latinoamericanistas, entendidos éstos como estudiosos de un espacio cultural, político y geográfico que ellos mismos inventan en el acto de representarlo, a la manera de los orientalistas de Said.

Aunque el libro tiene la forma de una colección de ensayos, ofrece varios hilos conductores que orientan la lectura. El más importante de ellos, y lo que conforma el tema de este artículo, es de hecho la preocupación principal de la obra de Beverley, a saber, las polémicas surgidas alrededor de las posturas políticas de los investigadores, que a su vez definen las diferentes versiones del latinoamericanismo. En las páginas que siguen voy a abordar este debate desde una perspectiva que busca relacionar las dinámicas del campo de estudio que Beverley denomina *latinoamericanismo* con las actitudes políticas que orientan y de alguna manera distinguen sus diferentes vertientes. Estas dos cuestiones están interrelacionadas, aunque no sean del todo interdependientes.

Como marco conceptual quiero referirme a la teoría de los campos de Pierre Bourdieu para sugerir que podemos entender con mayor claridad ciertos aspectos de los debates sobre la política del latinoamericanismo si tenemos en cuenta las lógicas inherentes a la conformación del campo mismo. En otras palabras, quiero relacionar la economía política de la academia con unas polémicas que en general se han presentado como desacuerdos sobre la "relevancia" de las posiciones políticas de los latinoamericanistas con respecto a las luchas políticas llevadas a cabo por los grupos subalternos de la región. Por lo tanto, después de bosquejar la problemática comprendida por la teoría de los campos, voy a considerar el contenido de estos debates, situándolos en relación con el campo. Para ilustrar el argumento, utilizaré las discusiones suscitadas por el libro de Beverley, cuyo esfuerzo por delimitar y comprender la naturaleza del campo ejemplifica muy bien las dinámicas que propongo analizar aquí, aunque también aludiré a los comentarios de otros integrantes del campo.

Empecemos, entonces, por la problemática suscitada por la definición del campo. Para Bourdieu, un campo es sobre todo un espacio donde hay algo en juego para los que participan en él. En el caso de los académicos, ésto puede ser una cuestión de puestos, salarios y becas, pero también de capital simbólico, es decir, de prestigio y reconocimiento (Bourdieu, *Homo*). Estos tipos de capital están íntimamente relacionados, y el campo constituye un espacio de lucha cuyos integrantes compiten para mejorar sus posiciones estratégicas dentro del mismo acumulando mayores reservas de todas esas clases de capital. Las "vacas sagradas" del campo buscan mantener las dinámicas que les han servido para conseguir su posición dominante, mientras que las nuevas generaciones implementan estrategias para subvertirlas, a veces cambiando el enfoque del campo mediante intentos de redefinirlo. Sin embargo, esta competencia se da de una manera atenuada, mediada por las reglas que estructuran las intervenciones que un actor dado – Bourdieu prefiere el término *agente*– puede llevar a cabo en un campo específico.

Además, no todo es competencia, porque si así fuera peligraría la estabilidad del campo. En realidad, incluso las controversias que de vez en cuando sacuden un campo dado representan una manera de establecer los parámetros de éste. Tienen dos funciones esenciales. Por una parte, demuestran el valor del campo para todos subrayando que vale la pena luchar por lo que está en juego (Bourdieu, *Raisons* 152). Por otra, efectivamente desempeñan un papel importante en la medida en que el resultado de las disputas tiene consecuencias para la distribución de los bienes disputados. La noción de *la apuesta* (*l'enjeu*) es importante porque nos permite reconocer aquello por lo que se enfrentan todos los participantes, desde el derecho de hablar y ser reconocidos como integrantes del campo hasta los premios y el más alto prestigio (Bourdieu, *Les règles*). Las crecientes presiones impuestas por el gerencialismo neoliberal, que exige que cada académico sea su propia microempresa en una lucha por la supervivencia, hacen que estas dinámicas se arraiguen aún más, y que el viejo chiste de que "la política académica es tan brutal por lo poco que hay en juego" sea menos convincente hoy.

Para Bourdieu, la actividad dentro de un campo no es motivada sencillamente por una serie de cálculos racionales destinados a ganar el juego sino que es mediada por el *habitus* que adquieren sus integrantes y que se ajusta al campo. El *habitus* es una serie de disposiciones que orientan las prácticas, las expectativas y las estrategias de los miembros de éste, generalmente de manera no explícita. Surge de la interiorización de lo que Bourdieu llama la *illusio*, el convencimiento compartido por todos los que intervienen en el campo de que lo que hacen vale la pena (*Raisons* 152).[1] La *illusio* es particularmente importante en la academia, donde hay una notable tendencia entre los investigadores a identificarse más con el campo en que desempeñan su actividad investigativa que con la institución que los emplea. También tiene una relación fundamental con los principios centrales que legitiman la actuación dentro de esta comunidad de intereses. Aquí, sin embargo, no se trata únicamente de la legitimidad en sí sino de la aclaración de lo que Bourdieu denomina el "legítimo principio de legitimación".

Otra característica constitutiva de un campo es su *relativa autonomía*, que implica en particular la capacidad de imponer criterios de calidad propios, sin excesiva interferencia por parte de campos distintos. Para los propósitos del presente artículo, hay que tener presente que Bourdieu enfatiza una jerarquía entre los campos en la que el económico y el político predominan sobre el universitario y el administrativo (*Homo*). Dentro del campo de la universidad, ciertas disciplinas tienen mayor influencia porque se relacionan más estrechamente con el campo económico dominante. Éste sería el caso, por ejemplo, de la medicina, la administración y las escuelas de negocios. Los campos están interrelacionados en lo que Bourdieu llama el campo del poder, y cada uno también puede incluir subcampos. Así mismo, algunos de estos subcampos tienen mayor autonomía que otros.

Este marco conceptual ha sido criticado por el reduccionismo de su enfoque, sobre todo por el énfasis en la acumulación de diferentes tipos de capital, por las limitaciones que impone la metáfora del juego, y por la tendencia a aplanar los detalles puntuales de los desacuerdos que se dan en un campo dado. Si bien comparto algunas de estas reservas, considero que el modelo tiene algo que aportar a la comprensión de las luchas que se han librado durante los últimos veinte años sobre el significado del latinoamericanismo. En particular, el énfasis pragmático en el campo como un espacio de reconocimiento mutuo evita las discusiones interminables acerca del valor de las disciplinas, que a la larga tienden a ser poco productivas.

Definir el campo

En primer lugar, entonces, el modelo propuesto por Bourdieu nos ayuda a distinguir entre diferentes aspectos constituyentes del campo del latinoamericanismo. Los textos que buscan definirlo tienden a enfocarse en su constitución conceptual, determinando su objeto, analizando las distintas posibilidades metodológicas para su estudio y, en un menor grado, considerando la relación de los investigadores con el espacio sociocultural en el que participan. Que este cariz conceptual determine el enfoque central de los investigadores cuando reflexionan sobre su propio empeño es de esperarse, porque ocupa la mayor parte de su esfuerzo creativo. Desde la perspectiva de la teoría de los campos, lo que está en juego en la producción en este sector del campo es lo que Bourdieu denomina *capital intelectual*, el reconocimiento –por parte de los participantes– del valor académico del trabajo de cada cual.

Pero también hay un aspecto institucional, conformado por los departamentos universitarios, los centros de investigación y las asociaciones profesionales que albergan a los integrantes del campo, y por las editoriales que producen revistas y libros sobre el tema. Este elemento define entre otras cosas el alcance geográfico del campo –en este caso el *dónde* del latinoamericanismo– y afecta a los latinoamericanistas no sólo en la medida en que determina sus posibilidades laborales sino porque el estatus de cada uno de ellos se relaciona con el prestigio de las distintas instituciones en que desempeñan su labor. Además, pueden invertir una parte importante de su tiempo en el fortalecimiento del campo, organizando conferencias y asegurando su posición dentro del andamiaje institucional. Todos estos factores pertenecen a lo que Bourdieu llama *capital académico*, que está destinado a la reproducción del campo (*Homo*).

Consideremos, pues, el caso del latinoamericanismo. En la introducción afirmé que éste es el conjunto de discursos que evocan a América Latina y, evocándola, la inventan, lo cual sugiere que el campo de estudio es conformado por todos aquellos trabajos que de una u otra manera se ocupan de esta entidad geográfica, política y sociocultural, desde varias perspectivas disciplinarias. En efecto, esta definición amplia, claramente relacionada con el orientalismo de Said, es el punto de partida del libro de Beverley. Habiendo notado el origen del término en dos ensayos de Enrico Mario Santí, Beverley cita en su introducción a Román de la Campa, para quien el latinoamericanismo es "una comunidad de discursos [sobre América Latina] que ha adquirido una fuerza particular durante las últimas décadas, sobre todo en Estados Unidos, pero también en otras partes" (Beverley 1), y a Alberto Moreiras, quien de manera más expansiva habla de "la suma de los discursos académicos sobre América Latina" (Moreiras, *The Exhaustion* 1, traducción mía).[2]

Sin embargo, la definición inclusiva pronto se reduce y se complica. Beverley reconoce la pertinencia de la precisión de Eduardo Mendieta de que hay que hablar más bien de una pluralidad de latinoamericanismos, y a lo largo de una parte del libro indica que lo que él entiende por latinoamericanismo es la red de conexiones establecida entre estas distintas corrientes, algo así como el "latinoamericanismo internacional" al que se refiere Mabel Moraña ("El boom" 48). En otros momentos, sin embargo, presenta una visión más precisa y restringida. En el primer capítulo, por ejemplo, declara que "lo que normalmente se entiende por latinoamericanismo" es en realidad "la fusión de la teoría con los estudios latinoamericanos", una forma de crítica que, "desde la perspectiva de América Latina", es vista como la imposición por parte de la academia metropolitana de sus modas conceptuales sobre contextos que no son adecuados para ese tipo de análisis (*Latinamericanism* 19; traducción mía).

Más allá de la referencia a esta crítica, hecha por primera vez por Moraña en su famoso texto "El boom del subalterno" (1997), lo que llama la atención en esta definición es que el latinoamericanismo emerja como una reflexión teórica sobre América Latina situada fuera de la región. Este es el latinoamericanismo "basado en la academia estadounidense y el sector de los estudios latinoamericanos ubicado en las humanidades y los estudios culturales" (*Latinamericanism* 2; traducción mía), tan fuertemente criticado por Neil Larsen. Beverley hace eco de esta definición –si no de la crítica– al declarar que es "una formación discursiva centrada en las humanidades, más que en las ciencias sociales, como en el paradigma dominante de los estudios de área" (3; traducción mía). El séptimo capítulo, por su parte, ensaya otro tipo de definición al declarar que la preocupación fundamental del campo es "la identidad del estado latinoamericano" (110). Ésto parece reducir su alcance a los debates que surgieron alrededor del interés particular de Beverley en los estudios subalternos latinoamericanos.

Todos estos matices crean cierta confusión porque los objetos que construyen no son en absoluto congruentes. El resultado es que en ciertos momentos los parámetros del campo se enfocan con claridad para luego volverse de nuevo borrosos. Desde la perspectiva de la teoría de los campos, sin embargo, las cosas se ven de otra manera. El latinoamericanismo es un subcampo del campo universitario que atraviesa o traslapa varios campos mayores, entre los que se incluyen la antropología, la sociología, la geografía, la historia, los estudios literarios y los estudios culturales, que también tienen subcampos particulares. Su existencia institucional depende en parte de estos campos, pero a la vez existe por cuenta propia, sobre todo fuera de América Latina (hay una sola maestría de estudios latinoamericanos en Colombia, por ejemplo, mientras que en Inglaterra, donde el latinoamericanismo no es muy importante, hay por lo menos diez). Por lo tanto, es un campo altamente fragmentado en términos institucionales, lo cual implica que sus integrantes viven su relación laboral con el campo de distintas maneras. Quienes conforman su núcleo se consideran de alguna manera "latinoamericanistas", porque su mayor participación se da en este campo, pero también participan en él de manera más esporádica investigadores cuya incidencia mayor, y cuya lealtad, pertenecen a otros campos.

En medio de todas las definiciones, es evidente que el latinoamericanismo del que habla Beverley no es ni mucho menos la suma de los discursos académicos sobre América Latina, sino una comunidad discursiva específica ubicada principalmente en Estados Unidos, en las humanidades, con interlocutores en América Latina y algunos otros países del norte. Podemos, entonces, dejar a un lado la analogía, en todo caso problemática, con el orientalismo de Said, y reconocer que al hablar de *latinoamericanismo* estamos señalando más bien un subcampo, mayormente ubicado en las humanidades, de los estudios latinoamericanos, que tal vez podría haberse denominado *estudios culturales latinoamericanos* si no fuera por las objeciones de quienes defienden la importancia de la tradición intelectual latinoamericana en contra de la imposición de las modas teóricas extranjeras.

Esta misma distinción es evidente en las reflexiones de Alberto Moreiras, uno de los latinoamericanistas más importantes, sobre la conferencia de la Asociación de Estudios Latinoamericanos (LASA) de 2012. Ahora bien, la mera existencia de LASA, evento que agrupa a miles de personas, demuestra que hay una comunidad que hace una inversión considerable en el campo, sea en cuanto "latinoamericanistas" o sea en cuanto investigadores que han estudiado un fenómeno regional y quieren aprovecharse del foro ofrecido por este evento. Es útil el resumen personal de la conferencia hecho por Moreiras porque incluye una corta meditación sobre el estado de lo que él llama "el campo profesional que se asocia a los departamentos de lengua, literatura y cultura hispánica en Estados Unidos en cuanto abierto al trabajo de otros campos del conocimiento (historia, antropología, sociología) y contaminado de teoría crítica y voluntad de pensamiento político" ("¿Puedo?"). Ahora bien, si LASA pretende ser un foro para los estudios latinoamericanos, entendidos éstos como el conjunto de los discursos producidos sobre América Latina, el campo anónimo descrito con precisión por Moreiras tiene una ubicación precisa, la academia estadounidense. De hecho, es el espacio profesional del encuentro entre la teoría posmoderna y los estudios latinoamericanos, que se abre hacia el diálogo con otras áreas más claramente disciplinarias.

Cuando Moreiras habla del campo profesional, sus palabras nos recuerdan que lo que está en juego en estas narrativas no es sólo la constitución de un campo en términos conceptuales sino el posicionamiento profesional de sus integrantes. Por eso mismo, un comportamiento típico de los académicos en este y otros resúmenes del "estado del arte" –y en general en los reconocimientos que introducen los textos que publican– es nombrar amigos, referirse a eventos, establecer redes y posicionarse estratégicamente en el campo. Vislumbramos este proceso cuando Moreiras menciona una conversación que tuvo lugar en 2001 mientras viajaba en carro entre Washington y Durham con Óscar Cabezas y Eric Hershberg. Un comentario del primero es el motivo de la referencia, pero la manera en que se presenta permite que el autor se ubique entre los miembros destacados de una comunidad como ésta, y notar su presencia en un momento crítico para el campo.

En otras palabras, a través del conocimiento se busca el reconocimiento, entendido en términos de prestigio profesional pero también en función de la amistad con diferentes integrantes importantes del campo. Así mismo, Moreiras dice que "las cosas llevaban mucho tiempo, desde el LASA de 2001 en Washington, yendo bastante mal para nosotros, es decir, para mí, para mis amigos, para el campo profesional" ("¿Puedo?"). Beverley hace lo mismo, tanto en *Subalternidad y representación* como en *El latinoamericanismo*, al hablar, por ejemplo, de "mi amiga Ileana Rodríguez" o "mi amigo Paul Bové". Esta práctica de establecer relaciones personales puede considerarse, entre otras cosas, un tipo de "chicaneo profesional", lo que Marc Zimmerman alguna vez llamó "Name-dropping as Cultural Practice" (que se traduciría más o menos como "El chicaneo como práctica cultural"), pero es sobre todo una manera de crear una conciencia de grupo, fijar metas compartidas, mostrar una inversión afectiva en el campo y establecer la relativa importancia de cada cual, consagrando a los miembros destacados del grupo.

Otro aspecto de este latinoamericanismo que sobresale en el libro de Beverley es la naturaleza de su *illusio*. Para él, el latinoamericanismo implica una clase de inversión afectiva que en el exterior toma la forma de un proyecto de "simpatía" y de "solidaridad", mientras que en América Latina se encarna en una "afirmación nacionalista" (*Latinamericanism* 24; traducción mía). Esta caracterización de la ética del campo –la referencia a la afirmación nacionalista entraña una crítica a una corriente rival, como veremos más adelante– viene a propósito de la idea de Santí de que el latinoamericanismo encierra una especie de "exceso restitutivo", entendido por Beverley como "la recuperación del pasado en nombre de un imperativo actual, de naturaleza moral, intelectual, y/o ideológico" (3; traducción mía). Lo que complica el panorama aún más es que Beverley también llega a definir el campo como un tipo de "política de la identidad", es decir, como reivindicación teórica de los derechos de los latinoamericanos ante las potencias neoimperialistas, y de los grupos subalternos de la región en contra de las élites que históricamente los han excluido. Ésto hace que la discusión de las presuposiciones e implicancias políticas de las investigaciones sea particularmente importante, pues transforma la política en uno de los ejes de mayor discordia en el campo.

El compromiso político, por lo tanto, puede considerarse un "legítimo principio de legitimación". Pero no es el único. Hay dos áreas más del latinoamericanismo que se utilizan habitualmente para legitimar la acción dentro del campo, y que aparecen claramente en el texto de Beverley: la sofisticación y la novedad teórica, y el problema de la perspectiva del investigador, que de alguna manera se traduce en una especie de política de la identidad. Todos los integrantes del campo tienen que tomar una posición ante estos temas, ya que forman una parte central de la *illusio* interiorizada en el *habitus* de los investigadores. Por eso mismo, también representan una fuente de controversia, ya que algunos de los participantes ponen en entredicho su validez. En esta segunda parte del ensayo, por lo tanto, voy a considerar cómo estos puntos de referencia ayudan a ubicar y a definir las diferentes corrientes dentro del campo. Aunque la actitud de los investigadores hacia tales cuestiones es relativamente autónoma, vale la pena notar que éstas tienden a relacionarse con un intento de maximizar las ventajas de cierto tipo de capital, sea intelectual, sea de otro tipo, para posicionarse estratégicamente en el campo.

En cuanto a la política, parece que una ética implícita de la investigación exige que los latinoamericanistas expresen su solidaridad con los grupos históricamente excluidos de la región. No es de sorprender, por lo tanto, que en su gran mayoría se identifiquen con una encarnación de la "izquierda". La idea de la izquierda es muy amplia, por cierto, ya que comprende a revolucionarios, socialistas, socialdemócratas y liberales, pero alguna clase de compromiso con las luchas de los subalternos es una parte central de la *illusio* del campo. De hecho, este aspecto de la *illusio* es tan fuerte que es prácticamente de rigor que los investigadores adopten esta perspectiva, lo que explica el ultraje que suscitan las incursiones en el campo de investigadores que apoyan posiciones conservadoras, puesto que rompen uno de los consensos constitutivos del mismo.

La sofisticación y la novedad teórica son una faceta del latinoamericanismo que resulta de su ubicación principal en las humanidades, un área dominada por corrientes posestructuralistas. Así mismo, el hecho de que gran parte de los latinoamericanistas hayan empezado sus carreras en el estudio de la literatura ha tenido una influencia importante tanto en su orientación teórica como en su proceder metodológico, con un claro predominio de aquella. Para mostrar un mínimo nivel de competencia técnica es importante que la producción académica exhiba un conocimiento adecuado sobre un núcleo de tendencias teóricas, pero lo que realmente se privilegia es la innovación. De hecho, ésto es notable en gran parte de las humanidades, campo en que el *habitus* de los participantes está marcado por su conocimiento de una historia disciplinaria convulsionada por una serie de cambios de paradigma. Con cada "revolución" o "giro" se buscaba mostrar la caducidad de la época superada y transformar el panorama del campo mediante una serie de saltos epistémicos. En el campo es muy común encontrar una crítica a los mitos del progreso y a cualquier atisbo de teleología, pero la valoración de la novedad en sí representa un culto disfrazado a la modernización.

Como hemos visto, Beverley caracteriza el latinoamericanismo como una forma de política de la identidad. Esta declaración subraya la importancia de la geopolítica en un campo cuyo núcleo está situado en un país que históricamente ha ejercido su hegemonía sobre la región estudiada. Ésto conlleva un potencial para el conflicto, por una parte, porque la posición política de los latinoamericanistas constituye una crítica implícita a la política histórica de su país –Beverley se declara a favor de un latinoamericanismo "capaz de confrontar la hegemonía de Estados Unidos y expresar un futuro distinto para los pueblos de América" (*Latinamericanism* 90; traducción mía)– y, por otra, porque el estudio del "otro" puede considerarse parte de un tipo de *hybris* epistemológica. No es de sorprender, entonces, que en años recientes la "identidad", la "identificación" o la perspectiva en sí hayan llegado a representar un tipo de capital en las rivalidades que atraviesan el campo.

En lo que sigue, voy a considerar las cuatro vertientes del latinoamericanismo identificadas por Beverley desde la perspectiva ofrecida por estos tres puntos de referencia. En particular, sugeriré que cada vertiente utiliza una combinación de estos factores para enfatizar su validez y para legitimarse en contra de las otras. Aunque voy a utilizar el texto de Beverley como punto de partida para la discusión, ésto no implica que esté convencido de la validez de su taxonomía. En efecto, ni siquiera estoy seguro de que estemos hablando de corrientes como tales sino de estrategias personales para posicionarse dentro del campo, establecer alianzas, y legitimar perspectivas y agendas de trabajo. De hecho, incluso la clasificación de Beverley puede considerarse una jugada estratégica. Así mismo, creo que la consideración de los principios de legitimación podría dar pie a un análisis más preciso y explicativo de las relaciones establecidas entre todas estas posiciones. Lo que sobresale en el texto de Beverley, sin embargo, es la naturaleza polémica del campo, el hecho de que lo que hay en él son perspectivas que buscan imponerse conceptualmente, ganar la guerra de las ideas y quedarse con el liderazgo.

El subalternismo

La primera corriente está conformada por lo que voy a llamar el *subalternismo*, término que Beverley no utiliza pero que indica su participación en el grupo de los estudios subalternos latinoamericanos. La motivación detrás del desarrollo de la agenda de trabajo de esta colectividad, por lo menos según el análisis del autor, era reposicionar el estudio de la cultura de América Latina, reemplazando el dominio de la literatura por el de los estudios subalternos. Ésto se debió a lo que Beverley presenta como el fracaso de su proyecto de solidaridad "literaria" con la revolución sandinista en Nicaragua, y a su lectura de *La ciudad letrada* (1984), de Ángel Rama, texto que señala lo que comúnmente ha sido interpretado como la connivencia de los intelectuales con la conformación de un Estado-nación excluyente y blanqueador. Esta obra representó un punto de quiebre en el trabajo de Rama, cuyo libro anterior, *Transculturación narrativa en América Latina* (1982), fue influyente en el campo de los estudios literarios latinoamericanos, sobre todo por la valoración del género novelístico como ejemplo de resistencia al neoimperialismo.

Este cambio brusco de perspectiva señalaba el rumbo que iba a tomar el latinoamericanismo. El compromiso político con los sectores marginales fue invocado como principio de legitimación en el reajuste del campo que ampliaba su enfoque, de tal manera que la naturaleza misma del campo se transformó. Quienes antes habían sido figuras dominantes en los estudios literarios latinoamericanos mantuvieron su capital intelectual, pero entraron a formar parte de un campo ampliado, donde representaban algo así como una fuerza residual. En el mismo proceso, un principio anterior de legitimación, a saber, el valor intrínseco de las obras de arte estudiadas, fue prácticamente descartado.

Este "revolcón" coincidía con el auge de los estudios culturales y los estudios poscoloniales en la academia metropolitana, lo cual dotaba al cambio de cierto aire de inevitabilidad, sobre todo si los trabajos de los investigadores dentro del campo iban a competir con los de sus colegas de otras áreas. Por lo tanto, se podría argumentar que el principio de sofisticación y novedad también impulsaba el desarrollo de los estudios subalternos. La obra de Rama puede haber sido importante para Beverley, pero la influencia decisiva fue ejercida por las formas de teorización asociadas con los estudios culturales y los estudios poscoloniales que introducían –o por lo menos institucionalizaban– un repertorio crítico dominado por la deconstrucción, la obra de Foucault y el posmarxismo al estilo de Stuart Hall y Ernesto Laclau. La fundación del grupo de estudios subalternos latinoamericanos simbolizaba, entonces, la combinación de una impecable declaración de principios políticos con la promesa de una renovación teórica. Como ejemplo de compromiso, y para ilustrar la toma de posición de este grupo de intelectuales, Beverley cita a Ileana Rodríguez: "Nuestra elección como intelectuales es declararnos o a favor del estadismo (el Estado nacional y la política de partido) o a favor del subalterno. Nosotros elegimos el subalterno" (*Latinamericanism* 110; traducción mía). La renovación teórica se dio de la mano de este primer impulso ético, ya que el subalternismo mostraba cierta influencia de Gramsci, aunque no tanto como se pretendía.

El tercer punto de referencia, sin embargo, era más problemático. De hecho, en el subalternismo no emerge todavía como principio de legitimación sino como problema. Ilustrada por la muy comentada polémica alrededor de la literatura testimonial, la dificultad se centraba en la diferencia de identidad entre el investigador y los sujetos de su investigación. La literatura testimonial prometía acceso a los grupos subalternos pero, como demostró el caso del testimonio, sobre todo en el caso paradigmático de *Me llamo Rigoberta Menchú y así me nació la consciencia* (1983), con su problemática introducción por Elizabeth Burgos-Debray, esta clase de textos respondía a una lógica de redacción e incluso apropiación de las palabras y las experiencias del subalterno por parte del intelectual. La pretensión de Burgos de establecer una identidad con su coautora, basada en la preparación compartida de las tortillas, no sólo subraya la distancia entre ellas sino también la romantización del sujeto subalterno debida a una redactora que imponía su propia estética en la construcción del texto.

En este momento, hay que notar que otro de los cambios de paradigma fue el reemplazo de la categoría del "pueblo" por la del subalterno. El sujeto político popular era una identidad homogeneizante cuya reivindicación, suprimiendo las diferencias culturales entre las colectividades que supuestamente lo conformaban, discriminaba a los grupos étnicos que habían sido excluidos desde la época colonial

—el ejemplo que da Beverley es el del autoritarismo sandinista en el manejo de las relaciones con la población indígena miskitu en el periodo revolucionario— a favor de un mestizaje blanqueador y nacionalizante. El subalterno, entonces, reemplazó al pueblo en el análisis latinoamericanista. El problema, no obstante, era decidir qué se quería decir con *subalterno*.

En la obra de Gramsci, la idea de subalternidad es a veces una clave para hablar del proletariado, mientras que en otras ocasiones sirve para evocar la totalidad de los sectores subordinados de la sociedad italiana. En el contexto latinoamericano, la utilidad del modelo gramsciano es que permite reconocer la naturaleza heterogénea no sólo de los grupos dominados sino de las élites, subrayando a la vez la mayor capacidad de estas últimas para unificarse alrededor de unas metas estratégicas. Pero en la teorización del grupo surasiático, que orientaba la discusión latinoamericanista, la categoría había padecido una transformación importante.

En su famoso texto "¿Puede el subalterno hablar?" (1988), la crítica literaria india Gayatri Spivak notó la diferencia entre el contexto del "Primer Mundo", donde gracias al *capital socializado* (término que designa el Estado social demócrata o de bienestar) "los oprimidos, si se les da la oportunidad, pueden hablar y conocer sus condiciones", y la situación en la periferia, donde los subalternos, que no disfrutaban de las mismas condiciones, carecían de un espacio de autorrepresentación ("Can?" 273; traducción mía). En otras palabras, la lectura de Spivak sugería que la modernidad en países como la India se había caracterizado históricamente por procesos de dominación sin hegemonía, como había argumentado el historiador Ranajit Guha, mediante los cuales el Estado sencillamente reprimía a los grupos marginales sin ofrecerles nada a cambio. En términos gramscianos, se trataba de coerción sin consenso. Por lo tanto, el texto de Spivak, que tanta influencia ha ejercido en el imaginario poscolonial, efectuó una resemantización de la noción de *subalternidad* que dejó de designar a aquellos que tienen algo que ganar del estado actual de las cosas, a pesar de su subordinación, y pasó a denominar a los que existen en una relación "de exceso" con la sociedad constituida. El subalterno se transformó en el límite de la hegemonía, encarnando todo lo que no se ha podido incluir en la articulación ideológica de lo social.

En la teorización poscolonial que mayor influencia tuvo en el subalternismo latinoamericano, por lo tanto, la categoría de *lo subalterno* se convirtió en una entidad sobre todo discursiva, lo cual explica su torpeza sociológica. Es decir, en vez de referirse a grupos sociales específicos, la noción llegó a ser una manera de nombrar las contradicciones inherentes a cualquier discurso hegemónico. Habiendo distinguido en un primer momento entre los "oprimidos" europeos y los "subalternos" indios, el trabajo posterior de Spivak parece reservar el concepto de *subalternidad* exclusivamente para las mujeres del subproletariado. En todo caso, desde este momento en adelante la figura del subalterno ha llegado a representar un residuo irreducible que marca el límite del pensamiento hegemónico. Como tal, empieza a adquirir un aura casi mágica.

Con el escolasticismo habitual de las humanidades así se ha conservado, pasando por varias reelaboraciones, por cierto, pero manteniendo su significado fundamental. Moreiras, por ejemplo, declara que el subalterno es una "exterioridad sin positividad, un residuo transhistórico cuya fuerza es apelar a 'otro estado de las cosas', entendido como la negación de lo que niega la hegemonía" (*The Exhaustion* 298; traducción mía). Precisiones de este tipo son finas, sin duda, pero es difícil no apreciar en ellas lo que García Canclini llamaba el "ensimismamiento" de los estudios culturales (121). En otras palabras, una forma de teorización que había buscado acercar al investigador y al sujeto marginado, y había logrado la hazaña de hacer que este último desapareciera.

En resumen, el afán por alcanzar un nivel de complejidad teórica entró en conflicto con el impulso original de la solidaridad, minando el principio de legitimación más importante del subalternismo al dejarlo con un subalterno sociológica y políticamente inerte. La desintegración del grupo algo debía a esta problemática, pero gran parte de esa ruptura se debió a las críticas de investigadores latinoamericanos que rechazaban su marco teórico, acusándolo de "eurocéntrico" y neocolonial. Beverley llamó a estos críticos con el nombre despectivo de "neo-arielistas", y ha hecho un gran esfuerzo por rebatir sus planteamientos. Sin embargo, voy a dejar la discusión de esta corriente hasta el final de este ensayo para ocuparme de las otras dos tendencias comentadas en el texto. Antes de dejar la discusión de la posición política de Beverley, sin embargo, quiero señalar que en *El latinoamericanismo* rearticula el llamado al compromiso político como principio de legitimación, esta vez mediante su adhesión posubalternista al Estado-nación, representado por los gobiernos de la llamada "marea rosada". Para Beverley, la actitud de los intelectuales hacia estos Estados llega a ser una manera de definir el valor de su posición política.

La deconstrucción

El uso de esta estrategia es particularmente evidente en el tratamiento de lo que Beverley llama la deconstrucción. Bajo este rótulo agrupa a aquellos críticos que enfatizan la sofisticación teórica por encima del radicalismo político, dedicándose a deshacer los esencialismos identitarios y a subrayar los momentos aporéticos de los discursos políticos. Beverley presenta un pequeño mapa de los practicantes, e identifica dos núcleos –uno en Estados Unidos, otro en Chile–, pero su ejemplo paradigmático es Alberto Moreiras y su libro *El agotamiento de la diferencia* (2001).

Aunque lo disfraza bajo una referencia al supuesto izquierdismo de estos críticos, Beverley cuestiona su compromiso político. Su pregunta básica es por qué no pueden comulgar con los gobiernos de la marea rosada, y al intentar responder a su propia pregunta identifica dos momentos en el posestructuralismo latinoamericanista. El primero es la diferenciación que hace Moreiras entre un latinoamericanismo "de primer grado", cuyo marco conceptual depende de nociones "anticuadas" de diferencia y de identidad, y un latinoamericanismo de segundo grado que pone en tela de juicio el esencialismo –de nación, de etnia, de clase– de los primeros. El segundo momento, sugiere Beverley, es la emergencia de otro grupo deconstruccionista que no se limita a deshacer el esencialismo sino que busca abrir un camino hacia una futura política emancipadora. Éste sería el caso de Moreiras.

Lo que vemos en esta discusión son dos maneras de desprestigiar el trabajo de los demás, evocando distintos principios de legitimación. Moreiras resalta la ingenuidad teórica de ciertos críticos, mientras que Beverley presenta a Moreiras como un deconstruccionista con compromiso político, para luego intentar mostrar que en últimas este compromiso es insuficientemente político.

Ahora bien, la posición hiper-teorizante de Moreiras es problemática desde la perspectiva del principio de legitimación política (¿el principio político de legitimación?). Sus fundamentos teóricos lo impulsan a evitar el esencialismo identitario, a situarse críticamente en el espacio entre las reivindicaciones nacionalistas de los defensores del Estado-nación y la lógica de la globalización neoliberal. Su desarrollo del concepto de *hibridez salvaje* (Moreiras, *The Exhaustion* 290) anuncia la deconstrucción radical de todas las pretensiones esencialistas. En un panorama político desolado, marcado por la lógica del mercado y la derrota de la izquierda, Moreiras se refugia en la atopía ofrecida por la deconstrucción. En tiempos de luto por el proyecto perdido de la izquierda, la literatura –metáfora de la práctica crítica por la que él aboga– ofrece la posibilidad de otro tipo de pensamiento, de otra modernidad, ya no como ficción fundacional del Estado nacional sino como "tercer espacio" (Moreiras, *Tercer*).

Todo ésto es sugerente, pero a la vez etéreo. Su debilidad en cuanto al principio político, recordando las críticas de la connivencia del posestructuralismo con el capital globalizante, es evidente. En las condiciones del continente, ¿es suficiente contemplar la posibilidad de una futura redención desde las ruinas? Esta pregunta, que se presta para muchas posibles respuestas, encierra la necesidad de hablar en cuanto sujeto concreto, localizado en un contexto dado, en vez de hacerlo desde un lugar que es un no-lugar, sobre todo si detrás de esta "atopía" hipotética está la posición acomodada de un trotamundos académico.

Ésto es precisamente lo que hace Beverley. Sugiriendo que, lejos de ser un investigador "atópico", hay una prepotencia teórica, para no decir *hybris*, implícita en la posición de Moreiras, cita una nota de *Línea de sombra* (2006) en la que éste demuestra cierta impaciencia con la retórica indigenista en Bolivia, representada en el texto por el deseo de descolonizar a Tawantinsuyo, ya que a su modo de ver esta prioridad no debería desviar la atención de la necesidad de gobernar bien, redistribuir los recursos y "crear la justicia social". Para Beverley, el énfasis típicamente desconstruccionista en el análisis del esencialismo identitario oculta la necesidad de tales deseos en la construcción de un proyecto hegemónico que permita, precisamente, realizar los cambios sociales deseados. Más aún, Beverley sugiere que lo que se alcanza a atisbar en las palabras de Moreiras es la actitud condescendiente con otras conceptualizaciones del mundo. En otros términos, su "eurocentrismo". De esta manera, Beverley también apela al principio de perspectiva para criticar la posición de Moreiras.

Así mismo, sugiere que los planteamientos de Moreiras son más coherentes en un momento de derrota. Insinúa que ante el surgimiento de la marea rosada, tal posición escéptica revela que en el fondo los practicantes de la deconstrucción se sienten más a gusto con el liberalismo. Ésto puede ser acertado, sobre todo en la medida en que los críticos de la deconstrucción no aceptan el esencialismo populista. Pero lo que Beverley hace, de manera sigilosa, es comparar la "autosatisfacción" ("complacency") que Moreiras localiza en la reivindicación de las políticas de solidaridad con la comodidad de un profesor titular cuyas batallas políticas se libran en el campo teórico. Algo parecido sugiere Brad Epps, en un análisis perspicaz de la obra de Moreiras, al declarar que "para los que son apaleados en la frontera, los que se ahogan en el paso del río, los que son internados en campamentos, los que 'sueñan' con una vida mejor, la controversia entre los estudios culturales y los estudios literarios, [...] o entre el subalternismo y el valor estético, es en efecto irrelevante" (244, traducción mía).

Ésto ilustra el uso estratégico del principio político en contra de un contrincante que tiene aparentes debilidades en ese flanco. A este respecto, es reveladora la comparación con los comentarios de Nelly Richard, identificada por Beverley como integrante de la corriente deconstruccionista, que intentan refutar tales críticas haciendo referencia a otro investigador que podría haber incluido en el grupo de la deconstrucción, Román de la Campa. Aludiendo a los efectos devastadores de las dictaduras del Cono Sur sobre la vida intelectual, especialmente en términos institucionales, Richard nota que

> el pensamiento crítico ha tenido que salirse del refugio universitario, para repolitizarse en los choques con un contexto histórico en pleno desarme y convulsión. Estas sacudidas explican, quizás, por qué las obras de los críticos latinoamericanos pueden ser vistas como "obras que *le hablan a la cultura latinoamericana como espacio social en vivo*, no desde debates literarios organizados por mercados académicos" y como obras siempre agitadas, aunque se concentren en lo "textual", por la tensión entre lo *crítico-intelectual y lo político-social*. (Campa 89)

Aquí Richard evoca los tres principios de legitimación. Aprueba el involucramiento del intelectual local con un contexto particular, en este caso dramático y violento (principio político y principio de identidad-ubicación), y enfatiza la importancia de la seriedad teórica (principio de sofisticación) rechazando la división entre lo textual y lo social, aunque a la vez reconoce una "tensión" entre lo que llama lo crítico-intelectual y lo político-social. Tal declaración la ubicaría en una parte del campo distinta de la de Moreiras, a pesar de sus evidentes afinidades en otros sentidos.

La poshegemonía

Al enfilar baterías contra los teóricos de la multitud, Beverley se enfrenta a una vigorosa corriente emergente que propone reestructurar el campo mediante un cambio en la conceptualización de lo político. El ejemplo aquí es el libro *Poshegemonía* (2010), de Jon Beasley-Murray, texto ambicioso que se presenta en algunos aspectos como un correctivo a los planteamientos de Michael Hardt y Antonio Negri, que le sirven de base para sus elucubraciones teóricas. Al igual que todas las teorías consideradas aquí, la de la hegemonía rechaza la idea del "pueblo" como sujeto histórico, y la reemplaza en este caso por la noción de *multitud*, "un sujeto social múltiple, internamente diferenciado, cuya constitución y acción se basa no en la identidad ni en la unidad (ni mucho menos en la indiferencia) sino en lo que tiene en común" (Hardt y Negri 83; traducción mía). Este marco conceptual también rechaza el énfasis en el consenso, que es la piedra angular de la teoría de la hegemonía, y subraya la importancia de la afectividad. Al fundamentarse en el modelo de Hardt y Negri realza la significación de una perspectiva política, y se presenta como parte de la vanguardia teórica. Dada la trascendencia de la noción de *imperio*, sin embargo, impugna fuertemente la importancia de una política de la ubicación. Después de todo, el imperio está por todos lados.

Beverley no se enfrenta directamente con este usurpador teórico sino que arremete contra los planteamientos de Hardt y Negri. De hecho, en su capítulo sobre la multitud ni siquiera se digna a mencionar a Beasley-Murray, como si no quisiera involucrarse con sus argumentos (reserva unos cuantos comentarios sobre *Poshegemonía* para el capítulo acerca de Moreiras). Deja a un lado el planteamiento de que los hábitos, los odios y los miedos representan una faceta constitutiva de lo político que funciona de manera menos evidente pero más poderosa que el raciocinio. Tal vez considere que las contradicciones inherentes a la noción de *multitud* son suficientes (como) para desprestigiar la totalidad de este proyecto crítico.

El análisis de Beverley depende de una comparación entre los conceptos de *subalterno* y de *multitud*, en la que se privilegia, por supuesto, el primero. Defiende el estudio de las políticas de la identidad en contra de la noción, para él más abstracta, de *multitud*. A su juicio, *subalternidad* tiene la ventaja de referirse a identidades sociales concretas, mientras que la multitud es un sujeto colectivo híbrido creado por los procesos desterritorializantes del capitalismo global. Considera que el potencial revolucionario de la multitud es un espejismo o, como mucho, una metáfora utópica, al igual que el llamado de Hardt y Negri a la construcción de una ciudadanía global. Desprovisto del marco del Estado-nación, el espacio soberano en el que se desarrolla la política hegemónica, la multitud, pierde sentido y aparece sencillamente como un tipo de "turbulencia" que obstaculiza el desarrollo del capital posfordista.

En realidad, el análisis de Beverley es bastante somero. Tal vez ésto tenga que ver con el hecho de que, como recién llegados, los poshegemónicos son los "jóvenes turcos" del latinoamericanismo metropolitano. Tienen una confianza en la certeza de sus ideas, y una batería de puntos de referencia –la soberanía, el éxodo, las líneas de fuga, la multitud, y sendos otros–, que les permiten flanquear a los que ya ocupan una posición dominante en el campo. En cuanto a novedad y sofisticación teórica, no hay duda de que ofrecen un cambio de perspectiva y van construyendo un capital intelectual importante.

No obstante, se enfrentan con una serie de objeciones desde la perspectiva del principio político de legitimación. A pesar de su postura ideológica, es difícil ver con qué movimientos precisos se identifican y cómo podría su teorización impulsar la acción política de los sujetos sociales en una coyuntura dada. Esta teorización está desprovista de praxis, lo cual debilita su apelación al principio político. Así mismo, el hecho de que represente la aplicación de una teoría metropolitana en el contexto latinoamericano invita a críticas basadas en el criterio de perspectiva o de ubicación.

Al igual que sucede con Moreiras, es evidente que estos críticos poco se preocupan por lo que a veces se llama de forma sarcástica el excepcionalismo latinoamericano, que a menudo parece ser el contexto específico. Sin embargo, la crítica a la relevancia coyuntural de su análisis es más grave. Para ilustrar esta problemática, tomemos el ejemplo que Beasley-Murray utiliza al final de su libro para ejemplificar las acciones de la multitud, la defensa de la revolución bolivariana por parte de los sectores populares en el momento del golpe contra Chávez en 2001. Al bajar de los cerros, ignorando la propaganda televisiva que se estaba emitiendo sobre la renuncia de Chávez y el cambio de régimen, la gente de Petare, del Veintitrés de Enero, de Antimano y de todos los otros barrios populares de la ciudad, que convergía en las emisoras y en el palacio de Miraflores, conformaba "una multitud chavista emergente" (Beasley-Murray 294). Para Beasley-Murray, esta oleada abigarrada, con sus panfletos caseros, representaba la insurgencia espontánea de la multitud en contra del restablecimiento del imperio. Multitud, se supone, porque los participantes se consideraban singularidades, irreducibles a una masa pero con un interés común: derrotar a los golpistas.

El planteamiento de Beasley-Murray es que la respuesta ante la intentona de golpe, al igual que el momento caótico del Caracazo, era un instante de ruptura en el que la falta de influencia partidista y la ausencia del Estado permitieron la emergencia de la multitud. No obstante, aunque hablar de una multitud es más adecuado que hablar, por ejemplo, del "bravo pueblo", como si existiera un sujeto popular pre-constituido u homogéneo, también habría que tener en cuenta que los que salieron a defender la revolución bolivariana en esta crisis se identificaban con el discurso chavista y su narrativa populista. Después de todo, el contexto en el que se dio la insurrección estaba estructurado por las movilizaciones promovidas por el chavismo, por la capacidad aglutinante del discurso chavista, y así sucesivamente.

La diferencia, supongo, es que sus integrantes se consideraban singularidades. Pero ¿qué quiere decir éso, aparte de señalar que en el momento de apoyar a Chávez estas personas seguían siendo sujetos complejos? Si la teoría de la multitud nos ayuda a comprender lo provisional y fragmentado de las adhesiones políticas, y las limitaciones inherentes al uso del concepto de identidad, bienvenida sea. Es un correctivo importante, pero no es una revelación, ni invalida en sí una interpretación de estos eventos desde la perspectiva de la hegemonía. Es decir, no se puede subestimar el aspecto retórico de este levantamiento "espontáneo". Después de todo, si fue efectivamente la multitud la que emergió, ¿por qué aceptó mansamente el regreso del poder populista encarnado por el presidente? ¿Por qué dejó que su poder constitutivo fuera usurpado de nuevo por el retorno triunfal de Chávez?

En cualquier caso, ¿por qué contentarse con estas preguntas? Es posible investigar las reacciones de la gente que participó en esos eventos tan dramáticos ante lo ocurrido. Estas personas todavía están allí, y no es necesario buscar sus palabras en las partes más escondidas del archivo. ¿No será que evitar hacerlo es, en el fondo, otro ejemplo de hablar por los demás, de definir el significado de sus acciones sin tener en cuenta su propia perspectiva? En efecto, uno podría pensar que la gran debilidad de la poshegemonía es su debilidad sociológica. Ésto, sin embargo, no es necesariamente tan problemático, dado el enfoque general del latinoamericanismo, que tiende a privilegiar la teoría sobre el análisis coyuntural. Si miramos el perfil de este grupo, se nota que son estudiosos de la literatura que han utilizado su indudable competencia teórica para poner en tela de juicio el prestigio interpretativo de sus mayores.

El neo-arielismo

El término *neo-arielista* (la etiqueta viene de la obra de José Enrique Rodó) es una categoría negativa inventada por Beverley para referirse a los intelectuales latinoamericanos que se opusieron a la imposición de una agenda crítica metropolitana sobre el estudio de la región. Según Beverley, ellos consideran que la teorización latinoamericanista ha sido dominada por las modas teóricas metropolitanas en detrimento de la tradición intelectual local. En la versión de Beverley, sin embargo, estos investigadores resienten la pérdida de sus privilegios como intérpretes de la realidad cultural latinoamericana y guardianes de dicha tradición. En este sentido, Beverley los relaciona con la ciudad letrada de Ángel Rama, ya que en su gran mayoría son estudiosos de la literatura.

Beverley ha vapuleado a esta tendencia durante más de una década, y no es casualidad que sea la única corriente a la que le endilga una identidad claramente negativa. En su análisis, la crítica literaria uruguaya Mabel Moraña se convierte en el ejemplo paradigmático del intelectual neo-arielista. Esta caracterización surge, en parte, a raíz del famoso artículo "El boom del subalterno", publicado en la *Revista de Crítica Cultural* en 1997, en el que Moraña cuestiona la idoneidad de los conceptos "migrantes" utilizados para captar la particularidad cultural de América Latina. Notando la capacidad del término "subalterno" en la obra de Gramsci para captar lo fragmentada e irruptiva que es la acción política subalterna, ella argumenta que

> [...] la elaboración actual del concepto violenta [...] esa disgregación, convirtiendo la subalternidad en una narrativa globalizante, sustituyendo el activismo político que fundamentaba los textos incluidos en los *Cuadernos de la cárcel* por un ejercicio intelectual desde el que puede leerse, más que el relato de las estrategias de resistencia de los dominados del Sur, la historia de la hegemonía representacional del Norte, en su nueva etapa de rearticulación postcolonial. (52)

Aquí Moraña no apela al principio de la perspectiva del crítico sino al principio político, mientras rechaza rotundamente el de la novedad teórica. Lo que llama la atención, de hecho, es que en ningún momento adopta las posturas que Beverley le asigna en *El latinoamericanismo* donde, incluso, sugiriendo que su reivindicación del valor estético de la literatura representa un menosprecio de la cultura popular frente a la cultura de élite, la tilda de "neoconservadora". Como tal, argumenta Beverley, representaría un obstáculo para el desarrollo de una agenda progresista en América Latina. La violencia de estos argumentos es notable y se debe, tal vez, al desafío que tales comentarios ofrecían a la autoridad interpretativa de los integrantes del núcleo del latinoamericanismo, que habían hecho una inversión considerable en las tendencias críticas que Moraña evalúa de manera tan perspicaz. Por eso mismo la polémica ha sido tan intensa, ya que en ciertos momentos representaba una amenaza para la integridad del campo. Lo cierto es que el conflicto sobre el papel de la perspectiva del investigador como principio de legitimación ha representado una verdadera lucha por la autoridad interpretativa.

Ahora bien, un aspecto extraño de la posición de Beverley es que, mientras arremete contra los neo-arielistas, nunca ha desarrollado una crítica a fondo del proyecto modernidad/colonialidad asociado con Walter Mignolo. De hecho, es allí, mucho más que en la obra de Moraña, donde se desarrolla una posición crítica que enfatiza la importancia del principio de la perspectiva del investigador. En realidad, este proyecto constituye un rechazo a la legitimidad epistemológica de la crítica metropolitana.

Para Mignolo, y para otros pensadores latinoamericanos como Enrique Dussel y Aníbal Quijano, las mismas herramientas conceptuales de la academia metropolitana están contaminadas por la contrapartida intelectual del colonialismo, la colonialidad. El intelectual latinoamericano tiene que efectuar un cambio en su manera de pensar, reconociendo, al estilo de Fanon, el eurocentrismo de las categorías de análisis que han determinado su propio desarrollo teórico, su propia identidad como investigador. Así mismo, todos los integrantes del campo deben entender que los hábitos de pensamiento asociados con este eurocentrismo los han llevado a desconocer o menospreciar el valor de la tradición intelectual latinoamericana.

Este argumento propone un cambio radical en la manera de legitimar el trabajo en el campo, apelando al principio de perspectiva, a la novedad y la sofisticación teórica, y también al compromiso político. Ejemplifica la lucha por establecer una jerarquía entre los criterios de legitimación que privilegie la perspectiva particular de cada investigador maximizando la importancia del capital cultural. Efectúa una inversión cuestionando la presuposición de la superioridad técnica de la academia metropolitana, liberándose de su autoridad, y ofreciendo una oportunidad para que los latinoamericanos, y los otros que han vivido muchos años en América Latina, se aprovechen de este capital acumulado para mejorar su posición en el campo.

En este proceso hay que tener en cuenta las diferencias de posicionamiento institucional de los intelectuales que han desarrollado esos argumentos. Algunos, como el mismo Mignolo o Ramón Grosfoguel, ocupan puestos en universidades prestigiosas de la metrópoli, mientras que otros, como Dussel, Santiago Castro-Gómez o Daniel Mato, trabajan en importantes universidades latinoamericanas. Ellos son, sobre todo, los primeros que se benefician con la invocación de una perspectiva privilegiada en el mercado de bienes simbólicos de la academia metropolitana. En el prefacio a *El lado más oscuro del renacimiento* (1995), texto que señala la indisoluble relación entre modernidad y colonialidad, Mignolo defiende la publicación de su obra en inglés por razones de "impacto", declarando que no quiere "marginalizar el texto antes de que pueda participar en la conversación intelectual" (viii; traducción mía). Esta posición parece ir en contra del planteamiento fundamental de su obra y parece ser un caso en que el *habitus* del intelectual metropolitano –y, dadas las formas de su intervención en el campo, hay que reconocer que Mignolo es sobre todo un intelectual metropolitano– impone la necesidad profesional de estar presente en el mercado académico de lengua inglesa por razones de prestigio. Participar en la conversación, por lo menos desde una perspectiva de mercado, exige la publicación en inglés.

Otros representantes de esta corriente, prefiriendo trabajar en América Latina y publicar en español o portugués, han adoptado posiciones distintas. La crisis de las universidades en muchos países ha dificultado este proceso, pero en el caso de un investigador como Santiago Castro-Gómez vemos el desarrollo de una obra –en especial en *La hybris del punto cero* (2005) y *Tejidos oníricos: movilidad, capitalismo y biopolítica en Bogotá (1910-1930)* (2009)– cuya teorización ilumina una coyuntura sociopolítica específica, al margen del latinoamericanismo metropolitano, sin necesidad de buscar su publicación en inglés. Para cualquier investigador sobre Colombia, estos textos son puntos de referencia necesarios, sin importar el hecho de que hayan sido publicados en español por una editorial local. Sin embargo, habría que preguntarse en qué medida estos investigadores participan en condiciones de igualdad en el latinoamericanismo, y en qué medida sirven como legitimación de las credenciales de sus colegas en el núcleo metropolitano. En este sentido, es notable que esos intelectuales hayan empezado a crear su propio espacio, con su propia base editorial. En otras palabras, han ido estableciendo otro tipo de capital académico, con una notable autonomía respecto a las exigencias del mercado anglófono.

Aun así, el problema de la perspectiva no se limita a una cuestión de distanciamiento físico. Como señala Mignolo en sus referencias a Abya Yala o a Tawantinsuyu, el pensar desde el punto de vista de un lugar llamado América Latina desconoce la existencia de distintas maneras de plantear el territorio, la identidad y la epistemología, que también lo excluyen a él y a la tradición en la que trabaja. Aunque es consciente de esta problemática, la conciencia no resuelve por sí sola la dificultad de conciliar universos simbólicos radicalmente diferentes. Castro-Gómez sugiere una manera de entender este dilema que enfatiza más bien el principio político:

> De lo que se trata no es [...] de proclamar un ámbito de exterioridad frente a occidente (el 'tercer mundo', los pobres, los obreros, las mujeres, etc.) o de avanzar hacia algún tipo de 'posoccidentalismo' teórico legitimado paradójicamente con categorías occidentales. Ello no haría otra cosa que reforzar un sistema imperial de categorizaciones que le garantiza al intelectual el poder hegemónico de hablar por o en lugar de otros. De lo que se trata, más bien, como lo enseña Spivak, es de jugar limpio; de poner las cartas sobre la mesa y descubrir qué es lo que se quiere lograr políticamente con una determinada interpretación. (Castro-Gómez y Mendieta 6)

A pesar de estas precisiones, la reivindicación de la perspectiva como legítimo principio de legitimación ha sido caracterizada por algunos como una política de la identidad, en el sentido más burdo, en la que los registros de nacimiento tienen mayor valor que el conocimiento. Como dice Justin Read en una entrada de su blog, "ego latinoamericanum, ergo no entiendes". Pero incluso esta caricatura sarcástica demuestra la incomodidad que sienten algunos investigadores metropolitanos en el momento de legitimar su trabajo con un criterio basado en la perspectiva. Esta preocupación está presente en el libro de Beverley, no sólo cuando dice que nació en Venezuela, o cuando sugiere que tal vez debería dejar el latinoamericanismo para dedicarse al estudio de su propio país, sino en el momento de su autorrepresentación –por cierto esencialista– como "gringo bueno". Que sienta la necesidad de identificarse así demuestra que los llamados "neo-arielistas" han impuesto la problemática de la perspectiva como punto de referencia en el campo.

Esta polémica llegó a ser tan venenosa que estuvo a punto de fracturar el campo en bandos enfrentados, bandos que –enfocándose más bien en sus propios proyectos editoriales– ya ni siquiera dialogaban. Moreiras habla del congreso de LASA en 2001 ("¿Puedo?"), cuando el grupo de estudios subalternos se deshizo, como el punto más crítico de estas disputas. Sin embargo, a pesar de la discordia, hay expresiones de lo que comparten los investigadores; es decir, reiteraciones de la validez del campo. Moraña, por ejemplo, nota que

> una actitud defensiva hacia los discursos producidos fuera de América Latina es comprensible si se tiene en cuenta la larga experiencia de la penetración cultural, pero también demuestra debilidad y la incapacidad de intercambiar ideas, y es una actitud condenada a sacrificar contribuciones fundamentales a nuestro campo de estudio. ("Latin American" 33; traducción mía)

Mientras que por su parte Beverley anuncia que "lo que divide los estudios subalternos de sus críticos neo-arielistas en América Latina es menos importante que las preocupaciones que compartimos" (*Latinamericanism* 66; traducción mía). En todos estos comentarios vemos tanto un ánimo de conciliación como un afán por mantener la integridad del campo mismo.

A MODO DE CONCLUSIÓN

El acercamiento desde el punto de vista de Bourdieu es, por cierto, provocador. Propone una radiografía de un campo con sus "roscas" y estrategias editoriales, sus manifiestos y grupos de amistades, que disputan un terreno limitado. De hecho, en un corto ensayo como el presente no se puede desplegar la metodología completa de Bourdieu, con su genealogía detallada y su cartografía exhaustiva del campo. Tal trabajo necesitaría un libro, muy diferente por cierto, del texto de Beverley. No obstante, los puntos de referencia ofrecidos por la teoría de los campos nos ayudan a entender mejor las dinámicas de este rincón de la academia, poniendo al descubierto una parte de la política interna del latinoamericanismo.

En este sentido, queda claro que pensar las cosas desde la perspectiva de las luchas que estructuran un campo invita a cierto nivel de cinismo, pues nos hace pensar en las palabras de Brad Epps cuando dice que "la universidad puede ser uno de los sitios más cuestionables para la crítica que se pueda imaginar" (233, traducción mía), o en parte del título del artículo de Jeff Browitt sobre el tema, "Parches enfrentados" (2009). Así mismo, sugiere una manera muy particular de leer intervenciones como la de Beverley. Por otra parte, pensar las cosas desde ese punto de vista permite empezar a bosquejar los contornos del campo, ayudando a aclarar la confusión de definiciones que han marcado los meta-análisis del mismo. Nos recuerda que por debajo del componente intelectual de la investigación, aparentemente "desinteresado", hay un *habitus* que orienta el proceder de todos los que tienen algo en juego en el campo. Y demuestra algunas de las consecuencias implícitas en el momento de lanzarse a la participación.

Finalmente, esa perspectiva nos invita a pensar en los principios de legitimación que ayudan a estructurar el latinoamericanismo, principios que han constituido puntos centrales de discordia en el desarrollo del campo. Con ésto en mente, es importante entender que la teoría de los campos no implica considerar que el único factor que motive las múltiples actividades que los constituyen sea la necesidad de acumular cada vez más capital. La desfamiliarización característica de la mirada de Bourdieu es cruda al respecto, implacable en su búsqueda de los intereses que incitan a la acción, más aún cuando afirma que estas motivaciones existen en un plano profundamente naturalizado e interiorizado para los participantes en el juego. Sin embargo, para Bourdieu, la autonomía de los campos no significa que estén cerrados, ni que sus integrantes no puedan mirar más allá de sus horizontes. Las complejas interrelaciones de los campos –y de los subcampos– sugieren que el deseo de tener alguna incidencia, o siquiera relevancia, en las luchas políticas en América Latina puede ser algo más que un espejismo.

Lo que se necesita, no obstante, es un reconocimiento más abierto de la implicación política de los diferentes caminos que se están proponiendo dentro del campo. ¿Vamos a esperar entre las ruinas o la llegada de la multitud? ¿Vamos a refugiarnos en políticas de la identidad o en debates interminables sobre un concepto de subalternidad que no tiene nada que aportar a la comprensión de las múltiples realidades latinoamericanas? Si éstas son las únicas propuestas políticas, y si nos interesan las relaciones de poder más allá del campo mismo, pues efectivamente es hora de olvidarnos del latinoamericanismo. Por el contrario, si existe la posibilidad de trabajar hacia lo que Orlando Fals Borda llamaba "ideas-acción para el cambio", entonces el principio del compromiso político servirá para algo más que para producir textos, estructurar "roscas" y asegurarles un sueldo a los integrantes de lo que Bourdieu consideraba una de las fracciones dominadas de las clases dominantes.

Notas

1. "[...] entre les gens qui occupent des positions opposées dans un champ et qui semblent opposés en tout, radicalement, il y a un accord caché et tacite sur le fait qu'il vaut la peine de lutter à propos des choses qui sont en jeu dans le champ" (*Raisons* 152).
2. "[...] a community of discourses [about Latin America] that has gained particular force during the past few decades, mainly in the United States, but also beyond"; "the sum total of academic discourses on Latin America".

Bibliografía

Beasley-Murray, Jon. *Posthegemony: Political Theory and Latin America*. Minneapolis: U of Minnesota P, 2010.

Beverley, John. *Latinamericanism after 9/11*. Durham: Duke UP, 2011.

_____ *Subalternity and Representation*. Durham: Duke UP, 1999.

Bourdieu, Pierre. *Homo academicus*. París: Editions de Minuit, 1984.

_____ *Raisons Pratiques. Sur la théorie de l'action*. París: Seuil, 1994.

_____ *Les Règles de l'art. Genèse et structure du champ littéraire*. París: Seuil, 1992.

Browitt, Jeff. "Of Postcolonial Critique, Replicants and Turf Wars in Latin American Cultural Studies." *Postcolonial Studies* 12/2 (2009): 255-260.

Campa, Román de la. "De la deconstrucción al nuevo texto social: pasos perdidos o hacer en los estudios culturales latinoamericanos". *Nuevas perspectivas desde/sobre América Latina; el desafío de los estudios culturales*. Mabel Moraña, ed. Santiago de Chile: Cuarto Propio, 2000. 77-95.

Castro-Gómez, Santiago y Eduardo Mendieta, eds. *Teorías sin disciplina: latinoamericanismo, postcolonialidad y globalización en debate*. México: Porrúa; Universidad San Francisco, 1998.

Epps, Brad. "Keeping Things Opaque: On the Reluctant Personalism of a Certain Kind of Critique." *Ideologies of Hispanism*. Mabel Moraña, ed. Nashville: Vanderbilt UP, 2006. 230-66.

García Canclini, Néstor. *Diferentes, desiguales y desconectados: mapas de la interculturalidad*. Barcelona: Gedisa, 2006.

Hardt, Michael y Antonio Negri. *Multitude*. Nueva York: Penguin, 2004.

Larsen, Neil. "Latin-Americanism without Latin America: 'Theory' as a Surrogate Periphery in the Metropolitan University." *A Contra Corriente* 3/3 (primavera de 2006): 37-46.

Mignolo, Walter. *The Darker Side of the Renaissance*. Ann Arbor: U of Michigan P, 1995.

Moraña, Mabel. "El boom del subalterno". *Revista de Crítica Cultural* 14 (1997): 48-53.

_____ *Ideologies of Hispanism*. Nashville: Vanderbilt UP, 2006.

_____ "Latin American Cultural Studies: When, Where, Why?". *Hispanic Issues Online* 1 (2006): 31-36.

_____, ed. *Nuevas perspectivas desde/sobre América Latina; el desafío de los estudios culturales*. Santiago de Chile: Cuarto Propio, 2000.

Moreiras, Alberto. *The Exhaustion of Difference*. Durham: Duke UP, 2001.

_____ *Línea de sombra. El no sujeto de lo político*. Santiago de Chile: Palinodia, 2006.

_____ "¿Puedo madrugarme a un narco? Posiciones críticas en la Asociación de Estudios Latinoamericanos". *FronteraD*. 27 jun. 2012. <http://www.fronterad.com/?q=puedo-madrugarme-a-narco-posiciones-criticas-en-asociacion-estudios-latinoamericanos>. 15 dic. 2012.

_____ *Tercer espacio: duelo y literatura en América Latina*. Santiago de Chile: Arcis/LOM, 1999.

Rama, Ángel. *La ciudad letrada*. México D.F.: Siglo XXI, 1984.

_____ *Transculturación narrativa en América Latina*. México D.F.: Siglo XXI, 1982.

Read, Justin A. "Theorein latinoamericánico". *Imageflood*. <http://imageflood.wordpress.com/2012/06/29/theorein-latinoamericanico-part-2/>. 5 abril 2013.

Richard, Nelly. "Saberes académicos y reflexión crítica en América Latina". 2002. *Estudios y otras prácticas intelectuales latinoamericanas en cultura y poder*. Daniel Mato, comp. Caracas: Clacso, 2012. <http://biblioteca.clacso.edu.ar/clacso/gt/20100916032508/33postfa_richard.pdf>. 4 enero 2013.

Spivak, Gayatri. "Can the Subaltern Speak?". *Marxism and the Interpretation of Culture*. Cary Nelson y Lawrence Grossberg, eds. Londres: Macmillan, 1988. 271-316.

Wacquant, Loïc. "Sociology as Social Analysis: Tales of *Homo Academicus*." *Sociological Forum* 5/4 (1990): 530-45.

Zimmerman, Marc. "Transnational Crossings and the Development of Latin American Cultural Studies." *Nuevo Texto Crítico* 25/28 (2000): 267-96.

Repetición y eterno retorno en cuatro cuentos latinoamericanos

OSCAR BARRAGÁN MARTÍNEZ
Universidad Autónoma

Existe un "teorema de recurrencia", formulado por Henri Poincaré, que afirma que un sistema mecánico cerrado que obedezca a leyes newtonianas con una dinámica sin rozamiento, tiene que pasar infinidad de veces por el mismo estado...
Georges Charpak y Roland Omnès

LA GUERRA Y EL ETERNO RETORNO

Alejo Carpentier pone un epígrafe a su cuento, "Semejante a la noche", extraído de *La Ilíada*, que reza: "Y caminaba, semejante a la noche" (27). Para Carpentier, quizá es el personaje que narra el cuento el que camina semejante a la noche. El personaje atraviesa, en el transcurso de un día, de amanecer a amanecer, tres épocas históricas distintas, cuyo máximo denominador común es el de ser la víspera de una expedición bélica. La primera época es la del aprestamiento para la guerra entre griegos y troyanos. En ella se ve cómo las naves enviadas por Agamenón son provistas de todo lo necesario para una travesía al final de la cual se arribará a las costas de Troya, para recuperar a Helena de Esparta y la dignidad del pueblo griego con ella perdida. El personaje, orgulloso de su papel en la guerra más conspicua de su tiempo, concluye afirmando su abnegación por la causa griega al estar dispuesto a morir por ella, sin que un sentimiento de aprensión no lo abandone al pensar en el dolor que ello causaría en el corazón de su madre y del cabeza de su familia, su padre, de profesión talabartero, quien a todas estas no escatiman en exponerle sus dudas respecto a la empresa que está a punto de iniciar. La segunda época se nos abre con sonidos de vihuelas y bailoteos de nativos, en una baraúnda en la que sobresalen músicas eróticas cuyas danzas apresuran el toqueteo de las partes pudendas, recreado en las coplas que acicatean esas danzas. Los motivos y la agitación de la víspera de la partida hacia tierras por conquistar bullen en los encuentros del personaje con otros guerreros, en medio de la ciudad que los agasaja con vinos y trompetas concertadas en folías. El personaje se hunde en el mismo orgullo de guerrero que el del griego. Su padre, al igual que el del griego, a pesar de la tristeza por la pronta partida de su hijo, hunde la lezna en los pellejos y cordobanes. Su madre lo encomienda a la virgen de los mareantes y ruega porque su hijo no tenga "comercio deshonesto con las mujeres de las indias, que el diablo tiene en desnudez mentidamente edénica para mayor confusión y extravío de cristianos incautos, cuando no mareados por la vista de tanta carne al desgaire" (33). Estos festejos hacen parte de la despedida de una de las tantas expediciones hacia América en pos del oro y la subyugación, política y religiosa, de los nativos.

La tercera época se inicia con las acechanzas de un guerrero en torno a su novia. En efecto, al corroborar que su novia está sola, la visita contemplando la tristeza de sus ojos, amados por él, porque "siempre parecían contemplar cosas invisibles con aire asombrado" (35). El personaje ahora es un soldado del rey de Francia que se alista para partir hacia las tierras comprendidas entre el ardiente golfo de México y las regiones del río Chicagúa. El aire de la ciudad es de fiesta en honor de los que se van alistados en una empresa de explotación y colonización recubierta de pretextos civilizadores, humanísticos y religiosos. Es la novia del personaje quien asume las dudas que en las épocas anteriores esgrimían el padre y la madre. El guerrero muestra el orgullo de quien parte para realizar hazañas que darán lustre a su nombre, sin importar el coste en sangre que ello implique. Finalmente la novia saca a relucir sus celos con el argumento de que "la salud del hombre no se aviene con ciertas abstinencias" (36) mientras parecía vislumbrar desnudeces edénicas. Ante tal argumento, que desluce lo tierno de una despedida y, más aún, aumenta con el desdoro de la negación de la amada ante los requiebros eróticos del amado por su entrega, el personaje parte encogiéndose de hombros, y se dirige a un burdel donde lo espera una mujer con la que ha tenido trato habitual y que sabe despedirlo con una entrega, una ternura y una tristeza propias de una novia. Pocas horas después, el protagonista llega a su casa, donde su novia lo espera tendida en la cama y lo insta a realizar el acto carnal que en principio le había negado, y ahora él, saciado de su actividad con su prostituta, no siente ninguna apetencia carnal, por lo que la mujer acremente lo abandona, mientras el héroe se dice: "más fácil me sería entrar sin un rasguño en la ciudad de Troya, que recuperar a la persona perdida" (43).

El cuento finaliza uniendo la última época con la primera de una forma bastante extraña, correspondiente al momento de una crisis, como bien lo anota Fernando Alegría, al decir en su libro *Literatura y revolución* (1971): "Un instante supremo de crisis, en 'Semejante a la noche'", fija la suerte del hombre ante la inminencia de la guerra y la voluntad de vivir" (118). El héroe, cansado y dolorido, se embarca mientras escucha que otro marinero lanza improperios contra la guerra de Troya, lo que a su parecer es una cortina de humo tras la cual se encuentra el afán de obtener un mercado único, sin competencia para los productos griegos. La guerra, en las tres historias, es el motor de un devenir que se enrosca y se abre como una espiral, ocupando todo el espacio social y pretendiéndose ecuménico. Todas las acciones encubrían motivos que llevaban a una misma causa: el dominio de los pueblos por una nación superior en armas. "En la tierra pululan espíritus aventureros que la pueblan de muerte. Son las almas que, encarnizándose en conquistar, llenan de luchas y querellas los espacios exteriores" (Miller 96). Aquí, la historia se repite cuantas veces sea necesario para desmantelar la diversidad cultural, política, económica y social a nombre del imperio que se consolida por su superioridad guerrera. Todo lo contrario del "curso y recurso" invocado por Carlos Fuentes en su magnífico ensayo "Tiempos y Espacios": "corsi e ricorsi", es decir,

> un ritmo cíclico en virtud del cual las civilizaciones se suceden, nunca idénticas entre sí, pero cada una portando la memoria de su propia anterioridad, de los logros pero también de los fracasos [...], problemas irresueltos, pero también valores asimilados, tiempo perdido, pero también tiempo recobrado. (7)

La prohibición, el talismán y los avatares de una maldición

Dos tópicos se nos presentan en el cuento "Los ojos de la reina", de Leopoldo Lugones. Dos tópicos entrelazados en una sola trama irracional: estos dos tópicos son la inocencia y la multiplicidad, en la sola trama del eterno retorno. El primero es un comportamiento debido a un socorrido recurso de los cuentos de hadas, la prohibición. Usted se encuentra en un lugar de muchísimas puertas, cada una escondiendo maravillas. Usted puede abrirlas todas, salvo una. Si usted no abre una puerta, la que está prohibida, todo estará bien. Si abre la puerta prohibida, si abre el sello, la maldición opera inexorablemente, pues "los espíritus materiales", los guardianes, saltarán con todas sus furias sobre aquel que abra lo que es secreto o debe permanecer secreto.

Es bien claro que quien se acerca a un amuleto no sabe nada de lo que contiene, de su poder, y el poder de un amuleto reside en lo que ha transmitido el contacto humano a una combinación múltiple de elementos materiales aptos para capturar todo lo que el humano en su trajín transmite. El inocente es descuidado, desprevenido, no precavido. Y curiosamente es por su inocencia, por su falta de conocimiento, que no puede evitar poner en movimiento los mecanismos que permiten transgredir la prohibición que desencadena ineluctablemente la maldición. En el cuento de Lugones, el personaje femenino, una bella egipcia llamada Sha-it Athor, encarna, sin saberlo, una prohibición, un sello o amuleto que refleja en su mirada una atroz potencia de muerte. Sin embargo, y a diferencia de los cuentos de hadas, Sha-it Athor, quien concentra el magnetismo maléfico, no sólo ignora lo que encarna sino que además es inmune al poder destructor que recae sobre aquellos que contemplan la irradiación que dicho magnetismo surte desde ella. Desde luego, los que son abatidos por la mirada de Sha-it han obrado incautamente rompiendo sellos misteriosos que de alguna manera conectan con las fuerzas cuya depositaria es la inocente Sha-it. Luego de tres mil años, o tres mil quinientos años, el poder o el magnetismo de algunos que poseen mucho conocimiento vuelve a la vida, según arcanos de las logias egipcias secretas, que se ordenan en claves inescrutables para los no iniciados. Y en esa reviviscencia, en esa metaensomatosis o re-encarnación de los espíritus materiales malignos, descubierta en su horóscopo para el caso de Sha-it, la inocencia opera sorteando cualquier toma de conciencia de aquel que los posee (o es poseído por ellos) en el giro o la vuelta del eterno retorno al cabo de los tres o tres mil quinientos años en que se efectúa la consabida reencarnación. ¿El "ser" del eterno retorno es el volver? De todos modos, la que recibe la reencarnación no sabe que la recibe. La que es inocente no sabe nada acerca de lo deletéreo que difunde.

El otro tópico es la multiplicidad. Los espíritus materiales, o guardianes del viaje de los muertos, obran en la conformación de Sha-it. Así, Sha-it Athor es una mujer cuyo espíritu está conformado por el espíritu de Shaí, la serpiente barbada del Nilo, y el de la diosa Athor, diosa de la belleza, cuya fatalidad (y no olvidemos que la diosa egipcia de la fatalidad se denomina Sha-it) consiste en reflejar, cual el agua, que es su elemento, la imagen de la muerte; pero Sha-it no hace más que reflejar tanto como todo espejo, que no retiene nada aunque conserve en sí la persistencia inocente de multiplicar los reflejos, pues el espejo es ese abismo que invoca la presencia y el desvanecimiento de los reflejos; y precisamente denominamos reflejos a lo que despliega sus insistencias, meras figuras exangües o meros fantasmas. En la conformación de Sha-it también confluyen Cleopatra, y con ella el poder de Idumea, que es poder de creación; el de la diosa Sejet, emblematizada en una leona, símbolo de la elegancia, de la belleza y la muerte; y Horo, el sol verde de medianoche, que provoca la transfiguración de Athor en Nub, diosa cuidadora del viaje de las momias hacia la siguiente reencarnación; y por último, pero más importante que todo lo anterior pues lo condensa, el de la reina Hatshepsut, misteriosa faraona cuya vida está llena de sorprendentes acontecimientos, entre ellos el de hacerse adorar en una teogamia en la que es hija y esposa del dios Amón Ra; pero quizá el más fabuloso, el de reencarnar como maldición letal en los ojos de Sha-it. Podemos denominar a esta reencarnación "giro del eterno retorno". ¿Es toda esta parafernalia espectral, que no tiene otro ser que el volver para evanescerse cada vez que se despierta, la que constituye la multiplicidad de reflejos que encubre y hace emanar Sha-it de sus ojos cuando éstos la despiertan? ¿Es el volver el que forma un sistema de reflejos que operan evanescentemente, y sin embargo con un supremo poder, el del eterno retorno, así sea para "ser para la muerte"?

En todo lo que conforma a Sha-it ronda la muerte. La muerte es múltiple. ¿La multiplicidad es potencia de metamorfosis, al ser la muerte el empuje de la vida hacia otras formas? En cada giro del eterno retorno está configurado el entramado de una máscara. En la metamorfosis se instrumentaliza la muerte en máscara. La máscara es rígida. La rigidez es señal de muerte. Pero en la máscara hay otra potencia. La invocación de un otro que se superpone, se traslapa casi en un vacío que de por sí está trasladándose en otra versión o visión del rostro hacia lo ignoto o incógnito de lo innominado. Como si la identidad no fuese más que una larva. Recordemos que en el cuento "Axolotl", de Julio Cortázar, el ajolote es una larva, y siempre una larva (de ahí que sea ignoto, inclasificable, *outsider, the rank outsider*). Y larva, según el filólogo Cortázar, tiene una doble acepción: máscara y fantasma. Larva hace referencia a los muertos que no son enterrados, a los que no se les ha ofrecido una ceremonia exequial debida, a los que no se les ha despedido debidamente. Ellos flotan, entonces, por ahí. No hay muerto que no regrese con tanto ahínco como aquel al que no se le ha hecho un duelo. No se trata de zombies, muertos-vivos o vampiros. Son, más bien, fantasmas, películas volantes que se encarnan en el aire y se difuminan con la misma rapidez con la que se forman a través de todas las volutas que la multiplicidad permite en el abismo de la ausencia de identidad, en lo arisco luctuoso del que no fue reconocido en su póstuma figuración, en el vacío de la ausencia de rostro o identidad. En el cuento de Lugones, las almas puras, las que han sabido vivir bien, al morir tardan más tiempo en regresar, y como las almas conservan su sexo cuando están en proceso de volver, tenemos que la reina Hatshepsut, al ser perturbada en su latencia o proceso o viaje, al ser violada su tumba, regresa para castigar a los transgresores. Y lo hace, por una parte, en la forma de su mirada conservada en un espejo que ha permanecido en su tumba desde el momento de su entierro. Lo que es difícil imaginar es cómo guardó su mirada después de haber muerto, cómo realizó el prodigio de guardar su mirada en el espejo al ser sellada su tumba. De otra parte, no es muy claro por qué su mirada mortal se encarna en los ojos de Sha-it, como tampoco es clara la operación por la cual aquel que se rinde al amor, o rinde pleitesía a la belleza de Sha-it, despierta lo que en ella, de otro modo, palpitaría latente, irradiando su mirada entonces el poder de la muerte, poder de Hatshepsut, que obra en sus ojos fatales cual los de la serpiente. No sólo la mirada de Hatshepsut se disfraza en el espejo que la conserva por tres mil años, al cabo de los cuales la despierta la indiscreción de aquellos que violaron su tumba, sino que también se encuentran el disfraz en una de sus ascendientes, la diosa Nub, diosa de la muerte que, como cuenta Lugones, era la guardiana de la momia bajo cuyos rasgos renacerá el difunto, razón por la cual se conservaba el rostro de los muertos en una máscara de oro que coronaba la caja fúnebre.

La inocencia del devenir de la prohibición remite a un doblez. Por un lado, el que recibe la maldición como castigo, como rayo divino aniquilador, por no saber que la materia está viva, plena de espíritus guardianes. Por otro, el que alberga la maldición y la trasmite, sin darse cuenta, siendo inmune al rayo aniquilador que alberga: el portador que no sufre ninguna consecuencia nefasta de lo que difunde, del mismo modo que la serpiente es inmune a su veneno. En este portador hay un poder de metamorfosis en el que la multiplicidad propia del amuleto obra al ser potenciada por las transformaciones que la conforman, del mismo modo que la serpiente cambia su piel una y otra vez. Podríamos afirmar que en donde reside la maldición, el cuerpo en el que se deposita, es un talismán viviente, y como tal ofrecido por la multiplicidad a la latencia indefinida del reposo en el que se ignora que se es portador de la maldición contra aquel que ose interrumpir dicho reposo. Los que caen bajo el poder de la mirada de Sha-it, que despierta de su latencia, pueden estar condenados por un doble, producto de un retorno cifrado en una reencarnación extraña, pues el talismán encubre todo el proceso de vuelta de este retorno *sub specie aeternitatis*. Los ojos de Sha-it tienen el poder de apagarse, de dormirse o dormir su potencia letal, como lo hacen los de algunas serpientes, pero los de ella pueden despertar la polifonía espectral de la que están conformados.

Un hombre llamado Mansur bey cuida, como tutor o custodio, de que Sha-it, reencarnación de Hatshepsut, no sepa de lo que es depositaria, es decir de la maldición de esta reina de la decimooctava dinastía egipcia. Debemos suponer que Mansur bey no repara siquiera en el amuleto que es su protegida. Claro está que Mansur también la protege de desplegar su maldición contra otros inocentes que caen rendidos ante su belleza letal, protegiéndose él a su vez, sin dejar nunca de encantarse con tal belleza. El talismán tiene que ser custodiado, y el talismán está conformado o compuesto con algunos concretos y especiales elementos, ya sean ésos materiales o espíritus materiales.

El amuleto o talismán en carne viva, que es Sha-it Athor, está concentrando todo el maleficio en sus ojos, en su mirada letal. Un talismán puede estar hecho, en primera instancia, de materia vítrea. La mirada como efecto, en su poder de metamorfosis espejeante y espejeada, reside en la materia vítrea del ojo. La otra materia sutil de este talismán es la luz, la reflejante-reflectora en la que la materia se presenta como visión, como aquí y allí de fascinación que se configura en la distancia. La distancia es el presupuesto de la visión y en aquella, la distancia, la fascinación opera sus efectos más seductores de ausencia-presencia en el abismo del visionador o visionante, o visionario. ¿Mirar es una acción o un acto inocente, o una pura pasión de multiplicarse en lo que ve? ¿El *voyeur* es inocente-culpable? ¿Cómplice de una acción de la que se hurta por estar fascinado por la distancia y en la distancia? ¿El *voyeur* habita la fascinación que se desprende de ese abismo en que lo cercano está lejano en tanto que lo lejano está cercano? ¿Habría en el *voyeur* mismo, en esa mirada que lo multiplica y que multiplica lo que ve, una instancia legitimadora de la vicariedad que él otorga a los otros mirados por él, aun si tiene que permanecer oculto y siendo desconocido por ellos? ¿Habría en el *voyeur* otra acción distinta al mirar que lo precipita en esa especie de otredad de la mirada? ¿Todo *voyeur* es moralmente vicario de sus propias acciones, que se reducen únicamente a mirar? ¿Todo *voyeur* es un eunuco? Recordemos que uno de los significados de eunuco es el de "guardián", el que vigila. Todo el ser del *voyeur* estriba en la prohibición. Se dice que no hay nadie tan infeliz como un *voyeur* en una playa nudista.

La novia robada de Juan Carlos Onetti o la locura de la ceremonia

El personaje principal es una mujer inmersa en su locura, en su obsesión por tener unos desposorios con un personaje ya muerto. Esta mujer, Moncha Insurralde, después de ir y venir, de haber pertenecido a un falansterio y haber viajado por varios lugares de Europa, decidió repentinamente casarse y morir siguiendo un rumbo errático para efectuar su matrimonio, desde un patio clausurado hasta una serie de iglesias. En este giróvago deambular al que el texto de Onetti, que parodia una carta, nos condena siguiendo la pista de un espejismo inalcanzable, y sólo una pista, pero de imposible acceso (la de esta mujer a quien se dirige la carta y que ya está muerta). El rastreo nos indica que el pueblo de Moncha, Santa María, pese a todas sus precauciones para no perder su cómodo conformismo estúpido, se hace partícipe de la precipitación de Moncha a lo inevitablemente azaroso del eterno retorno. Santa María gira, es decir se arremolina en la centrífuga/centrípeta tensión de aquello que invita con todas sus fuerzas a un vaivén vertiginoso, fascinante y por ello plétora de la verdad del abismo, que mantiene a Moncha, y con ella a todo el pueblo, en la superficie de lo que espumea como misterio hondo de puros efectos, la locura con sus efectos de nupcias y postreros encuentros en un mismo café con el marido inexistente. Y esta danza de lo accesiblemente inaccesible, por decirlo mejor: este abismo, tornea a Moncha con su pulso multivalente en el cabrillear de lo que ya acabado de empezar vuelve a empezar, el eterno retorno del re-comienzo, pues no otra cosa es el círculo perimetral del devaneo de Moncha Insurralde, destinataria de la carta y ya extinta en el momento en que se escribe. Ella gira en torno al sí de todos los síes, su anillo de bodas fantasmales.

En "Semejante a la noche", de Carpentier, nos vemos aspirados por la fuerza que recaba en nosotros toda afirmación, claro está que en función de lo negativo de la guerra; en el texto de Onetti la espiral de la afirmación se aprieta en un monolítico ceremonial que no corresponde a una realidad como tal, y que simula un desplegarse del círculo de la afirmación en una sola línea recta, inacabable, tortuosa, obsesiva, clausurada, segmentada, saltante de un lugar cerrado a otro igualmente cerrado. El sí de Moncha Insurralde no se presupone sino a sí mismo, aunque se efectúe en tantos escenarios y personajes que bien figuran a uno solo, el eterno amor al que la palabra "que caía y pesaba sin necesidad de ser dicha y de una vez para siempre en la eternidad" respondía a su pensamiento inefable y abismal, "pensamiento, apenas, tal vez no pensado nunca por entero", y lanzado como una "ambición de promesa puesta en el mundo, colocada allí e indestructible, siempre en desafío, más fuerte y rotunda si llegaba a cubrirla el mal tiempo, la lluvia, el granizo, el musgo y el sol enfurecido, el tiempo, solo" (Onetti 15).

Pongo sólo otro ejemplo literario para tener más apoyatura material, o cuando menos cerebral-textual, que confirme el carácter peculiar de este obstinado sí, autoposicionante y lineal, de Moncha.

En *La Divina comedia*, Francesca de Rimini abjura, en el infierno, de toda salvación invocando el amor. Para ella está presente esa fuerza que dice sí, contra todo pronóstico de infortunio, de desgracia, de mal tiempo, y en la que incluso podemos sin esfuerzo reconocer visos de alegría. "Que en todo acontecimiento haya mi desgracia, pero también, un brillo y un esplendor que seque toda desgracia, y que hace que, querido, el acontecimiento se efectúe en su punta más fina" (Canto V). Francesca afirma que si tuviese otra vez intacto su libre albedrío, y volviendo al punto en que su vida se condenó al infierno, si le dieran otra oportunidad en la que pudiera escoger otro camino distinto al de amar a quien amó, con ello asegurando no ir al infierno, no la escogería; desecharía la oportunidad. Es un ejemplo perfecto de eterno retorno que se despliega en línea recta y cuyo sí sólo se presupone a sí mismo, aboliendo todo posible origen; de alborozante eterno retorno como acontecimiento de todos los acontecimientos. Citemos de memoria el aforismo simplísimo de Nietzsche: "Reunir en el una vez el cada vez por todas las veces" (Nos preguntamos con bastante asombro si hay un "como si" en toda repetición: como si la repetición, toda repetición, estuviese comprendida y comprehendida en una no repetición garrafal o, más bien, en una ausencia de origen). Como dice también Onetti, "una vez sin fecha" (18). Si el eterno retorno está contra el tiempo, al ser eterno, es en provecho de una conjugación del instante que reúne en sí todos los otros instantes sin tener que constituirse por su sumatoria. De modo que el eterno retorno sucede cada vez sin que haya necesidad de pasar por las otras veces, pues de alguna manera vertiginosa ya en cada una están todas. No una segunda o tercera sino que la enésima vez está ya en cada vez de una sola vez. ¿Esto implicaría la muerte de la esperanza, de la posible redención y del recuerdo? La redención está en el actuar cada vez como si fuera la única, la primera y última: "lo que quieras quiérelo de tal manera que también quieras su eterno retorno", quiérelo como si fuera a repetirse eternamente, y ésto te dará la inocencia con la que la próxima vez ya no recuerdes la anterior.

Pues bien, ¿qué ocurre en el cuento "La novia robada"? Sencillo: de un lado, el pueblo, con toda la inocencia del aburrimiento, cuando no pasa nada, y se consume en el velar sonámbulo en el que, como bien dice Onetti, tenemos permiso de olvido y de ignorancia (permiso para ignorar), se acomodó a la construcción, o amasamiento, de una verdad, que implicaba la locura de Moncha; del mismo modo en que Moncha se construía un estado de ánimo que tuviese el sello de la duración, para cada cita con Marcos Bergner, su gran amor, invisible para el resto del pueblo.

Para Mircea Eliade, en *El mito del eterno retorno* (1984), la vida del creyente y del cosmos cristiano se renueva en la repetición del acontecimiento, irrepetible y único, del nacimiento y la muerte de Cristo, celebrado cada año, cíclicamente, y ofrecido al acontecimiento de la espera de su segunda llegada; ciclo que constituye la liturgia cristiana, y que realiza el periplo de la historia universal trazado en una sola y única línea recta, indivisible e incesante, del nacimiento de Cristo al juicio final esperado, pasando por su muerte y resurrección:

> El año litúrgico cristiano está, por lo demás, fundado en una repetición periódica y real de la natividad, de la pasión, de la muerte y de la resurrección de Jesús, con todo lo que ese drama místico implica para un cristiano; es decir, la regeneración personal y cósmica por la reactualización *in concreto* del nacimiento, de la muerte y de la resurrección del salvador. (119)

Para Moncha Insurralde su matrimonio es como los acontecimientos que se celebran en el año litúrgico cristiano, incluso con su carga simbólica, sin que llegue a ser nunca vivido como tal con la persona real, pues siempre está alucinando casarse en una sola, única e irrepetible vez, con un Marcos Bergner, muerto seis meses atrás. Nos vemos llevados aquí, y por el cauce de la lectura, a enfatizar el párrafo en el que se habla del matrimonio de Moncha en la Basílica del Santísimo Sacramento, el matrimonio (el mismo) en la Basílica de María del Socorro, el matrimonio (que sigue siendo el mismo, no repetido, y sin embargo para ella único) en la iglesia de Nicolás de Barí, el matrimonio (igual de mismo a los anteriores, sin dejar empero de ser único) en la iglesia Matriz de Santa María; es porque todos éstos, valga repetirlo, son un solo y único matrimonio, jamás realizado y siempre realizándose con todo el ajuar en el que no variaba "el velo de tul de ilusión" (16), variando todo lo demás: las flores, el rosario, etc. Esta unicidad e irrepetibilidad, que da ocasión a toda clase de repeticiones bajo la rúbrica única del olvido contenido en la locura con la que Moncha conjura la muerte y se obstina en vivir, está entrelazada con el mismo tejido que atribuye Eliade a la liturgia cristiana, en la ceremonia del matrimonio en que, como dice Onetti, resbalan desde el cielo las palabras in-gastables de la performatividad de la unión o vínculo: "en la salud y en la enfermedad […] hasta que la muerte los separe …" (12). No en vano Nietzsche decía que para afirmar la vida se necesita una novia. Para Moncha, un novio. Y el eterno retorno está en el enroscarse con su argolla imposible de encasquetar para Moncha en los dedos de sus manos, con su leve y resucitado temblor, llenas de ademanes únicos e irrepetibles, una y otra vez, bajo la potencia de olvido del eterno retorno que la dota de la inocencia para realizar todas las destrucciones (como las de la esperanza y el recuerdo) bajo la máscara de las ceremonias.

Ahora bien, en el cuento de Carpentier el hombre no puede realizar el acto manoseador-eyaculativo con su novia inédita, la del noviazgo a hurtadillas, pero sí con la prostituta que manifiesta un sentimiento de tristeza ante la partida inminente de su amado, sentimiento propio de una novia. Ante tal confusión es inevitable que el amor, si es que lo hay, se entronque con esa desazón que no estaba en los festejos con que todos agasajaban a los que partirían, pero que formará parte del desengaño y el dolor de la partida. Y el engaño, la astucia de la empresa de guerra emprendida en prosecución de una empresa comercial que se quiere monopolística, es figurado por ese otro engaño del amor derrochado por el afán de obtener la prenda que con tal ansia desean los hombres de las mujeres. La misma conquista de los pueblos americanos, con sus actos violentos, parece estar figurativamente presente en el acto por el cual una niña es convertida en mujer despojándola de su virginidad, o cuando menos se le asemeja un mucho en nuestro cuento. Diríamos que tal como la imagina el héroe, pues en últimas no la lleva a cabo, su actuación como desflorador sería un preámbulo, o la preparación, de todas las actuaciones brutales con las que se impusieron la cultura y la catequización por parte del pueblo español en tierras americanas, cuando no de las actuaciones en que su lascivia no tenía parangón alguno de brutalidad.

Nos maravilla en el cuento de Onetti, en sus vueltas y revueltas, el juego de cartas de todos los viejos miserables, incluido el autor, y que se autodenominan los notables del pueblo. Juego del póker casi silencioso, con una carga mimética o engañadora que hay que efectuar para ocultar las martingalas, las sorpresas o decepciones de unas cartas que no siempre destilan el destino, incluso en los *bluffs*. Las caras impasibles de estos ancianos del pueblo, sus ojos reflejando el brillo mortecino que no trasunta crispación alguna de los nervios, sus palabras cansinas y sin ningún acento, enteramente ahítas de aburrimiento y sosería, de displicencia anestesiante, están ocultando lo que han tratado de dilucidar sobre el estupro al que está siendo sometida Moncha, en el que ella cree estar ofreciendo su virginidad como consecuencia indispensable de la única e irrepetible ceremonia nupcial. Por lo menos, todo ésto parece ser así.

Estos ancianos están jugando un juego perverso de apuestas que consistía en que cada uno describía las poses de la consumación del matrimonio y el autor de dichas poses. Es como si estos viejos verdes, voyeuristas frustrados, ya que estaban imposibilitados de ver el estupro a que era sometida Moncha, estuviesen poniendo en práctica el texto de Poe sobre la diferencia entre el ajedrez, puramente intelectual y mecánico y que no requiere destreza mental, y el juego de naipes en el que cualquier vislumbre de cambio de temperatura, de textura, de color en la piel, en los ojos, en el relajamiento muscular, su tensión, cualquier cambio mínimo de talante o de fisonomía, lleva a los contendientes a adivinar el palo de aquel que delata con dichos cambios una emoción. Claro está, para ellos sus cábalas acerca del juego sexual eran un estimulante, que por cierto ya dominaban con gran destreza, para borrar las emociones del juego de póker que estaban entablando, ya que el acto sexual, parece ser, harto tiempo llevaba ausente de sus cascadas carnes. Pero acaso los personajes masculinos por los que estos viejos hacían apuestas, y que realizaban el acto sexual, estaban siguiendo el mecanismo de la perversión, el de las poses y la finalidad descargante del placer, mientras Moncha se entregaba al acto único de su matrimonio imposible, mientras escudriñaba incesantemente en las cartas del tarot lo que estaba escrito en su destino y que las mismas cartas, supuestamente, destilaban.

O IGUAL O IDÉNTICA: LA REPETICIÓN PARA UNA ELECCIÓN IMPOSIBLE

En su cuento "Máscaras venecianas", Adolfo Bioy Casares relata la historia de un hombre perdidamente enamorado de una mujer, Daniela, de la cual se separó debido a una rara enfermedad que padecía, y que parece estar asociada al amor que siente por ella. La encuentra muchos años después y siente que tiene una segunda oportunidad para recuperarla, mas no le será devuelta en su forma original. El personaje de esta historia es un hombre que enferma de fiebres imposibles de curar al caer preso de otra fiebre más letal, el amor. Él vive a Daniela como la mujer que es un espesor insignificante, es decir: un signo que no apunta a algo y, por ello, es la mujer como verdadera catástrofe (en el sentido de inversión súbita) del sujeto, pues éste deja de presentar lo múltiple temporal de una presencia de mujer en la a-presentación de la conciencia, abriéndose a la diacronía del tiempo, embarcándose en una aventura sin retorno: ganándola la perderá gracias a la transmutación de la mujer amada en hechicera por medio de la ciencia.[1]

La trama de esta historia se hace tupida cuando el hombre sufre una depresión debido a la separación de Daniela, y después de sufrir una desilusión al enterarse de que ésta se había casado con el hombre a quien él había confiado toda su historia de amor, Héctor Massey.

Los años se fueron rápidamente, y un día nuestro hombre decide viajar a Venecia para relajarse y terminar de olvidar su enfermedad ya muy mitigada, pero estando allí se encuentra casualmente con Massey, quien lo invita a una función de ópera, a la que Daniela concurrirá. Éste acepta, titubeante y anhelante, con la esperanza de poder reconquistarla, lo que en efecto ocurre, con la peculiaridad de que este segundo chance se le brinda no precisamente con la original mujer amada. Estando en la función de ópera, el hombre, muy emocionado, miraba a Daniela pero a ésta él le era indiferente.

Es de resaltar que la segunda oportunidad tiene como escenario Venecia, la ciudad de los canales, en un ambiente de carnaval en el que los disfraces están por doquier y, más aún, proliferan en la ópera. Al igual que en "La novia robada", de Onetti, y "Los ojos de la reina", de Lugones, el velo tiñe toda la trama y el desenlace, y hace depender el argumento de una causalidad netamente de dobles, de simulacros, en fin: de una repetición o segunda oportunidad. Al ir a comprar unos chocolatines, solicitados por una Daniela enmascarada y un tanto indiferente, después de atravesar una larga plaza, se encuentra con otra Daniela enmascarada a la que reconoce por sus ojos. Al cruzar unas palabras, esta última provocativamente lo cita para el día siguiente, y finaliza diciéndole un sobrenombre que solía repetirle en su intimidad. Al regresar a toda prisa a la ópera, ya que el frío azotaba la noche, se encuentra a una Daniela muy serenamente acodada en su butaca. Le pide que se despoje de su máscara, pero siente que su petición es inútil, pues los solos gestos de la mujer le revelan que ella es la genuina amada. Al final de la velada, después de comprobar con cierto espanto que hay dos Danielas idénticas, el hombre sufre un desmayo producto del retorno de sus fiebres. Este desmayo es como la cesura del cuento, o su clave, pues es de subrayar que el hombre de nuestro cuento se había enamorado por primera vez de Daniela con una entrega tal que muy de repente, y sin mediar ninguna explicación, le acometen las fiebres, síntoma de su enfermedad que reaparece de inmediato con ocasión de su reencuentro. Quizá el motivo de la separación fuese cierta sospecha suya con respecto a Daniela, sospecha preñada de superstición, ya que él asociaba a Daniela con las fiebres. La sospecha lo lleva a tramar, muy sutilmente, el alejamiento que va a permitir que Daniela, a su vez, sospeche de la fidelidad de su enamorado, y todo ello bajo el velo del secreto, ya que él, en ningún momento, confesará a su amada la suspicacia o superstición del origen de su enfermedad. Luego, al recuperarse, se entera de que una de las Danielas de la ópera no era la mujer que él amaba sino un clon que la Daniela original había creado para Massey con el ánimo de que le proporcionase la felicidad que con ella no había podido obtener, y con la cual Massey finalmente la obtiene. Es más: Daniela habría podido clonarse una segunda vez, para nuestro personaje: para cada amor, un clon al que se aceleraba su crecimiento con un proceso de dominio del anabolismo o estado de desarrollo del organismo.

Lo inesperado, en el giro final del cuento, es que el protagonista se niega a realizar su amor y rechaza una segunda oportunidad con un clon de Daniela para seguir soñando con su genuina mujer amada, diferente a la decisión de Massey, que aceptó con alegría a un doble más joven que la mismísima Daniela, y más apropiada para él. Para el lector es lícito preguntarse cómo hubiese sido el cuento si Massey no le hubiese contado a su amigo sobre la clonación de Daniela, pues por lo visto no la reconoció de primeras, conscientemente, en el teatro, al pedirle que se quitase la máscara; pero queda que sí hubo reconocimiento inconsciente y somático en las fiebres. Como fuere que fuese, prefirió la soledad que un doble de su amada. No consintió cambiar por una semejante a su amada, con la que probablemente tendría el poder de acceder a la cura definitiva de su enfermedad. Prefirió la soledad en la que también la personaje del cuento de Onetti, Moncha, siempre estuvo inmersa. Como ella bien lo dice en su descripción de su viaje a Venecia:

> Había llegado a Venecia al alba. Casi no pude dormir en toda la noche, la cabeza apoyada contra la ventana, viendo pasar las luces de ciudades y pueblos que veía por primera y última vez, y cuando cerraba los ojos olía el fuerte olor a madera, a cuero, de los incómodos asientos y oía las voces que murmuraban de vez en cuando frases que no comprendía. Cuando bajé del tren y salí de la estación con las luces todavía encendidas eran ahí por las cinco y media de la mañana. Caminé medio en sueños por las calles vacías hasta el San Marcos que estaba absolutamente desierto, excepto por las palomas y algunos mendigos echados contra las columnas. Desde lejos, era idéntico a las fotos de las postales que había visto, tan perfectos los colores, la complicada silueta de los techos curvados contra el sol naciente, era tan irreal como el hecho de que yo estuviese allí, que yo fuese la única persona allí en ese momento. Caminé despacio, como una sonámbula y sentía que lloraba y lloraba –era como si la soledad, verlo tan perfecto como esperaba, le convirtiese en parte mía para siempre aunque era lo más cerca de un sueño despierto que se puede tener. (127-28)

Notas

[1] En este párrafo he estado citando y parafraseando a Félix Duque en su Introducción al libro de Emmanuel Levinas, *El tiempo y el otro* (1948) (45).

Bibliografía

Alegría, Fernando. *Literatura y revolución*. México: FCE, 1971.

Alighieri, Dante. *La divina comedia*. Bartolomé Mitre, trad. Buenos Aires: Centro Cultural "Latium", 1922.

Bioy Casares, Adolfo. *Máscaras venecianas*. Madrid: Alianza Editorial, 1994.

Carpentier, Alejo. "Semejante a la noche". *Guerra del tiempo*. Madrid: Alianza Editorial, 1993.

Duque, Félix. Introducción. *El tiempo y el otro*. Levinas Emmanuel. Barcelona: Paidós, 1997.

Eliade, Mircea. *El mito del eterno retorno*. Barcelona: Planeta De Agostini, 1984.

Fuentes, Carlos. *Tiempos y espacios*. México: FCE, 1997.

Lugones, Leopoldo. *El vaso de alabastro y otros cuentos*. Madrid: Alianza Editorial, 1995.
Miller, Henry. *El coloso de Marussi*. Barcelona: Barral, 1991.
Omnès, Roland y Georges Charpak. *Sed sabios, convertíos en profetas*. Barcelona: Anagrama, 2004.
Onetti, Juan Carlos. *La novia robada y otros cuentos*. Buenos Aires: Centro Editor de América Latina, 1968.

Nihilismo e imperialismo. Una interpretación a partir de Apocalypse Now

DAIRO SÁNCHEZ
CINEP (Centro de Investigación y Educación Popular)

> *¿Hacia dónde nos movemos nosotros?*
> *¿Nos vamos alejando de todos los soles?*
> *¿No estamos cayendo sin cesar?*
> *¿Hacia atrás, hacia un lado, hacia adelante, hacia todos los lados?*
> *¿No vamos errando a través de una nada infinita?*
> *¿No notamos el hálito del espacio vacío?*
> *¿No hace más frío?*
>
> Friedrich Nietzsche. *La gaya ciencia*

La fatal guerra imperialista de Vietnam. En medio de la fronteriza, húmeda y efervescente jungla de Camboya, una frágil señal de radio es interceptada y grabada celosamente en una cinta magnetofónica por algunos agentes de la inteligencia militar de los Estados Unidos de América. El mensaje, segmentado por las interferencias propias de la carga electroestática, es asombroso y a la vez inquietante.

La palabra de quien lo emite es de *tempo* lento, meditabundo, pausado. No parece ser un mensaje de aquellos que son cifrados en una suerte de código clandestino y críptico; concebido pacientemente por quien en medio de las convulsiones de una confrontación armada busca, a toda costa, resguardar su decir tras un suave velo de imperceptibilidad, para que sólo sus copartidarios puedan comprenderlo. La cosa no es así, no hay clandestinidad. Entonces, ¿qué es lo que quiere decir quien dice aquel mensaje? ¿En qué delator corazón se funda su palabra abigarrada? ¿No es acaso todo esto un espinoso enigma? Bien vistas las cosas, la palabra que se modula en el mensaje es una suerte de confesión que brota del fondo de un pozo helado y que asciende al brocal petrificado de la consciencia. Un espantoso e innombrable decir que se desplaza frenéticamente desde el abisal precipicio de un cuerpo atormentado.

> Vi un caracol... arrastrándose por el filo de una cuchilla... ¡Ese fue mi sueño! ¡Esa fue mi pesadilla!... Sobreviviendo... arrastrándose por el filo de una cuchilla... sobreviviendo... (*Apocalypse Now*)

A todas luces, para los agentes de inteligencia militar, el mensaje no es otra cosa que la palabra inevitablemente extraviada de un loco delirante. Mas, ¿qué oscuro secreto se esconde en el fondo de aquel cuerpo perdido en los apretados corredores de mil laberintos? ¿Cuál es la aberración fisiológica que puede conducir a que a un hombre se le ocurra emitir aquel mensaje en medio de la guerra contra el comunismo? ¿Cuál es el sentido de este deseo por dar a conocer las insondables imágenes de un sueño blasfemo?

No pasó mucho tiempo para que los militares rastrearan, cual sabuesos bien entrenados, la *identidad* de aquel misterioso hombre. El resultado de la investigación los dejó sin palabras: ¡era uno de ellos! Un silencio sepulcral propio del Gehena rodeó en ese momento a los militares. El enigmático emisor era nada más ni nada menos que el coronel Walter E. Kurtz. No, no se trataba de ningún soldado raso. Todo lo contrario, era un militar de alto rango. Pero, ¿cómo? ¿En qué momento pudo ocurrir?

Nadie desconocía que el coronel Kurtz era una leyenda que pasaba de boca en boca por las filas de las fuerzas armadas estadounidenses: contaba con una exitosa carrera militar y, de cualquier forma, no era la primera vez que hacía parte de las huestes del Tío Sam. Había participado activamente en aquella acuciante *sacra* cruzada que buscaba evitar que el temido fantasma del comunismo se apropiara del mundo. Era un soldado de la guerra fría. Su historial era sorprendente, por decir lo menos. Fue distinguido con varias condecoraciones como reconocimiento a su eficiente participación en la guerra de Corea y en los confusos sucesos de Indochina. Toda una máquina de matar al servicio del imperialismo estadounidense. De un soldado de este carácter no se suele esperar que sea abrazado por un desmoronamiento anímico, pues ha sido templado en la forja de la crueldad, bajo la moral del heroísmo.

La cuestión que me propongo encarar en este artículo es el paradójico *taedium vitae* que se condensa en los cuerpos que vibran por correspondencia cualitativa en el registro tipológico del aparato militar imperialista. Quiero indagar, pues, por la inevitable sensación de absurdo que aflora en el delirio agresivo de este mecanismo, para sopesar la cualidad de su fuerza dominante: la decadencia. Me propongo escavar, en cualquier caso, su *tipología*. Para avanzar en el objetivo propuesto, me parece apropiado compartir una idea de Deleuze:

> Lo que quiere una voluntad es siempre su propia cualidad y las cualidades de las fuerzas correspondientes. [...] Entonces, cuando nos preguntamos ¿qué quiere el que piensa esto?, no nos alejamos de la pregunta fundamental: "¿Quién?", únicamente le damos una regla y un desarrollo metódicos. Efectivamente, pedimos que se responda a la pregunta no con *ejemplos*, sino con la determinación de un *tipo*. Y un tipo está precisamente constituido por la cualidad de la voluntad de poder, por el matiz de esta cualidad y por la relación de fuerzas correspondiente: todo el resto es un síntoma. (112; énfasis en el original)

Con el fin de cartografiar los síntomas que se expresan en el nihilismo imperialista, me gustaría compartir una interpretación del film *Apocalypse Now*, dirigido en 1979 por el cineasta Francis Ford Coppola. La elección de este trabajo audiovisual como urdimbre, que me permitirá tejer la interpretación tipológica de las relaciones entre nihilismo e imperialismo, tiene su razón de ser: el complejo ensamblaje de líneas expresivas que se articulan en aquella obra cinematográfica.

Para empezar, su guion es una adaptación de la novela *Heart of Darkness* (1899), escrita por el prosista polaco Joseph Conrad a finales del siglo XIX a partir de sus propias experiencias como empleado de la *Societé Anonyme pour le Comercie de Haut-Congo*. Conrad viajó durante varios meses por el río Congo en calidad de comerciante, lo que le permitió grabar en prosa las convulsivas huellas que generaba el imperialismo europeo en el África Subsahariana bajo los altruistas estandartes del progreso y la civilización para todos los seres humanos.

La novela fue *translocalizada* por Coppola en un contexto histórico diferente: la segunda mitad del siglo XX. El cineasta la escenificó en el marco de la guerra imperialista de Vietnam. El uso que hace Coppola de la obra de Conrad se asienta en el movimiento de crítica anti-bélica que inundó a varios sectores de la sociedad estadounidense, entre otras cosas, como efecto de las brutales imágenes fotográficas que los reporteros de guerra dieron a conocer sobre lo que ocurría en la conflagración que tenía lugar en ese momento en el sudeste asiático.

Mas el ensamble no se agota allí. El cineasta recurrió al uso del clásico e influyente libro del antropólogo escocés James George Frazer, *The Golden Bough: A Study in Magic and Religion* (1890). Aquel trabajo se basa en la leyenda de un rey-sacerdote que debe ser periódicamente sacrificado para garantizar la fertilidad de la tierra. Según esta interpretación, tanto la danza de las estaciones como la fertilidad propia de la primavera serían simbolizadas mágicamente por las comunidades agrarias. En este proceso el sacrificio juega un papel importante en la medida que garantiza el soporte y la continuidad del ciclo de la vida: el rey-sacerdote es sacrificado y, luego de su agonía, renace nuevamente, sólo para ser sacrificado una vez más, *ad infinitum*. Necesidad de la muerte del soberano para la vida de la tierra, necesidad de la muerte de la tierra para la vida del soberano. Juego trágico que deshilvana el cíclico movimiento cósmico.

Tres líneas heterogéneas y discontinuas se articulan entonces en *Apocalypse Now* y conforman su horizonte de expresividad singular: la novela de Conrad, la guerra de Vietnam y el trabajo antropológico de Frazer. En la interpretación del mencionado film, hilaré la genealogía nietzscheana del nihilismo en tanto perspectiva que me permite comprender el anclaje corporal de un modo de valoración específico: aquel que se despliega en la falta de sentido de la vida frente a la vida misma. Esto no es otra cosa que el "convencimiento de la insostenibilidad de la existencia" (Nietzsche, *La voluntad* 35). Desde esta mirada, es *lícito* en cualquier caso preguntarse "¿De dónde nos llega éste, el más inquietante de todos los huéspedes?" (31). Ahora bien, el encuadre que pretendo darle a esta pregunta nitezscheana es el de la mundialización del nihilismo, para lo cual me concentraré, especialmente, en aquel *fatum* que se troquela en la frontera militar del expansionismo imperialista.

1. I CAN'T GET NO... SATISFACTION

> *Alguna vez dejarás de ver tu altura y contemplarás demasiado cerca tu bajeza; tu sublimidad misma te aterrorizará como un fantasma.*
> *Alguna vez gritarás: "Todo es falso".*
>
> Friedrich Nietzsche, *Así habló Zaratustra*

El capitán Willard, del ejército estadounidense, se encuentra acuartelado en un modesto cuarto de hotel. Uno de esos cuartos anónimos que se usan sólo de pasada y en los que cada objeto, por pequeño o grande que sea, evidencia aquella aura precoz que se reconoce exclusivamente en la transitoriedad. Distribución espacial de la inquietud. El capitán Willard se suaviza. Persianas cerradas entre las que se cuela tímidamente una estela de luz que revolotea cautelosa, en medio de un aire indecible y catalizado por el azul metal que acostumbra el humo del cigarrillo.

Ya ha pasado bastante tiempo. El capitán espera... sin saber muy bien *que y qué* espera.

—"Saigón, mierda... sigo en Saigón" (*Apocalypse Now*). De cualquier modo ¿tiene sentido la esperanza? En medio de la guerra imperialista todo se corroe en el óxido delirante del ¡hay que continuar! ¡Un paso más!... aun cuando sea en falso.

Era la segunda ocasión en la que Willard estaba de servicio en Vietnam. Sí, una vez regresó a casa sano y salvo. A condición de que por esto se entienda que no tuvo que someterse a amputación alguna y tampoco fue víctima de proyectiles que perforaran su carne, describiendo despiadadamente un espiral instantáneo de fatalidad. Sí, una vez regresó a casa sano y salvo. Ya había preservado su pellejo: su tiempo de guerra terminó en un momento dado. Entonces, ¿por qué se dice a sí mismo?: —"Saigón, mierda... sigo en Saigón".

En su vuelta a la "tierra de las oportunidades" el militar estadounidense no se encontró *como-en-casa*. Aquel regreso, la esperanza que le había brindado un transparente aliento lleno de barras y estrellas en medio de los combates más atroces, en medio de las escenas más desgarradoras, se volvió realidad. La esperanza que le acariciaba plácidamente y le permitía dejar a un lado los recalcitrantes y corrosivos recuerdos, aquellos actos innombrables que nadie más que él mismo sabía que había cometido, por si cabe la menor duda, en nombre de la libertad, esa voluntad que fundamentaba el holocausto, se hizo carne. En ese preciso momento se abrió la delirante caja de pandora de la insatisfacción: "Nada tiene sentido".

> Cuando estaba aquí, sólo pensaba en estar allá.
> Cuando estaba allá, sólo pensaba en volver a la jungla. (*Apocalypse Now*)

Aquel regreso se había concretado de una buena vez, pero ahora era insustancial, vacío, sin sentido. La esperanza caía irremediablemente de las manos como si no se tratara más que de un puñado de arena que grano a grano desaparecía ante sus propios ojos asombrados e insatisfechos. *I can't get no... satisfaction. Cause I try... and I try... and I try... and I try.* Lo que se veía venir no se hizo esperar: divorcio con su mujer. Aquella que había estado esperándolo durante cada minuto de cada hora de su prolongada ausencia. Mientras él jugaba en el sudeste asiático a los soldaditos imperialistas con el Viet Cong, ella lo esperaba como cualquier dedicada, abnegada y decadente Penélope que se respete. *Horror vacui*: "el hombre prefiere querer la nada a no querer" (Nietzsche, *La genealogía* 205).

> El nihilismo es [...] la consecuencia de un largo despilfarro de fuerzas, la tortura del "en vano", la inseguridad, la falta de oportunidad para rehacerse de alguna manera, de tranquilizarse todavía con cualquier cosa; la venganza de sí mismo, como si uno se hubiera mentido a sí mismo demasiado tiempo. (Nietzsche, *La voluntad* 38-39)

Horror al vacío, vértigo, la tumba: el oscuro desconsuelo se coagulaba incisivamente en Willard, en aquel cuerpo de un veterano de guerra que por fin, tras una peligrosa experiencia de invasión militar imperialista, regresaba a casa. Pero para quien su casa no era otra cosa que un espejismo travieso que jugaba pícaramente con su acuciante sed de fundamento. Ese ideal cargado de deseo y ansiedad, durante noches de promesas y planes ilusorios, se desvanecía en el momento en el que, igual que un oasis artificial, su búsqueda de seguridades ontológicas se convertía en polvo frente a sus clamores de caminante desorientado en el desierto más inabarcable de todos los desiertos inabarcables.

¿Qué le quedaba por hacer a este héroe descreído? Regresar a la jungla para que las metas de su existencia fueran otorgadas desde la impersonalidad de las estratagemas que trazan calculadamente los mandos superiores. Internarse de nuevo en el aparato de guerra imperialista para cargarse como un camello aguerrido de un poco de finalidad para su vida. Aferrarse a la obediencia como bálsamo que podría llegar a disipar, por momentos fugaces, la insatisfacción, el hastío de sí, el *taedium vitae*. ¡Vuelta a la jungla como poción para curar el nihilismo!

Ahora bien, ¿de dónde proviene esta falta de credibilidad en aquella empresa militar que en un momento dado había defendido con su propia vida? Claramente, el capitán Willard regresa al sudeste asiático no por una firme e irrestricta adhesión a la lucha contrainsurgente; lo hace porque ante la *voluntad de la nada* sólo le queda aferrarse a las misiones invisibles. Aquellas tareas heterónomas que pueden brindarle una leve apariencia de sentido en medio de un mar embravecido de intensas precariedades anímicas.

Para Nietzsche, el nihilismo adviene al mundo como producto de una prolongada fe en la veracidad. "Quien no sabe introducir su voluntad en las cosas introduce en ellas al menos un *sentido*; es decir, cree que hay ya allí dentro una voluntad (principio [*princip*] de la 'fe')" (*El crepúsculo* 36). La búsqueda ansiosa de la verdad lleva a tal estado de incredulidad que demuele cualquier principio de la razón. La creencia en un sentido propio de las cosas estalla en mil pedazos y ya nada tiene propiamente su razón de ser. Se asienta la decadencia como expresión del nihilismo, todo un volverse contra sí.

> Debido al quiebre del fanatismo total de la verdad. La verdad llega al punto de destruir las ilusiones de un mundo en sí. Elemento en el cual la verdad misma apoyaba su fundamento. La búsqueda de fundamento propia de la verdad por corroer cualquier fundamento posible. "Todo es falso".
> (Nietzsche, *La voluntad* 33)

El imperialismo estadounidense se apoyó en los tres elementos que para Nietzsche forman parte de la asunción del fanatismo del mundo en sí: la "finalidad", la "unidad" y la "verdad". El devenir de la historia tendría un sentido último, una finalidad en la que los Estados Unidos tenían un papel: el mantenimiento y la salvaguarda del orden mundial.

Ya desde la Segunda Guerra Mundial los Estados Unidos de América se auto-interpretaron como los defensores y adalides de la justicia y la democracia. La guerra contra el eje fascista Berlín-Roma-Tokio, y posteriormente contra el eje comunista Chino-Soviético y sus aliados insubordinados, se convirtió en su razón de ser-en-el-mundo. La *unidad* aparente que suponía concebirse en tanto vanguardia, sentido y medida del mundo libre, desencadenó el valor de un sentimiento de superioridad: "ingenuidad hiperbórea" del imperialismo yanqui. La *voluntad de verdad* de la máquina imperialista estadounidense se basa en la fundamentación del intervencionismo militar en cuanto instinto mesiánico: un huir de sí, de la propia decadencia.

En este sentido, la tesis del agotamiento de la tasa de ganancia que abre el desarrollo del imperialismo, según la teoría de Rosa Luxemburgo, es, a mi juicio, la base sociológica que produce la dispepsia y la indigestión de la máquina imperialista: "hace ya tiempo que no sabemos de dónde venimos ni a dónde vamos" (Nietzsche, *La voluntad* 49). El aumento de la inversión en capital constante, generada por la competencia y el monopolio, en detrimento de la inversión en capital variable, el cual es la fuente de la que se extrae la apropiación particular de la plusvalía, del trabajo vivo, produce la necesidad de la huida: la "sentimentalización cosmopolita". La *voluntad de dispersión* que se orienta a capturar nueva fuerza de trabajo por medio de las "economías de enclave" tiene el paradójico sino de volverse contra el que huye de sí. Resultado: "la inconsistencia de una interpretación del mundo, que ha sido dedicada a la fuerza monstruosa, despierta en nosotros la desconfianza de que todas la interpretaciones del mundo pueden ser falsas" (Nietzsche, *La voluntad* 34).

Willard, acuartelado en Saigón, ha perdido la fe en la verdad del imperio, como resultado de haber comprendido y cometido las más atroces atrocidades de la guerra imperialista. Mas a su juicio decadente no le queda otra salida que esperar una fe otorgada por alguna misión invisible. El fundamento de la "finalidad", la "unidad" y la "verdad" del imperialismo se le presentan en aquel momento como un ídolo que tiene pies de barro "¡cuánta sangre y horror hay en el fondo de todas las 'cosas buenas'!" (Nietzsche, *La genealogía* 81). Mientras tanto delira, baila tratando de huir de su propia sin razón, bebe alcohol sólo para aturdirse, y en el éxtasis de su neurosis lanza un fuerte puño contra

un espejo en el que se refleja su propia imagen. La sangre mancha las sábanas de la cama. Todo es inquietud y confusión. El capitán Willard termina por hacerse daño a sí mismo. "El débil se daña a sí mismo [...] Este es el tipo de la decadencia" (Nietzsche, *La voluntad* 59).
Al capitán Willard finalmente le llega la tan ansiada misión invisible. El antídoto reactivo contra la levedad de su ser. Es convocado a una tarea cuyo rastro debe desaparecer como un rayo después de su titánica descarga. No se volverá a hablar de ello, no habrá condecoraciones visibles en el pecho ni ceremonias grandilocuentes. Willard debe terminar con el comando del coronel Kurtz.

2. LAS VIRTUALIDADES IMPERIALISTAS EN EL RÍO NUNG

> *El cuerpo es una gran razón,* una *pluralidad dotada de* un *único sentido, una guerra y una paz, un rebaño y un pastor.*
>
> Friedrich Nietzsche, *Así habló Zaratustra*

El cuerpo es algo complejo. No es una mónada autocontenida, se asemeja más a la composición múltiple de una relación de fuerzas. Es transitado por intensidades que lo dotan de sentido en una compulsiva exaltación del azar. El cuerpo se define por las fuerzas que lo atraviesan y por la "jerarquía" entre aquellas fuerzas. Cuerpo: espacio intersticial que se asienta en las tensiones propias de la diferencia. El cuerpo no es aquella transparente unidad atómica que sumada a otras unidades atómicas constituiría un conjunto homogéneo dotado de sentido propio: el mundo, el organismo, la sociedad. Me gusta la idea de Foucault:

> El cuerpo: superficie de inscripción de los acontecimientos (mientras que el lenguaje los marca y las ideas los disuelven), lugar de disociación del Yo (al que trata de prestar la quimera de una unidad sustancial); volumen en perpetuo desmoronamiento. La genealogía, como análisis de la procedencia, está, pues, en la articulación del cuerpo con la historia. Debe mostrar el cuerpo totalmente impregnado de historia, y la historia arruinando al cuerpo. (32)

El cuerpo imperialista es una superficie de inscripción en la que los acontecimientos son codificados en formas específicas. Nada personal, diría Gustavo Cerati. Los sujetos del cuerpo imperialista son analogías que equiparan estados diversos. En ellas fluyen, redundan y se coagulan las fuerzas heterogéneas que dan sentido al imperialismo. Mi hipótesis es que los procesos de subjetivación que se despliegan en el plano de registro del cuerpo imperialista, es decir, los modos de producción del sujeto que lo definen, están vinculados con la paradoja de la voluntad de la nada.

El nihilismo tiene dos sentidos que transitan y se condensan en el cuerpo imperialista: el nihilismo reactivo y el nihilismo pasivo. No obstante, hay que guardarse de comprender estas dos fuerzas como elementos aislados e independientes el uno del otro. Un mismo cuerpo nihilista deviene reactivo o pasivo en función de la fuerza que se enseñorea del cuerpo mismo en determinado momento. Mas la relación de fuerzas es perpetuamente correlativa y correspondiente. El nihilismo reactivo funda la cualidad de su fuerza en la "potencia violenta de destrucción" (Nietzsche, *La voluntad* 46). Es la base "fisiológica" del pesimismo. El nihilismo reactivo quiere desmantelar todo lo que huela a cosa en sí. Se lanza a las estrellas incrédulamente para desgarrar de manera violenta las telarañas de la razón, convirtiéndose por el movimiento de esta ansiosa insatisfacción en una herejía desmedida. No deja títere con cabeza. A su turno, el nihilismo pasivo, como su nombre lo indica, es impotente: se expresa en una serie de experiencias características de la corrupción de la potencia: agotamiento, disgregación y aturdimiento. Cansancio de la fuerza y voluntad de inmovilidad son los signos inherentes al nihilismo pasivo. Pero, ¿puede haber un tercer sentido del nihilismo? ¿Existe un nihilismo activo? Esa es la revolución.

En cuanto el cuerpo imperialista, puede decirse, tiene una tipología asociada al nihilismo, se encuentra permanentemente habitado por los dos sentidos de la voluntad de la nada. Es una paradoja constante, y las entidades que se coagulan por correspondencia en esta "superficie de inscripción" transitan por metástasis en los cauces de aquella ambivalencia. Como señalan Deleuze y Guattari,

> Ocurre que sobre la superficie de inscripción se anota algo que pertenece al orden de un *sujeto*. De un extraño sujeto, sin identidad fija, que vaga sobre el cuerpo sin órganos, siempre al lado de las máquinas deseantes, definido por la parte que toma en el producto, que recoge en todo lugar la prima de

un devenir o de un avatar, que nace de los estados que consume y renace en cada estado. (24)

El capitán Willard intuye en una arrebato de lucidez trágica esta característica del cuerpo imperialista. Cuando acepta su anhelada misión, los estrategas de la inteligencia militar estadounidense le ordenan que se adentre en el río Nung, pues los dominios de Kurtz se encuentran en la parte alta de dicho afluente. Debe navegar desde la desembocadura hasta cerca del nacimiento del río. Para lo cual no hay otra opción que entrar en Camboya, lo cual supone violar la soberanía de un Estado que no hace parte de la confrontación imperialista propiamente dicha. Cabe resaltar que en la época de la guerra fría aún tenía algún sentido la soberanía, la base del derecho internacional. No campeaba aún la doctrina de la guerra preventiva antiterrotista, que diluye la soberanía estatal en nombre de la seguridad mundial.

Volviendo a la historia, en ese punto Willard se percata de que "el río serpentea a través de la guerra y sus conexiones conectan con Kurtz" (*Apocalypse Now*). Virtualidad del cuerpo imperialista que ensambla conductos a través de los cuales resuenan fuerzas nihilistas que se corresponden: las expresiones del cuerpo imperialista son metástasis del nihilismo que "serpentean a través de la guerra". El mismo Willard había sido expresión del nihilismo pasivo cuando invadido por el cansancio, por la falta de un fin, esperaba pacientemente en un cuarto de hotel a que le fuera adjudicada una misión invisible. Ahora deviene nihilista activo.

Willard inicia su travesía, y a lo largo del recorrido por el río se encuentra envuelto en una serie de episodios que le permiten entender que nada de lo que se hace en ese lugar tiene alguna razón de ser. Para desarrollar su tarea clasificada le asignan una embarcación cuya tripulación debe llevarlo hasta Camboya. Ninguno de los soldados de aquella embarcación conoce el secreto de la misión de Willard, simplemente cumplen la orden de transportarlo: sin preguntas, sin claridad alguna sobre el sentido de su acción. Para llegar a la desembocadura del río es escoltado por una compañía de caballería autodenominada "Air Caw". Hay que decir que su nombre da cuenta fiel del carácter de sus miembros: son soldados que operan y son operados por una flota de helicópteros. Su único aliciente en medio de la guerra es la aventura. Están comandados por el coronel Bill, quien no ha recibido ninguna orden por parte de sus superiores relacionada con escoltar a Willard y a la tripulación de la embarcación hasta la desembocadura del río Nung. Sin embargo, decide de manera repentina participar de la misión, porque entre la tripulación que transporta a Willard hay un surfista afamado. El coronel mismo es surfista y ha escuchado a través de rumores que circulan en la tropa que en las playas de la desembocadura del Nung hay olas de dos metros de altura. El lugar está fuertemente custodiado por el Viet Cong. No obstante, la fuerza que lo impulsa a desencadenar su acción sólo busca la aventura, aun cuando sea en medio de un territorio controlado por el enemigo, en el que hay que internarse para gozar de unas espléndidas olas.

Cuando llegan los helicópteros a la desembocadura hacen sonar a través de unos altavoces estridentes la *Cabalgata de las Valquirias*, de Richard Wagner, usada como arma de guerra psicológica del occidente capitalista sobre el oriente comunista. Inicia la destrucción desmedida de un poblado vietnamita y se despliega sin reparo el asesinato a sangre fría de sus pobladores campesinos. Delirio infernal que termina con un horrible bombardeo con napalm. Mientras todo esto ocurre, el coronel Bill se preocupa por probar con sus hombres, en medio de la metralla y las explosiones de granadas lanzadas desde los morteros vietnamitas, las tan afamadas olas de dos metros de altura que hacen de la desembocadura del Nung un verdadero paraíso para los aficionados al surf. Lamentablemente para el coronel yanqui, el bombardeo del pueblo con napalm cambia la dirección del viento y se ve obligado, en contra de su voluntad, a desistir de la tarde de diversión.

A lo largo del viaje por el afluente, el capitán Willard se percata de que, mientras más se adentra en los escenarios de confrontación que se extienden a lo largo del río, más falta de sentido encuentra en todo lo que ve. No hay claridad alguna frente a las órdenes de los superiores. Los soldados son indisciplinados y estallan en delirios frenéticos que los llevan a cometer masacres indecibles de civiles campesinos, luego a jugar desnudos y, más tarde, a escuchar rock n´ roll en los campamentos de descanso. Nada tiene un fin, sólo existe la huida de sí: la disgregación de las fuerzas está a la orden del día. Las fuerzas armadas estadounidenses se comportan como una manada de ocupación que destroza, mutila, extermina y desgarra brutalmente sin ninguna finalidad clara. No hay objetivo. Únicamente existen la locura y el absurdo en los campos de la necrofilia imperialista. Hago mías las palabras de Nietzsche: "¿Qué es lo que sucedió, en suma? Se había alcanzado el sentimiento de falta de valor cuando se comprendió que ni con el concepto 'fin', ni con el concepto 'unidad', ni con el concepto 'verdad' se podía interpretar el carácter general de la existencia" (*La voluntad* 40).

A lo largo de este recorrido, Willard estudia el expediente de Kurtz y va dándose cuenta de que en un momento dado él se cansó de la indisciplina y la falta de sentido de las tropas. Comenzó entonces a pasar por encima de todos los protocolos y a conducir operaciones concebidas, dirigidas y ejecutadas por su propia cuenta. Kurtz, aguerridamente, se dedicó a luchar contra el nihilismo pasivo de las tropas y asestó golpes contundentes al Viet Cong. Logró desmantelar redes de contrainteligencia. Asesinando sin ningún juicio marcial a agentes del gobierno de Vietnam del Sur, aliados de los estadounidenses, por considerar que en realidad eran infiltrados que servían a Vietnam del Norte. A causa de la potencia violenta de destrucción que se expresaba en el nihilismo reactivo de Kurtz, los altos mandos de las fuerzas estadounidenses comenzaron a preocuparse: era una rueda suelta que andaba sembrando la muerte y el terror con métodos desmedidos, aunque efectivos en términos de golpes a las fuerzas comunistas del norte. La paranoia de Kurtz era incontrolable y su desgarrador accionar implicó que las fuerzas armadas estadounidenses iniciaran un proceso en su contra.

No hay que pensar que era una voluntad de respeto al Derecho Internacional Humanitario la que inspiraba la decisión de desarrollar un proceso judicial contra el coronel. Nada de eso. En medio de las más grandes aberraciones homicidas contra personas que no estaban armadas, en el despliegue del delirio infernal propio de la guerra imperialista contra el comunismo, ¿qué podía importar una conciencia de regulación de la guerra y de protección a las personas y los bienes civiles? Además, en todas partes las escenas de violencia desmedida eran la regla y no la excepción. El capitán Willard, embebido en el estudio del expediente del coronel, a quien estaba buscando para darlo de baja, llega a una conclusión: "querer juzgar a Kurtz en medio de esta locura es como querer poner multas de tránsito por alta velocidad en las 500 millas de Indianapolis" (*Apocalypse Now*).

3. El horror

> *En nuestra propia naturaleza salvaje es donde mejor nos resarcimos de nuestra no-naturaleza, de nuestra espiritualidad...*
> Friedrich Nietzsche, *El crepúsculo de los ídolos*

Si no era una conciencia humanista lo que impulsaba a los mandos militares a iniciar una persecución contra el coronel Kurtz, ¿de qué se trataba todo ésto? El coronel huyó: se internó en la profundidad más recóndita de la selva camboyana y se convirtió en un rey-sacerdote. Cargado de las fuerzas libidinales de los súbditos que se derramaban a chorros por las fisuras de la máquina imperialista. Muchos desertores llegaban a sus dominios para tener algo en qué creer, para darle un sentido a su propia existencia corroída por el nihilismo imperialista. Conformación, entonces, de una comunidad que fundaba su cohesión en la crueldad del coronel déspota. La violencia desmedida con la que cercenaba cuerpos y decapitaba cabezas lo convirtió en un hombre que inspiraba un profundo carisma y temor en sus súbditos. No vacilaba frente a su propia palabra: si decía que iba a matar a alguien lo hacía sin el menor reparo, sin el más pequeño asomo de remordimiento: sin justificación alguna.

En este punto se opera una metástasis particular de las fuerzas que definen las cualidades de la voluntad de poder del imperialismo. El coronel que había sido la expresión del nihilismo reactivo, aquel que por medio de su desenfrenada voluntad de muerte quería destruir los vicios de indisciplina y delirio que hacían de la máquina militar imperialista un ineficiente artefacto bélico, caía en la más profunda pesadumbre. En la impaciencia y en el desdén. El *espíritu de la pesadez* se apoderó de él y sólo esperaba, a partir de entonces, alguien que lo liberara de su tormento decadente.

Al mismo tiempo, el capitán Willard se metamorfosea y es poseído por la fuerza del nihilismo reactivo. Él, que había sido expresión del cansancio, abandonado a la espera de que se le adjudicara una misión, cualquier misión, para salir de los profundos abismos desesperantes propios del nihilismo pasivo, deviene entonces voluntad de destrucción. Tránsito del cansancio al pesimismo en la distribución de los entes que se inscriben en el cuerpo imperialista. Willard se configura como la némesis del coronel Kurtz. Matar con sus propias manos al antiguo héroe, al ahora rey-sacerdote, es lo único que le da un aire de vida a la convulsionada existencia del capitán.

A partir de esta transfiguración de la voluntad de poder imperialista adquiere su trágico sentido la pretensión de exterminar al oficial: la voluntad nihilista se hace daño a sí misma. No hay que olvidarlo. El nihilismo imperialista es una forma de masoquismo que se recrea en la necesidad de la autodestrucción. Cada movimiento de avanzada, cada poblado quemado con napalm, cada masacre injustificada se dimensionan como sedimentos que llevan al torrente del cuerpo imperialista un avatar que lo conduce al borde del abismo, al filo de su propia insatisfacción. En cualquier caso, el cuerpo imperialista es de la familia del escorpión derrotado: el veneno de sus entrañas, segregado por las glándulas por la huida de sí, por la decadencia frente a cualquier fin creativo, por la dispersión de las fuerzas productivas propias, va destilando, gota a gota, la dosis letal que se inoculará a sí mismo. Ya nada tiene sentido.

Willard desembarca después de muchas penurias en los dominios de Kurtz, y es sometido por el coronel a diferentes ataques psicológicos y físicos. Fue prisionero en medio de la intemperie, fue recluido bajo tierra, se le priva de cualquier alimento. ¿Qué queda por esperar? En cada uno de esto actos rituales el cuerpo imperialista prepara su propio bebedizo fatal. El coronel Kurtz, sin lugar a equívocos, está cansado. En el fondo de su espíritu dispéptico espera que el capitán Willard lo saque de su sufrimiento decadente. Nuevamente, huida de sí. Después de todo, el mensaje interceptado por los agentes de la inteligencia militar no era un mero sin sentido: era un código propio de la experiencia del cuerpo imperialista que sufría los suplicios del nihilismo en el delirante abismo de Kurtz: él mismo era una resonancia del cuerpo imperialista.

> Vi un caracol... arrastrándose por el filo de una cuchilla... ¡Ese fue mi sueño! ¡Esa fue mi pesadilla!... Sobreviviendo... arrastrándose por el filio de una cuchilla... sobreviviendo... (*Apocalypse Now*)

Finalmente todo se aclara: la tipología del cuerpo imperialista, aquella voluntad de la nada, no es otra cosa que un grito opaco y escalofriante que se expresaba en el enigmático mensaje que Kurtz emitía desde lo más profundo de la jungla camboyana. En una conversación con su némesis, el rey-sacerdote profetiza el destino del cuerpo imperialista. "Así es como se acaba el puto mundo, ¡no será un bang, sino un quejido!" (*Apocalypse Now*)

En el mensaje que emitía trágicamente Kurtz hay un profundo simbolismo que expresa las relaciones entre nihilismo e imperialismo. Una significación que sólo puede ser comprendida a partir de la delirante esquizofrenia del funcionamiento interno de aquella máquina infernal. Justamente, el caracol no es otra cosa que la figura del cuerpo imperialista que en cada movimiento se hace daño a sí mismo: avanza en medio del profundo sufrimiento que una afilada cuchilla le causa: su decadencia. La cuchilla no puede ser otra cosa que el nihilismo: la profunda insatisfacción de quien no encuentra valor alguno en la existencia. Más aún, caracol y cuchilla: simbología de la herida atormentada que devela la *tipología* del cuerpo imperialista: decadencia. Willard, en un acto reactivo, asesina a Kurtz con un hacha. La metástasis finalmente se ha consumado. ¡El cuerpo imperialista se inyecta su propio veneno, generado por la ira incontrolable del resentimiento contra sí mismo!

Bibliografía

Apocalypse Now. Francis F. Coppola, dir. American Zoetrope, 1979.
Conrad, Joseph. *Heart of Darkness*. Nueva York: Knopf, 1993.
Deleuze, Gilles. *Nietzsche y la filosofía*. Barcelona: Anagrama, 2002.
_____ y Félix Guattari. *El Anti-Edipo. Capitalismo y esquizofrenia*. Barcelona: Paidós, 1995.
Foucault, Michel. *Nietzsche, la genealogía, la historia*. Valencia: Pretextos, 2004.
Frazer, James George. *The Golden Bough: A Study in Magic and Religion*. Oxford: Oxford UP, 2009.
Nietzsche, Friedrich. *Así habló Zaratustra. Un libro para todos y para nadie*. Madrid: Alianza, 2004.
_____ *El crepúsculo de los ídolos o cómo se filosofa con el martillo*. Madrid: Alianza, 2006.
_____ *La gaya ciencia*. Madrid: EDAF, 2002.
_____ *La genealogía de la moral. Un escrito polémico*. Madrid: Alianza, 2005.

_____ *La voluntad de poder. Ensayo de una transmutación de todos los valores.* Madrid: EDAF, 2000.

Yo, filósofa

MÓNICA MIROSLAVA SALCIDO
*CITRU (Centro Nacional de Investigación, Documentación
e Información Teatral Rodolfo Usigli)*

Me pronuncio contra la reducción institucional de la filosofía, contra la jerga erudita, contra la construcción sistemática y abstracta que aliena al pensamiento. Me pronuncio por la filosofía como ejercicio vital. Asumo este difícil, esquivo, hambriento trabajo sobre mí misma y me pregunto ¿Quién soy en esta elusividad, esta hambre que no acaba, que no se sacia con nada? Nada soy más que sangre y abismo, átomos que se deslizan sobre un halo de luz.

Ni la pasión ni el hálito del pensamiento son implantados desde fuera o por voluntad propia: se está condenado a ellos por algún sino inexplicable. Yo no elegí ser filósofa: me vi lanzada al pensamiento por la necesidad de explicarme a mí misma, de la misma forma en que otras veces he sido catapultada al amor y al deseo como fuerzas instintivas sobre las que mi razón no decide. La filosofía crece en mí de forma natural, soy un engendro de la misma y debo reconocer a Artaud, a Camus, a Nietzsche, a Stirner y a Heráclito como mis padres putativos, como aquellos cuyas ideas filosóficas impactaron mi ser cual meteoritos. El simple hecho de estar viva me sorprendió desde muy joven, casi niña, y la vida examinada ha sido desde entonces el resultado del minúsculo y perfecto aleteo de la necesidad. Podría decir que poseo una vocación, una predilección por cruzar el límite, por experimentar y proponer para mí misma nuevas formas de vida. Ésto no me facilita la existencia, porque vivir y filosofar viviendo exige la elección plenamente consciente de poner frente a sí la atadura a la finitud, a los juegos de la fortuna y al propio sinsentido que es uno mismo. Cuando la vida me empuja a una normalidad plana, yo muero, yo me suicido con la misma guadaña de la muerte llana.

La filosofía no me hace más inteligente pero sí más profunda; seguramente no me perfecciona, pero me humaniza, me hace más mortal, más consciente de que sólo tengo esta vida para llegar a ser quien soy en toda su amplitud. Por todo ésto, sostengo que *filosofar es aprender a morir*, esto es, a vivir, porque se sabe que se vive sólo una vez, que todo *transita*, que todo es un paso hacia ningún lado, y pensar a partir de ello.

No hay filosofía sino filósofos, no hay ideas sino minúsculos corpúsculos que flotan sobre el vacío. "Soy cuerpo y pienso". La experiencia de mi materia es la medida de mi verdad: yo tengo una estrella enclavada en el firmamento y una espina atragantada en mi músculo cardíaco. Yo extraigo mis órganos vitales para liberarlos del dolor, para poner en crisis los automatismos y las convicciones socialmente útiles. Es la vida misma el puente por el que arranco mis escamas y me inmolo para construirle su casa al superhombre o, más aún, a la SUPER HEROÍNA. Detesto los convencionalismos sociales por opacos, estúpidos y alienantes. Yo escribo para derribarlos. Soy un ser entre la espada y la pared.

¿Puedo considerarme filósofa? No lo sé, mi definición se la dejo a ustedes. Formo parte de un gremio intelectual, institucional, pero no le pertenezco. En esta colmena hay quienes llevan a la filosofía como un abrigo de mink, como un adorno sobre los hombros que los dota de elegancia y superioridad. Puedo ver a través de ese falso pelaje un cuerpo desnudo y temeroso, un cuerpo maltrecho, torpe, incapaz de cualquier tipo de goce. Existen seres más sencillos y cercanos a la sabiduría que el arrogante filósofo de palabras vacías y ornamentales que destellan en la falsa vitrina humana, ridícula frivolidad que identifico con una denuncia de la perenne condición de lo humano. Valoro la superficialidad en la medida en que el espectáculo de lo ridículo me profundiza.

Pensar es para mí intentar desenredar lo que me confunde. Y a mí me confunde el hombre con sus errores, sus temores, sus victorias. Me confunde el teatro como biografía elemental; la vida sexual, la muerte y los abismos del amor me confunden. A mí me atrae la confusión como la luz a determinados insectos, es por eso que quizás debiera revisarme a mí misma con un entomólogo y no con un terapeuta sistémico. En mí la confusión es inevitable, por abigarrada y excesiva, por el peso de la literatura, por el peso que tienen sobre mis estados de ánimo David Bowie, Jim Morrison y Kurt Kobain.

La cultura católica me enseñó a culpabilizar los instintos, pero yo me he entregado a la vida para vivirla completa y de una vez por todas. Es decir: me he construido una segunda naturaleza, me he reeducado continuamente a mí misma para percibir, oler el engaño moral de la virtud y las buenas costumbres, dispositivos para dinamitar lo que es privado, lo que es sólo de uno mismo. No cumplo, pues, con el puntaje requerido para ganarme el amor de la masa, soy compleja y me siento incómoda en lo sencillo. Me es difícil dejar pasar las cosas sin hacer demasiado, sin esforzarme por conquistar mi propia libertad; seguramente soy un intento fallido para vivir más allá del bien y del mal, lo cual no hace sino apuntalar en mí una risa que me horada hasta el tuétano.

Nuestra verdadera educación filosófica no depende de la memorización de doctrinas sino del poder formador de la vida: somos más pensadores cuando las letras impresas se convierten en acciones efectivas, en experiencias epidérmicas. Leo, pero mi tónico mental no son los datos ni los conceptos ajenos sino los aforismos concretos que dibujan mis elecciones y sus inesperadas consecuencias. El temor de perder mi pensamiento, al sujetarme a un tiempo que no es el mío, me hace temblar; de ahí mi esfuerzo por construirme una caverna que proteja mi corazón filosófico. Yo no escribo para expiarme frente a los demás. "Ganarás el pan con el sudor de tu frente"…Pues si con el *sudor de mi frente* puede hacerme perder mi pensamiento, colocar mis ideas en este papel, en tanto que autoconstrucción, equivale a un legítimo instinto de autodefensa. Escribir es para mí desenvainar la espada.

Hoy, cuando leo esto ante ustedes —porque ustedes no leen este texto, me escuchan—, puedo decirles que lo hago para ensanchar la aristocracia de las ideas independientes, para declararme más atea frente a la iglesia, para ser más hereje, para defender concepciones más claras del universo. ¿Y saben por qué? Porque, según Nietzsche, uno de mis padres, "Dios es una respuesta burda, una indelicadeza contra nosotros los pensadores". Leo, más aún pronuncio este texto en busca de una disciplina interna que ponga a prueba mi capacidad y mi fuerza. ¿Cómo llegué a Nietzsche? ¿Por qué quise ser suya desde la experiencia del carné? ¿Por qué sus libros provocaron en mí un deseo infinito? La respuesta es simple: porque de las explicaciones que pueden darse sobre quién es filósofo elegí la del hombre desconcertante que para pensar no se eleva por encima de las cosas mundanas sino que se sumerge en el mundo para poder pensar lo que piensa. Nietzsche llegó a mí para desencajarme de lo permitido. Una vez que comencé a leerlo ya no pude ser la que se esperaba que fuera, traicioné los parámetros morales en los que había sido educada de una manera más o menos libre. Radicalicé la libertad que se me había dado y renuncié a las enseñanzas del catecismo a los doce años, sin saber que hacía una elección que iba a teñir la tela de mi existencia. Aún enfrento con guadaña a la culpa, ese vampirismo injertado en la piel para succionar la capacidad humana de crear los propios valores y vivir conforme a uno mismo. Les pedí al cura y a Dios que me abandonaran, que me dejaran sola frente a esta cáscara de hueso y piel que es mi cabeza para ejercer mi propia decantación espiritual. Decidí pensar bajo una cascada y bañarme en mis siete soledades.

Nietzsche no es un filósofo al que se lee para cultivarse: es un estado de ánimo, una prolongada experiencia, *un caminar en lo prohibido* obedeciendo la ley de gravedad que nos sujeta a la tierra en un flujo constante, en un flujo del que no podemos escapar ni mucho menos abarcar. Filosofar no es pensar en un sentido llano: es un proceso de desasimiento, de auto creación de una segunda naturaleza. Soy mi propio acto filosófico y fallido. Soy la ardiente voluntad de crearse uno a sí mismo de cara al absurdo, de hacer honor a la inmanencia cuando la propia vida se transforma en un triunfo literario que se deshace entre las manos. He escrito bitácoras de mi vida desde hace veinticinco años, y las guardo todas para recordarme quién soy. Escribo para darle peso existencial a mi devastación, para curar mis heridas. "De todo lo escrito" –dijo Zaratustra– "yo amo sólo aquello que alguien escribe con su sangre. Escribe tú con sangre y te darás cuenta de que la sangre es espíritu".

No me justifico, simplemente me explico a mí misma: yo no llegué a Nietzsche, específicamente a *El nacimiento de la tragedia*, por la vía académica. Desemboqué allí por necesidad, por el excesivo peso que tenía sobre mí el teatro. El teatro como experiencia trágica me enfrentó a la verdad sin evadir lo horroroso, el miedo, la rabia y todo aquello que occidente ha considerado digno de olvidar. Hacer teatro –no actuar, hacer "como si", sino manejar la energía e instalarse en la pura presencia– supuso para mí un profundo trabajo de conocimiento interno, un camino de pequeñas muertes que desembocaron en mi renacimiento. Suspendí la mente para ir hacia adentro, guardé silencio y encontré en el grito el ruido de la vida, hasta entonces aprisionada, humeante, y desesperada. Artaud, *El teatro y su doble*, me llevó a Nietzsche para encontrarme con una experiencia de vacío, soledad, miedo, rabia y combate, la única brecha posible que en esos años yo contemplé para ser libre. Para mí, el teatro fue un ejercicio filosófico en amplio sentido: un trabajo sobre la conciencia no desde lo que consideramos claridad sino a partir de la iluminación que traen consigo la confusión, la irracionalidad y el desequilibrio. Si a partir de la experimentación teatral puedo decir que el conocimiento profundo está en relación con el manejo de la energía corporal, filosóficamente puedo afirmar que el Conocimiento es la relación entre la conciencia como mente que se piensa a sí misma y la total organicidad, unidas en compás por el acto vital de la respiración profunda. El conocimiento de las emociones, que permite al actor su manejo escénico, es un socavamiento de las partes más internas del cuerpo para convertirlas en metáforas de las experiencias humanas, desde las más primitivas y corpóreas, como la sobrevivencia, hasta las más mentales, como la comunicación con los seres espirituales y la energía universal. Este socavar en las formas internas, que nos son tan cercanas y a la vez tan lejanas, trae consigo la modificación de las expresiones externas socialmente reguladas. Nietzsche no eligió por azar la tragedia griega para iniciar su pensamiento sobre la superación del hombre. El estado supranormal de la escena trágica está en estrecha relación metafórica con Dionisos como "desatador de nudos", "liberador", "derrumbador de murallas". Dionisos, el que rompe las fronteras de la normalidad, de las convenciones sociales, el que abre las fronteras de la posibilidad absoluta en que las cosas adquieren su sentido más profundo y se topan, dirá Artaud, con su Mana. Esta posibilidad absoluta, en la que la realidad extiende sus tentáculos y crea monstruos en los que convergen la animalidad, la vegetalidad y aún lo espiritual, en retruécanos que no son posibles de alcanzar en el estado cotidiano, es la posibilidad de la vida misma. Yo amé el teatro porque me convertí en una puerta, porque en escena fui todos los hombres, un abanico de pasiones y tormentos, un lanzamiento de dados. Mi cuerpo: detentador de toda forma cognoscible, de toda información milenaria, evolutiva y no evolutiva, que la palabra no alcanza a pronunciar. Nietzsche no es un filósofo, es una experiencia teatral, corporal. Detrás de la sentencia filosófica veo al hombre: al hombre Nietzsche, pero también a cada hombre viviendo en el hielo, caminando lentamente bajo la tormenta, atacando causas para las que no encontrará aliados, tomándose a sí mismo como *fatum*.

Soy un ser intermedio, una amante del conocimiento, del viaje, de la distancia. Estoy lejos a veces hasta de mí; por eso escribo, para hacer de la escritura síntoma y espejo de mí misma. Así, en busca de un delirio filosófico, viajé a Nueva York en mayo de 2013, persiguiendo respuestas a preguntas existenciales... La ciudad, pese a su barullo, calló. Habló entonces mi ser más profundo para lanzarme la pregunta sobre cómo es que el amor había dejado de ser una experiencia estética. Sentada en Central Park, sobre las raíces de un árbol de copa generosa, las hojas cayendo sobre mí, experimenté la profundidad punzocortante de "El camino del creador", que Nietzsche había escrito específicamente para concederme la gracia de una soledad auténtica. Busqué mis siete soledades bajo el cielo lluvioso de la ciudad mientras el viento se llevó mis ideas y me dejó desnuda en medio de un valle de tristeza. Me vi materializada en tierra y cenizas, existiendo en el dolor, en busca de mi propio dios y mi propia virtud. Aullé. Rompí la cadena, liberando la atadura del amor, dando forma a una escultura involuntaria, situada físicamente en una encrucijada. "Yo amo" –me dijo Zaratustra– "a quien es de espíritu libre y de corazón libre: su cabeza no es así más que las entrañas de su corazón, pero su corazón lo empuja al ocaso".

Hoy que he sobrevivido, puedo decir que la filosofía no se lee; baja sobre uno mismo, se coloca en las entrañas: la filosofía es la flecha del anhelo hacia la otra orilla. Es un momento preciso, una situación vital: frente a la pieza "The Four Part Motet (A Reworking of *Spem in Alium*" de Thomas Thallis 1556), de Janet Cardiff, una ventana; frente a ésta, un árbol cuyas hojas agita el viento en una repetición *ad nauseam*. Tras el árbol, el puente de Brooklyn y sobre él una avioneta roja. La nariz moqueando y los ojos empañados ante la contundencia del devenir. En ese momento todo es arte, experiencia, profundidad y verdad. El ser entero –carne, huesos, latido, pneuma– decide. Con el viaje se revela una nueva pasión para curar la histeria y la inteligencia. Una nueva razón para pensar emerge como gota de agua en la oscuridad, resbalando helada por la espalda. Yo bailo ante el espíritu del hombre libre como ante una cumbre dorada: yo soy sanguínea, *él es* abismo puro avasallando la razón, epicentro de la ciudad de México y de todas las ciudades. La filosofía es para mí autodramatización y experimentación erótica que crecen simultáneamente para engendrar al minotauro. "Yo amo" –dice Zaratustra– "a quien no reserva para sí una gota de espíritu sino que quiere ser íntegramente el espíritu de su virtud: avanza así en forma de espíritu sobre el puente".

Me despido arrojando palabras de oro, sin cambiarme de nombre para ocultar mis experiencias como criterio de mi pensamiento. Ni rana pensante ni aparato de objetivación, yo, filósofa, soy línea en blanco, cita, entrecomillado, punto final, y en mis puntos suspensivos, ecpirosis pura. Yo criminal, yo traidora, amante negada, madre borrada: soy todos los estigmas y las quemaduras. Soy Sor Juana, Ana Bolena, Juana de Arco, Hipatia y una especie de Borgia. Soy la condenada, la pantera, la tarántula y la serpiente. Nuevamente la filósofa, la nocturna, la que nada a contracorriente. Escritora, mal comida, pensadora.

www.ingramcontent.com/pod-product-compliance
Lightning Source LLC
Chambersburg PA
CBHW071403300426
44114CB00016B/2165